ちくま学芸文庫

ミトラの密儀

フランツ・キュモン
小川英雄 訳

筑摩書房

Franz Cumont

Les mystères de Mithra

H. Lamertin, Bruxelles, 1913[3]

ミトラの密儀　目次

序文　7
第三版への前書き　13
第一章　起源　17
第二章　ローマ帝国への伝播　39
第三章　ミトラと皇帝権力　77
第四章　密儀の教義　93
第五章　典礼・祭司・信者　121
第六章　ミトラとローマ帝国の諸宗教　157
補遺一　ミトラ教美術　183
補遺二　文献目録　201

原註　221
図版　141
訳者後書き　291
解説　甦るユーラシア文化融合の精神史（前田耕作）　299
索引　310

ミトラの密儀

【凡例】

一、本書は F. Cumont, *Les mystères de Mithra* の全訳である。ただし、底本には第三版を使用し、地図は割愛した。

一、原本の脚註は章ごとに通し番号を付して巻末にまとめた。

一、原文の（ ）、［ ］はそのまま、引用符は「 」、イタリックは性質に応じて『 』、傍点、〈 〉、原音ルビを併用した。〔 〕は訳者による註記である。

一、固有名詞の表記は原則として各国語ごとの原音に近いものを採ったが、長音と促音は慣用を優先した場合がある。

序文

本書はローマ宗教の没落を描写しようとするものではないし、イタリアにオリエント宗教の隆盛をもたらした根本原因についての一般的考察に努めようというのでもない。また、哲学者たちの理論よりもはるかに活力があった分解酵母であるその教義が、いかにしてローマ帝国と古代人の全生活が依存していた国家的信仰を解体したか、それが解体した建造物の破壊が、いかにしてキリスト教によって完成されたかを示そうとするのでもない。さらに、偶像崇拝者たちと勢力を増大させたキリスト教会との戦いの種々な局面を辿ろうとするものでもない。こうした広範な主題についてはいつの日か取り組んでみたいとは願っているが、本書の中でそれを扱うことはできない。本書はこの決定的な転回の一局面だけを目標とし、マズダー教の一宗派がいかにして、そしてなぜローマ帝政期に帝国の支配的な宗教となるのに失敗したのかを、可能な限り詳しく解明したいのである。

ギリシア文明はペルシア人の間で根づくには決して至らなかったし、ローマ人はパルティア人を征服することには勿論成功しなかった。全オリエント史に支配的で重要な事実は、イラン世界とギリシア・ローマ世界とは常に相互の融合を避け続け、世代を越えた敵対心によってばかりでなく本能的な反発によっても分離されていたということである。

しかしながら、イラン魂の最も高度な表現であるマゴス神官たちの宗教は西方の文化に対して三重の影響を及ぼした。第一に、ゾロアスター教はユダヤ教の形成に対して非常にはっきりした働きかけを行なった。前者の主要な教義の幾つかはユダヤ人入植地を媒介として地中海世界全体に広まったし、もっと後にはキリスト教正統信仰によっても受け容れられた。

マズダー教はローマが小アジア東部を征服した時、より直接的にヨーロッパ思想に働きかけた。非常に古くから、バビロンから移住したマゴス神官たちの入植地は歴史に姿を現わすことなく存続していたが、彼らはそこで伝統的な信仰とギリシア思想とを結びつけることによって、その未開の地で入り組んではいるが独創的な一宗派を少しずつ創り上げた。紀元元年頃になると、それは急速に暗がりから姿を現わし、ドナウ川とライン川の流域やイタリアの中心部に同時に進出した。西方の諸民族は彼らの古くからの民族信仰に対するマズダー教信仰の優位をはっきり感じ取り、人々は異国の神の祭壇に馳せ参じた。しかし、征服者の前進はキリスト教と接触するに及んで停止した。敵対する両派は、彼らを近づけた類似点を驚きつつ認めたが、どうして似ることになったのかについては気がつかなかった。両派はそれぞれの祭儀の神聖さを猿真似しようとしたという廉で、〈欺きの霊〉を非難した。両派の抗争は不可避であり、激しい、断固たる一騎打ちであった。そこに賭けられているものは世界制覇であったからである。その戦いの成り行きについて物語る史料はないので、アフラマズダーと三位一体神との間で揺れ動いた民衆の魂の知られざるドラマについては、想像してみるほかはない。我々は戦いの結果しか知らない。すなわち、ミトラ教は敗れたが、それは疑いもなく当然のことであった。敗北はミトラの密儀の教えに対するキリスト教福音の倫理や使徒たちの教えの優越にだけ帰してよいと言うのではない。敗北したのは、古色蒼然とした過去の遺産の重荷に押しひしがれたからばかりでなく、ローマ人の心が嫌悪感なく受け容れるためには典礼も神学もあまりにオリエント的なままであったからでもある。裏返してみれば、同じ時期にイランで両ライヴァルの間で戦われた同じ戦いは、キリスト教徒にとって不面目とは言えないまでも不成功のままにとどまった。サササン朝の国家では、ゾロアスター教は決して重大な痛手を受けることはなかった。

しかし、ミトラの敗北はこの神の勢力を滅し去ったのではなかった。彼は一つの新しい信仰を人々が受け容れるように準備させた。それはミトラと同じように、ユーフラテス川の流域から来て、別種の戦術で敵対行為を再開した。マニ教が彼の後継者、継承者となったのである。これはペルシアによって西方に加えられた最後の攻撃であり、それ以前のものより激烈であったが、結局はキリスト教帝国の抵抗力を前にして挫折する運命にあった。

以上のような簡略な素描で、ミトラ教の歴史の持つ重要性を明らかにできたものと考えたい。太古から続いたマズダー教の幹から派生した小枝であるミトラ教は、イラン諸部族の古い自然崇拝という性格を多くの面で保存していた。それと比較すれば、いろいろ議論されているゾロアスターの改革の及んだ範囲をよりよく理解することができよう。他方、ミトラ教はキリスト教会の幾つかの教義を明確化するのに、たとえ積極的にではなくとも貢献した。例えば、地獄の支配者たちや世界の終末に関する観念がそれである。そういうわけで、ミトラ教の起源と衰亡とは二つの大宗教の形成過程を解明するのに寄与している。ミトラ教はまた、その最盛期にはローマの社会と政治にも相当な影響力を揮った。イスラーム教徒の侵入時代でさえも、ヨーロッパは決して三世紀におけるほどはオリエント化しかかったことはなかったが、その時には帝政がカリフ政治に変質する寸前であるように見えた瞬間があった。ディオクレティアヌスの宮廷がホスローのそれとの類似を呈したことは、しばしば強調されてきた。太陽崇拝、とりわけマズダー教の神学は、神格化された君主たちが絶対君主政を基づかせようと試みた諸理念を流布させた。国民のあらゆる階層へのペルシアの密儀の急速な浸透は、皇帝たちの政治的野心に大いに役立った。それはイラン的・セム的思想の突然の氾濫を生じさせる。その結果、ギリシア人やローマ人の天性が長時間をかけて築いたものが水没するばかりとなったし、洪水が引いた時には、それ以後完全には除去されえないオリエント宗教のうずたかい沈殿物が人々の頭の中に残された。

本書で私が扱う主題は深い研究の対象とするに値するということが、以上によって十分におわかりいただけたことであろう。この研究により私はいろいろな面で当初予想されたよりもはるかに遠いところまで来る羽目になってしまったが、永年に及ぶ研究や手数のかかった探訪旅行を後悔してはいない。私が企てた仕事は困難をともなうものであった。一方では、どの程度までアヴェスターやその他のペルシアの聖典が西方のマズダー教の観念を表わしているかがわかっていないし、他方では、少しずつ集められた大量の図像や遺物を解釈するのに、そういうアヴェスター・タイプの註釈書しか存在していない。碑文だけが常に確実な道案内であるが、その内容はおしなべて非常に貧弱である。我々が置かれた状況は、中世のキリスト教史を書くのに旧約聖書とロマネスクとゴシックの教会堂の彫刻つきの扉しか自由に使えないようなものである。そういう理由で、ミトラ教図像の解釈は、しばしば多かれ少なかれ推測の域を出ない。私はいまだにこれらの象形文字《ヒエログリフ》の厳密な解読を達成したとは思わないし、私が意見を述べる際にはそれを裏付ける史料的価値だけを重視したい。しかし、それにもかかわらず私は、ミトラ教の祠を飾っていた聖図像の全体的意味合いを確定できたものと思っている。その難解なシンボル表現の詳細については知りえないことが多く、しばしば不可知論に陥らざるをえない。

本書は私が編集した『ミトラの密儀に関する文献と造形遺物』第一巻の末尾にある「結論」を再録したものである。ここではその記述を裏付けるのに役立つ註や文献指示は割愛し、ミトラ教の起源と性格についての我々の知識を要約し、整合的にすることに限定した。この問題について学習を始めたいと欲する読者にはこれで十分であろう。史料の不正確と欠如は、本書中の復原のすべての部分にわたって同じくらいの妥当性を与えることを許さなかった。復原のもとになった基盤の安定度を確認したいと思うならば、前記著作の「序論」の批判的検討を読んでほしい。その目的は私の編集になる文献史料と、とりわけ造形遺物の意味と価値とを決定することだからである。

本書の長い準備期間中に、しばしば私は学界全体を結びつけている連帯精神の力を借りなければならなかったが、私の要請が無駄に終わったことは稀である。献身的な友人たちのうちにはすでに亡くなった方々も多いが、彼らのご厚情にはしばしば期待を越えるものがあり、私があえてお願いしなくても自ら進んで助けて下さった。私は前記著作中においてそれぞれの方に謝意を表明しておいた。ここで協力者のお名前を列挙したり、月並な謝意を述べたりするくらいで済ませては恐縮この上もないことになろう。それゆえ、一〇年以上にもわたって私に惜しみなく与えられた援助を深い感謝の念をもって思い起こし、本書の筆を置くこととしたい。

一八九九年一二月一日

第三版への前書き

第三版を準備するに際して、一二年間に現われた発見や刊行物を、簡潔な追補の文章が許す範囲で取り入れようと努めた。それゆえ、すべての章と補遺は修正されたり、時には長文の加筆がなされた。

何人かの方は書簡のかたちで本書に対する希望を表明されたが、ドイツ語版第二版におけると同じように、本書の論述が基づいている証拠を手早く確認するための簡略な補筆を行なった。文献史料と遺物は私の大部な著作の方に収録されている。一九〇〇年以降に発見されたり、所在が判明したものについては、知られる限り補遺で簡略に記しておいた。そういうわけで、この小著はある程度までは前述の大部な本の補足として役立つであろう。同じような目的で、彫像であれ浮彫であれ、最近発見された幾つかの新しい図像を図版に加えた。地図も改訂され、多数の地名が新たに書き込まれた〔本訳書では割愛〕。小著とはいえ、本書はそれゆえ、取り扱われている主題について、増大していく諸研究によって得られた成果に関し十分な概観を与えるであろう。私がこの主題に没頭し始めた頃、或る経験を積んだ考古学者がこれほど徒労に終わる研究分野に関わることを思いとどまらせようとした。今日になってみると、長い間放置されていた考古遺物がいや増す関心を喚び起こしているのは、私の満足とするところである。

ここで私は、ミトラの密儀についての拙著をお読み下さった専門家各位のご厚情に感謝を表明したい。彼らはこの失われた一宗教の復原が史料の客観的で完全な解釈によっていることを認めて下さっている。いまだ不明の点が多い材料を扱うと見解の相違が現われたり、時として大胆な結論が幾つかの点で何らかの過ちを犯しているように見えることもあろう。改訂に当たっては、こうした疑問点を十分に尊重した。そういう場合、必ずしも私見を改めるべきであるとは思わないまでも、批判者たちの意見を吟味してみることは好ましいことであろう。しかし、このような小著の中では、長々とした議論をするわけにはいかないので、必ずしも私は自分なりの見方を論証することはできなかった。率直に言えば、学問的で詳細な註釈もなしにこれほど支持されたり、弁明されたり、手直しされたりした成果を公けにすることは危険である。しかし、私の希望は読者がこのような避け難い欠陥を全体としては感じないで済んでほしいということである。

しかしながら、今日では私の見解が変わりつつある、一つの基本的な点を明らかにしておきたい。八八―八九頁で、私は聖なる図像の天文学的解釈は一般信者群に教えられた外来のシンボル崇拝にすぎなかったし、他方では人間の起源と終末についてのペルシアの教義が完全な意味での入信者には啓示された、とした。今では、私はむしろ逆のことを考えている。すなわち、マズダー教的・アナトリア的物語はたぶん一般信者の素朴な心を惹きつけていた信仰であり、他方では「カルデア人たち」の博学な理論はより完全に啓示を受けた人々の神学であったのである。例えば、後者は密儀の中に、死んだ信者はミトラのように太陽の戦車に乗って洋上を運ばれて行くという伝承を存続させていたようである。しかし、より洗練された終末論は明らかに占星術的な教義で、魂が惑星の天球圏を超えて天に昇っていくことを望んでいた。実は、現に矛盾している二つの宗教体系を神官たちがいかにして一致させたかを理解することは常に困難である。この信仰を持ってはいない我々は、聖所の秘密の部分にまで入り込んでいるつもりではあっても、昔日の信者たちを立ち止まらせはしなかった困難に突き当たるであろう。

一九一三年一月　ブリュッセルにて

第一章　起源

ペルシア人の祖先たちがインド人の祖先たちとまだ一つであった遠い昔、彼らはすでにミトラを崇拝していた(1)。ヴェーダの讃歌はアヴェスターのそれと同じようにミトラの名を讃えている。また、これらの書が表わしている二つの神学体系は相異なるものであるにもかかわらず、ヴェーダのミトラとイランのミトラとは起源の共通性について疑いえないほど多くの類似点を残してきた。この二つの宗教はミトラの中に天と共に祈願される光の神を見ているが、天は一方ではヴァルナ、他方ではアフラと呼ばれる。倫理上は、ミトラは真実と契約の保護者(2)、偽りと誤りの敵対者として認められていた。しかし、インドの聖なる詩歌は半ば消えかけた記憶をしか彼について残さなかった。かなりおぼろげな一断片だけが、彼に特別に捧げられている。彼はその過去の偉大さを証明する比較研究の中で、たいていの場合偶然に姿を現わす。しかし、彼の特徴がサンスクリット文学の中ではアヴェスター文学の中ほどはっきりとは際立ってはいなくても、この輪郭の曖昧さは彼の性格の原始的同一性を包み隠すほどではない。

最近の学説によると、ヨーロッパ人が知らなかったこの神は、その上古代アーリヤ人の神々の社会にも属していなかった。ヴェーダによって讃えられたミトラとヴァルナの二神と五柱の他のアーディティア神群と同じく、ミトラとアフラ、そしてアヴェスターの考え方によれば創造主を取り囲むアムシャスプンタ〔大天使〕たちもまた、日月星辰にほかならない。それらに対する崇拝はインド・イラン人によって「星辰界の知識においては彼らより優っていた隣接する民族から」借りられたものであろう。すなわち、その民族とはどう見てもバビロニアのアッカド系、あるいはセム系の住民を指している。[3] しかし、この大胆な仮説は重要な結果をもたらす一発見と矛盾しているようである。カッパドキアの楔形文字文書が明らかにしたところでは、インド・イラン人の神々であるミトラ、ヴァルナ、インドラ、ナーサティヤが、ヒッタイト人の隣人であるミタンニ人によって前一四世紀頃崇拝されていた。[4] それゆえ、アーリヤ人は歴史におけるその最初の出現の時以来、ミトラを崇拝していたことがわかるし、イランを征服した諸部族はその勢力の開始期からイスラームへの改宗に至るまで、ミトラを崇めることを決してやめなかったことを認めてよかろう。

アヴェスターの中では、ミトラは天の光の精霊である。[5] 彼は日の出の前、岩山の頂上に現われ、日中は、四頭の白い馬に引かれた戦車に乗って広大な天空を踏破し、夜が来てもなお、ほのかな輝きをもって地上を照らす。彼は「常に目醒め、常に見守る」。彼は太陽でも、月でも、星でもないが、その「千の耳と一万の眼」の力で世界を監視する。ミトラはすべてを聞き、すべてを見つける。彼は全知であり、何者も彼を欺くことはできない。当然の成り行きによって、彼は倫理上、真実と忠誠の神、誓約の際に祈願され、契約を保証し、誓いに背いた者を罰する神となった。

光は暗闇を払って地上に喜びと生命とをもたらす。光にともなわれる熱は自然界を豊饒にする。ミトラは「広い牧場の主」であり、そこを肥沃にする。「彼は成長をもたらし、豊饒をもたらし、家畜の群をもたらし、子孫と生命とをもたらす」。彼は水を注ぎかけ、植物を発芽させる。彼は彼を崇める人々に健康、財産、天分豊かな子孫を得させてくれる。なぜなら、彼は物質的な利益ばかりでなく霊魂の資質をも司る者だからである。彼は情深い友人のような存在であり、繁栄と共に心の平安、知恵、栄光を与え、信者たちの間に調和をゆきわたらせてくれる。闇の世界に住むダエーワたちは地上に不毛と苦難と共にあらゆる悪徳とあらゆる汚れを広める。彼らの悪だくみに対して、ミトラは「まどろむこともなくマズダー神の創造物を保護する」。彼はたゆむことなく悪の精霊たちと戦うので、それらに仕える悪人どもは彼の忿怒の恐るべき到来を感じ取る。彼はその高い天の住処から敵たちの行動を探り、彼らを潰走させ、皆殺しにする。邪悪な人々の家を破壊し、荒廃させる。敵対する部族や国々を滅亡させる。それとは逆に、ミトラは軍事遠征において彼に忠実な人々の強力な同盟者である。彼らの敵の攻撃は、「怒ったミトラが受けて立つので標的を見失う」。そして、彼は「うやうやしく善者の教えに従い、敬虔の念をもって善者を崇拝し、供犠の儀式で灌奠を執り行なう」(6)人々に勝利を保証する。

アケメネス朝時代からミトラの中で顕著になる軍神としてのこの性格は、イランの諸部族がまだ互いに抗争していた混乱の時代に際立ったものとなったことは疑いもない。しかし、その性格は昼と夜の戦いという古くからの観念が発展したものにすぎない。一般的に、この古いアーリヤ人の神についてアヴェスターが提供してくれるイメージは、前述のように、ヴェーダがもっと不明瞭な輪郭で描くイメージと相似している。したがって、マズダー教はそのもともとの基本的性格を変えてはいなかったのである。

しかし、アヴェスターの讃歌がこの古い光の神の本来の特徴を伝え残していたとしても、ゾロアスターの宗教体系は、同神の崇拝を採用する際に重要性をはなはだしく減じさせた。アヴェスターの天界に入り込むために、彼はその法則に自らを従わせなくてはならなかった。神学は天の位階の頂点にアフラマズダーを置いたので、その時以来、彼と対等なものを容認しなかった。ミトラは世界を支配するために至高神を補佐する六柱のアムシャスプンタの構成員にさえならない。彼は格下げされて、古くからの自然神たちの大多数と共に一群の下位の精霊たち、すなわちマズダーによって創造されたヤザタ〔諸神霊〕の一柱とされた。彼はペルシア人が礼拝するように教えられた、神格化された抽象観念の幾つかと関係づけられた。ミトラは戦士たちの保護者として、ウルスラグナすなわち〈勝利〉の神の相棒となった。真実の擁護者として、敬虔なスラオシャすなわち神の法への〈服従〉に、ラシュヌすなわち〈正義〉に、そしてアルシュタートすなわち〈廉直〉に結びつけられた。繁栄を司る者として、アシ・ヴァニュヒすなわち〈富〉と、パレニュディすなわち〈豊饒〉と共に祈願された。彼はスラオシャとラシュヌと協力して、義《ただ》しい者の魂を地獄に落とそうと努める悪魔たちから保護し、天国に昇るために危険なチンワト橋を渡る許可を与えてくれる審判の主宰者となる。(7) このイランの信仰がミトラによる救済という教義を生み出したのであり、それは西方で発展することになる。

同時に、ミトラ崇拝はマズダー教の典礼に従って、厳格な儀式に服する。彼は供犠の中で、「小型家畜、大型家畜、飛ぶ鳥」(8) を捧げられる。これらの生贄奉納はハマオ液による通常の灌奠と祭儀用祈禱文の暗誦の後か、それと同時に行なわれ、バルスマンという細枝の束が手に握られていた。しかし、祭壇に近づきたい信者は、その前に沐浴と笞打ちを繰り返して自らを浄めなければならなかった。(9) この厳しい規定は、入信前のローマの密儀の徒に課された洗礼式と肉体的試練を想起させる。

このようにして、ミトラはゾロアスター教の神学体系に組み込まれ、神々の位階にしかるべき地位を与えられ、完全な正統派への仲間入りを成し遂げ、他の精霊たちと同類の崇拝を受けるようになった。しかし、その強力な神性は彼に課されたこまごまとした規則にはあまり従順ではなかった。聖典にはより古い観念の痕跡が見出される。それによるとミトラはイランの神々の中ではるかに高い地位を占めていた。彼は同一の祈禱文で幾度もアフラマズダーと名を連ねている。つまり、この二柱の神は、その神性をみると天の光と輝く天とは分かち難いので対をなしているのである。他の場所では、アフラは他の被造物と同じようにミトラをも創ったと言われているとしても、前者は後者を自分と同じくらい偉大なものにした。ミトラは勿論一柱のヤザタであるが、ヤザタの中でも最も強い者、最も光輝ある者である。「アフラマズダーは動きゆく全世界を保持し、それを注意深く見守るために彼を配置した」[10]。最高存在者が悪魔たちを滅ぼし、悪霊アフリマン自身を震え上がらせるのは、この常勝の戦神を介してである。

この原典を、プルタルコスがペルシア人の二元論的教義について述べている有名な文章[11]と比較してみよう。彼によると、オロマスデス〔アフラマズダー〕は「太陽が地球から離れているのと同じくらい太陽の上方に」永遠の輝きの中で鎮座し、アフリマンは下方の世界の夜の闇の中で支配し、ミトラは彼らの間にあって中間の地位を占める。ブンダヒシュン[12]の冒頭はまったく相似した理論を教えている。ただ、オルムズド〔オフルマズド＝アフラマズダー〕とアフリマンの間を占めるのは風／気（ワーユ）である。相違点は言葉の上だけのことである。なぜなら、イラン思想にあっては、気はそれが支えているとみなされる光と分かち難く結びついているからである。同様に、至高の神は最高天において星辰界の上方に坐し、そこでは永遠の静けさが支配する。彼の下方には、その密使である一柱の活動的な神がいて、地獄の底から大地の表へとダエーワたちを送り込んでくる闇の精霊と絶え間なく戦う天の軍勢の長となっている。これはゾロアスター教のものよりはるかに単純な宗教観念であり、アケメネス朝支配下の人々の間で一般に受容されていたようである。

古代ペルシア人の宗教がミトラに与えていた卓越した役割は、多くの証拠によって確かめられる。彼は女神アナーヒターと同様、アルタクセルクセスの碑文の中で、アフラマズダーと共に祈願される。[13] 確かに、大王たちはミトラに対してことさらに特別の信仰心を持ち、彼を特定の保護者とみなした。王たちの言葉の真実性の証人となるのは彼であり[14]、戦闘を開始するに当たって祈願されるのも彼である。[15] 疑いもなく、君主たちに勝利をもたらす者と考えられたのである。また、彼は神秘的な光の輝きであるフワレノーを王たちの上に降らせると思われたが、これはマズダー教の信仰によれば、そのおかげで権力を得ている王たちに永続的な成功を保証するものである。

貴族階級も君主の手本に従った。ミトラという名前を含む神名付き人名の大多数は、遠い昔から貴族たちによって用いられたものであり、この神に対する崇敬が彼らの間で広く行なわれていたことを証明している。[16]

ミトラは公的祭儀において大きな地位を占めていた。暦では第七月が、また各月の第一六日が彼に捧げられていたことは疑いがない。[17] クテシアスの伝えることを信ずるとすると[18]、ミトラの祭の折には、彼を讃えるために王は率先して大規模な灌奠をなし、聖なる舞いを演じた。実際、この祭では厳粛な供犠と仰々しい儀式が行なわれた。ミトラカナは全中近東の地で有名であり、ミフラガーンとなったのであるが、それは現代にまで継承されて、ペルシアのイスラーム教徒によって祝われている。[19] ミトラの栄光はエーゲ海の周辺にまで拡がった。つまり、ミトラはその名前が古代ギリシアでよく知られていた唯一のイラン神である。[20] この事実は、近隣の大帝国の諸民族の間でミトラだけがいかに崇拝されていたかを示すものである。

君主とその広大な領土を補佐して統治していた全貴族階級によって信仰された宗教は、国家の幾つかの地方に限定されたままではいなかった。例えば、アルタクセルクセス・オコス〔三世〕は、スーサ、エクバタナ、ペルセポリスばかりでなく、バビロン、ダマスコス、サルデイスなど各地の首府でも、女神アナーヒターに献じた彫像を建てさせた。[21] とりわけ、王たちの冬の離宮があったバビロンには、「マゴス」と呼ばれる多くの公認の神官たちが住みつき、土着の聖職者たちに対して上位権を持っていた。[22] 公式の儀礼がマゴスたちに特権を保証していたが、彼らは並行して存続した強力な聖職者のカーストの影響力から免れることはできなかった。カルデア人の博学で組織的な神学が原始的なマズダー教の上に立った。後者の神学は明確な教義の体系というよりは、むしろ伝承の寄せ集めであった。両宗派の伝承は融け合わされ、神々は同一視され、長期にわたる科学的観測の膨大な成果であるセム系占星術がイラン人たちの自然崇拝的な神話に重ね合わされることになる。アフラマズダーは天上を支配するベールと混同され、アナーヒターは金星を支配するイシユタルと同一視され、ミトラは太陽神シャマシュとなった。[23] シャマシュはペルシアのミトラと同じように、バビロニアの正義の神であり、ミトラのように、山頂の上方、東天高く姿を現わし、その毎日の進路を光り輝く戦車に乗って踏破する。最後に、彼は戦士たちに勝利を与える者、王たちの保護者である。[24] ペルシアの信仰にセム系の理論がもたらした変容はきわめて深刻であり、何世紀も後にローマで、ミトラの真の祖国はしばしばユーフラテス川の岸辺に置かれたほどであった。[25] プトレマイオスによれば、[26] この強力な太陽神はインドからアッシリアにまで拡がる全地方で崇拝された。

バビロンはマズダー教の伝播においては一段階の地でしかなかった。きわめて古くから、マゴスたちはメソポタミアを横切り、小アジアの中心部に達した。すでに初期アケメネス朝期に、彼らは大挙してアルメニアにいついていたらしく、そこでは彼らが導入した宗教を前に土着の宗教は次第に消滅した。また、カッパドキアでは、彼らの祭壇の火はストラボンの時代になってもまだ数多く燃えていた。[27] マゴスたちはきわめて早くから、ポントス、ガラティア、プリュギアまで移住した。[28] アントニヌス朝期には、リュディアにあってさえ、キュロスが建立したとされる一聖所で、彼らの子孫はいまだ意味のわからない讃歌を唱えていた。[29] このような共同体は、少なくともカッパドキアではキリスト教時代にまで生き延び、後五世紀まで存続し、世代から世代へと忠実に彼らの風習や礼拝様式を伝え残すことになった。[30]

これらの入植者たちが、セム語の複数形の正確な転写である「マグサイオイ」(マゴスたち)という名称で呼ばれたことは、意義深い事実である。彼らの聖典の、そしてたぶん典礼の言語はペルシア語ではなく、アラム語であり、後者はすでにアケメネス朝期に、ティグリス川の西側に位置する全地域で外交や通商関係に用いられていた。アナトリアのマズダー教に対する「カルデア人」の影響がどれほど深いものであったかを、これ以上よく示すものはない。

ダレイオスの帝国の没落は遠い土地に拡散したが、この事態はそれ以後祖国から切り離されたこれらの入植地にとって致命的であったに違いないと思えるかもしれない。しかし実際に起こったことはむしろその逆であった。マゴスたちはディアドコイ(アレクサンドロスの後継者)たちに保護者を見出したが、それは少なくとも大王とその臣下が与えていたのと同じくらい熱心なものであった。アレクサンドロス帝国の解体以後、ポントス、カッパドキア、アルメニア、コマゲネでは、追従的な王統譜によってアケメネス朝に結びつくものとされた諸王朝が成立するのが見られる。これらの王家がイラン系出自のものかどうかは別として、その想像上の起源は架空の先祖たちの神々を崇拝する義務を生じさせた。ペルガモンやアンティオケイアのギリシア系の王たちとは対照的に、それらの王家は政治上ばかりでなく宗教上の古くからの伝統を代弁した。また、王家はアジアのかつての支配者をあらゆる点で模倣することに一種の貴族的な誇りを感じた。アジアを統治していた封建貴族たちはまた、かつての征服民族に属したか、現に属していると称していた。門閥の長たちは、少なくともアルメニアの境界地帯では、あらゆる有為転変を生き抜いてユスティニアヌス帝の時代に至るまで「サトラペス（サトラップ）」（地方総督）の世襲的称号を保持するが、[33] 彼らはまた祖先の古くからの信仰を誇り高く持ち続ける。当の地方で行なわれる他の崇拝には何ら敵対心を示すことはなかったが、それでもこれらの君侯やその側近の高官たちは、マズダー教の神々の神殿に特別の好意を抱いていた。オロマスデス（アフラマズダー）、オマノス（ウォフマナフ）、アルタグネス（ウルスラグナ）、アナイティス（アナーヒター）、そしてさらに他の神々が彼らの崇拝を受けた。[34] とりわけミトラは彼らの偏愛の対象であった。[35] 君主たちはミトラに対し、ある意味では個人的な崇敬の念を持っていた。というのは、これらすべての一族にしばしばミトラダテスという名前が現われるからである。明らかにミトラは、彼がアルタクセルクセスやダレイオスのようなアケメネス家の人々にとってそうであったように、君主たちに勝利、すなわち正統的権威の現われと保証とを与えてくれる神としてとどまった。

伝説上の祖先から継承したペルシアの風習に対するこの尊敬の念、敬神の念は玉座の保護であり、すべての成功の条件であるという観念は、コマゲネ王アンティオコス一世（在位前六九―前三四年）のモニュメンタルな墳墓に刻まれた仰々しい碑文[36]の中ではっきりと肯定されている。それはユーフラテス河谷の中、はるかに眺望が開けたタウロス山脈の尾根の一つに造営された。浮彫の一つ（図1）はこの君主が豪華な装いをし、高い王冠を髪の上に戴き、錫杖を左手に取り、光を放射する光背を具えたミトラと握手している。それは王とこの神との間で結ばれた盟約を想起させる。ただし、コマゲネ王は母方でシリアのセレウコス朝の血を引き、父方ではヒュスタスペスの子ダレイオスから出たと自称するので、自分の二重の出自の記憶を混合し、ペルシアとギリシアの神々や儀礼を結びつけたのである。これは彼の王統でアンティオコスという名前とミトリダテスという名前とが交互するのと同じ事態である。

同じく近隣の国々においても、イラン系の君主や神官がさまざまな程度にギリシア文明の影響を受けている。アケメネス朝の時代には、黒海とタウロス山脈の間に陣取った諸民族のそれぞれが、中央政権の寛容のおかげで、固有の言語と習慣と並んで地域的宗教を維持することができた。しかし、ペルシア帝国の崩壊によって惹き起こされた大混乱の中ですべての政治的・宗教的境界線が消滅した。そして、異質の諸民族が急激に接触し、その結果、近東はローマ帝国時代によりよく観察されるものと類似したシンクレティズム〔諸神混淆、習合〕の様相を呈した。オリエントのすべての神学とギリシアのすべての哲学の接触が、まったく思いがけない結合物を創り出し、さまざまな信仰の競合がこの上もなく活発になった。アルメニアからプリュギアやリュディアまで広がっていたマゴスたちのうち、多くの者はその頃疑いもなくそれまで自分に課していた控え目な態度を脱し、積極的な宣教に専心するようになる。彼らは同時代のユダヤ人のように、自らの周りにたくさんの改宗者を集めるのに成功する。後世に、キリスト教徒の皇帝たちによって迫害されると、マゴスたちはタルムード学者と同じように、かつての排他主義に戻り、ますます近寄り難い厳格主義の中に閉じ籠もることになる[37]。

ミトラ教がほとんど決定的なかたちをとるに至ったのは、確かにマケドニアの征服によって惹き起こされた倫理的・宗教的発酵期のことである。ローマ帝国に拡がった時には、それはすでに強固に組織化されていた[38]。典礼の伝統ばかりでなく教理体系もまた、流布の最初の時から固定されていたに違いない。不幸にして、どの地域で、どの時期にマズダー教がイタリアで明瞭になったような特徴をとるに至ったのかを明確に決定することはできない。アレクサンドリア期にオリエントを揺り動かした宗教運動についての我々の無知、紀元前の最後の三世紀間におけるイラン系諸宗派の歴史についての直接的史料のほとんど完全な欠如は、ペルシア宗教の発展の確固とした認識を妨げる主要な障害である。しかし少なくとも、小アジアのマゴスたちの信仰を変革するのに寄与した主な要因を探り出し、さまざまな地域で、さまざまな影響がその本来の性格をどのように変化させたかを示す試みをなすことには成功しうるであろう。

アルメニアでは、マズダー教は同地の民族信仰と、そしてシリアから輸入されたセム的要素とに結びついた[39]。ミトラはこの二重の影響の下に練り上げられたシンクレティズム的神学の主要な神々のうちの一柱としてとどまった。西方におけると同じように、ミトラの中に火の精を見た人々も、太陽神と同一視した人々もいた。そして、外来の神話が彼の名前に結びつけられた。ミトラはアフラマズダーとその実母との近親相姦的な性交から生まれたとか、普通の人間の女が彼を生み落としたとか語られた。これらやそれと似た風変りな神話について縷説することは差し控えたい。それらの性格は、このペルシアの神の西方の信者たちによって受け容れられた教義とは根本的に別物である。アルメニア人の宗教を構成しているちぐはぐな教義の一風変わった混合物は、初期の不完全な信者団体として以外には、ミトラ教とは関係がなかったように思われる。

小アジアの他の地方では、マズダー教の変化はアルメニアに見られるほどは激しいものではなかった。土着の諸宗派とイラン起源をことさらに想起させた宗派との間の対立は、絶えず感じられていた。火の礼拝者たちが一手に引き受けていた純粋な教義は、キュベレの愛人〔アッティス〕のために執り行なわれた狂宴《オルギア》とはとうてい相容れるものではなかった。しかし、移住したマゴスたちが土着の部族内で平和に暮らしていた何世紀もの間に、両人種の宗教的観念相互に幾つかの歩み寄りが不可避的に起こることになった。ポントスでは、ミトラが全アナトリアで崇拝されていた月神メンと似た騎馬の姿で表わされる。他方、彼はアッティスの男根切断を思い起こさせる、大きく股の切れ込んだ長ズボン〔アナクシュリデス〕を穿いている。リュディアでは、ミトラとアナーヒターの配偶神はサバジオスとアナイティスとなっている。[47] 他の地方神は、ミトラという強力なヤザタとの同一視に逆らうことができなかった。これら僻地の神官たちは、彼らの間で広く信じられていた神々を王族や貴族が崇拝する神々と同等のものとするよう努めたらしい。しかし、これらの地方の宗教についてはあまりよく知られていないので、それがペルシアの宗教に与えたものやそれが受容したものを決定することはできない。相互作用は確かではあるが、その深さを評価することはできない。この作用は考えられているよりはかなり表面的であったが、[48] 西方でミトラの密儀と太母神キュベレのそれとの間に結ばれることになる親密な関係を準備したことは確かである。

アレクサンドロスの東征に続いて、ギリシア文明がアジア全域に拡がった時、それはバクトリアの奥地にまで及んだ。イラニズム――このような用語を使うことができればのことであるが――はヘレニズムに決して負けてはいなかった。イラン自体はその政治的独立ばかりでなく、精神的自治をも速やかに回復し、一般的に言えば、他の場所では易々と力を持った同質化に対するペルシア的伝統の抵抗力がギリシア＝オリエント関係史の著しい特色の一つである。[49] しかし、小アジアのマゴスたちは西方文化の大中心地により近かったので、その光輝によってより強烈に照らされた。マゴスたちの宗教は外来征服者の宗教によって吸収されることなしに、それと自らを結びつけた。現地の信仰をギリシア思想と調和させるために、人々は同一視という古くからの方法に依存した。[50] 彼らはマズダー教の天界にはオリュンポス山と同じ住民が住んでいることを証明しようと努めた。アフラマズダーは至高の存在者としてゼウスと、そして、勝利に輝く英雄神ウルスラグナはヘラクレスと混同された。牡牛が捧げられたアナーヒターは牡牛を追うアルテミスとなり、彼女の神殿の中に英雄オレステスの寓話を位置づけるところまでいきさえした。(51) ミトラはすでにバビロンでシャマシュと対等のものとみなされていたが、当然ヘリオスと結びつけられた。しかし、ミトラは決してヘリオスの下位には置かれなかったし、ミトラというペルシア語の名前は儀式の中では、密儀の中で崇拝された他の神々の名前とは違って、ギリシア語訳で置き換えられることは決してなかった。

実際には関係のない二つの名称の間に設定されたように見える同義性は、神話学者たちの単なる余興では済まなかった。それは重大な結果をもたらし、オリエントの想像力によって着想された漠然たる神の擬人化は、ギリシアの芸術家たちがオリュンポスの神々に与えた姿の厳密な形態を受け取った。おそらくペルシアの神々は、以前には人間の外観の下には決して表わされなかったし、たとえアッシリアの偶像を模倣した像が存在していたとしても、それは奇妙で粗野なものであった。マズダー教の英雄神たちにギリシア的理想のあらゆる魅力を与えることによって、ペルシアの神々の性格についての考え方は必然的に変化させられたし、その異国情緒は薄められて、西方の人々にいっそう容易に受け容れられるようになった。ローマ世界で異国の宗教が成功するのに不可欠の条件の一つは、前二世紀頃ペルガモン派の一彫刻家が牛を殺すミトラの悲愴な群像を制作した時に満たされた。同像に対してはそれ以後、ミトラ神殿の奥室の中に名誉ある地位を与えるという習慣が一般的となった(52)。

ギリシアの哲学思想で育てられた人々の心にとって、これらの粗野な密儀が与えたと思われる不快感を和らげるために、芸術だけが役立てられたのではなかった。哲学はその本来の主張をこうした密儀の教義と和解せしめようと努めたし、あるいはむしろ、オリエントの神官たちの方が彼らの聖なる伝承の中に哲学諸派の理論を再発見したと主張した。これらの学派のうちでストア学派ほど民衆の信仰との提携に同意したものはなかった。ミトラ教の形成に対するストア学派の影響にも深刻なものがあった。マゴスたちが朗唱した古くからの一神話がディオン・クリュソストモスによって報告されているが、そこにはストア的宇宙論の一寓話が見られるし、ほかにも多くのペルシアの観念がこうしてゼノンの弟子たちの汎神論的思想によって変容した(53)。思想家たちはオリエント伝来の教義や儀式の慣習の中に、太古からの叡知のわかりにくい反映物を捜し求めることに次第に慣れていった。この傾向はマズダー教の聖職者たちの主張と関心にあまりに一致していたので、彼らは全力を挙げてそれを奨励しないではいられなかった(54)。

たとえ哲学的思索がマゴスたちの信仰にそれが本来持っていなかった影響力を与え、その性格を変化させたとしても、当の思索は全体としては革新的というよりはむしろ保守的であった。それはしばしば荒唐無稽な伝説に象徴的意味を与え、合理的説明を外見上不合理な慣習に提供したので、後者は前者の永続性を保証する傾向があった。たとえ宗教の神学的基礎は著しく変化したとしても、その典礼の枠組はほとんど動かないままであり、教義の変更は儀式の尊重とは両立していた。ヴェンディダード〔ウィーデーウ・ダート〕のこまごまとした規定が示す迷信的な形式主義は、明らかにササン朝時代よりも相当進んでいた。カッパドキアに定住したマゴスたちがストラボンの時代に捧げた供犠は、アヴェスター典礼のあらゆる細目を思い起こさせる。それは聖なる枝の束（バルスマン）を手に拝火祭壇の前で朗唱される同じ祈禱、乳、油、蜂蜜から成る同じ奉献、儀式執行者の息が神聖な火を汚さないようにという同じ用心などであった。[55] コマゲネのアンティオコス王の碑文[56]は、それが定めた規定の中で、イランの古い習慣に対する忠実さの似たような配慮を示している。王は己れがペルシア人とギリシア人の古くからの伝統に従って、祖先の神々を常に礼拝してきたことを自慢する。彼は新設の神殿に住む神官たちが同じペルシア人の祭服をまとい、彼らがかつての神聖な習慣に従って儀式を執行することを望む。毎月一六日は特に祝われるものとされたが、その日は王の誕生日であったばかりでなく、古くからミトラにとってことに神聖な日であった。[57] だいぶん時代が下るが、もう一人のコマゲネ人であるサモサタのルキアノスは、明らかに自分の故郷で目撃した習慣からヒントを得て、ゾロアスター教徒たちの繰り返し行なわれる浄めの儀式、いつ終わるとも知れない歌声、メディア風の長衣などをその頃になってもなお嘲笑している。[58] 他のところでは、ルキアノスは彼らがギリシア語を知らず、わけのわからない言葉をわめきちらすと言って非難している。[59]

カッパドキアのマゴスたちの保守的精神は、世代から世代へと継承された非常に古い彼らの習慣と結びついていたが、それはキリスト教の勝利の後にも消え去ることがなく、四世紀末になお存続していたことを聖バシレイオスが証言している。[60] イタリアにおいてさえ、イランの密儀はマズダー教がきわめて古くから小アジアで採用していた儀式の形式の大部分を常に保持していたことは確かである。[61] 主要な革新は典礼用語としてペルシア語やアラム語[62]に代えて、ギリシア語、そして後にはたぶんラテン語が用いられたことであった。この改革は聖典の存在を前提とし、おそらくはヘレニズム時代からこのかた、もともと口頭で伝えられた祈禱や讃歌を文字に書き記すようになったのであろう。記憶が失われるのを恐れたからである。[63] しかし、新しい環境にとって必要なこの順応は、ミトラ教が最後まで基本的にペルシアの儀式を保存することを妨げなかった。

著述家たちがこの宗教に適用した「密儀《ミュステリオン》」というギリシア語は、誤解を招くものであってはならない。

信徒たちはその秘教的な教義が位階を追っての入信儀礼の後にのみ授けられた秘密結社を構成するが、それはギリシアの宗派を模倣したものではない。ペルシアでさえもマゴスたちは閉鎖的なカーストを形成し、それは多くの下位の階級に分けられていたようである。(64)言語や風習の違う異国の人々の間に居を定めるようになるマゴスたちは、さらにもっと厳重に彼らの世襲の信仰を一般人から隠しておいた。このような秘密の知識は彼ら自身にその精神的優位についての自覚を生じさせたし、彼らを取り巻いていた無知な民衆に対するその威光を保証した。ペルシア同様小アジアでも、マズダー教の神官職はもともと父から子へと相伝された一部族の独占物であったらしく、次に入信儀礼の後に秘密の教義を外国人にも伝授することが認められた。これらの改宗者たちは少しずつ宗門の種々な儀式に受け容れられた。この点では、他の多くの点と同じように、イラン人の離散《ディアスポラ》はユダヤ人のそれに比すべきものである。慣習がすぐに入信者たちをさまざまなカテゴリーに区分し、それは結局固定した位階制を形成した。しかし、信仰と宗教行為の全面的公開は常に少数の特権保持者に限られていたし、こうした秘教的知識は、それが秘密であればあるほど、ますます貴重なものに見えた。(65)

ローマ人の間でのミトラ崇拝を特徴づけているすべての風変わりな儀式は、確かにアジアの起源の地にまでさかのぼる。幾つかの儀式で用いられた動物の姿への仮装はかつて非常に拡がっていた先史時代の風習の残存であり、現代になっても消滅していない。また、神に山中の洞窟を奉納する習慣は、いまだ人が神殿を建立しなかった時代のなごりであることには疑いがない。さらに、入信者に課された残酷な試練の儀式はマーとキュベレの奉仕者たちが遂行していた血腥い肉体損傷の儀式を思い起こさせる。同様に、ミトラを主人公とする伝説は遊牧生活の時代にしか考えつかなかったものであろう。いまだ原始的で洗練されていない文明のこういう古くからの伝承が、密儀の中で高度な神学や非常に高貴な道徳と並んで存続した(66)。

ミトラ教を構成する諸部分を分析してみると、それはまるで土壌の地質学的断面のように、徐々に積もった土層から成るこうした堆積土の層位を示している。この宗教の基盤、すなわちその下位にあって最初の層を成すのは、古代イランの信仰であり、ミトラ教はそこから起源を発している。このマズダー教という下層の上には、バビロニアにおけるセム系の教義の厚い沈殿層が積もっている。次には、その上に小アジアでの地方的信仰が幾つかの沖積層を付け加えた。最後に、ギリシア思想という濃密な植物群がこの肥沃な土の上に生長し、部分的には我々の探究からその本来の性質を覆い隠している。

これほど多くの異質の要素が一体になったこの合成宗教は、ヘレニズム時代にアルメニア、コマゲネ、カッパドキア、ポントスで栄えた複合文明の適切な表現である(67)。もしミトリダテス・エウパトル〔六世〕がその野心的な夢を実現することができたとすれば、このギリシア化したペルシア宗教は必ずやアジアの一大帝国の国教になったことであろう。しかし、この宗派の運命の道筋はローマの強敵の敗北によって変わった。ポントスの軍隊と艦隊の敗残兵たちや、戦争で追い立てられオリエントの至るところから吹き寄せられた難民たちが、イランの密儀をキリキアの山地に隠れて勢力を増大させた海賊集団に伝えた。ミトラはこの地帯で強固に根づくが、そこではタルソスが帝国の末期になお同神を礼拝していた。[68]（図2）。この冒険者たちの共和国は、好戦的な宗教に支えられて大国ローマとあえて制海権を争った。彼らは自らを選民と考え、この敗れざる神の信仰に勝利を得させるよう運命づけられていると考えたことには疑いがない。この神の加護をあてにした大胆不敵な水夫たちは、ギリシアやイタリアの最も崇敬されていた神殿を恐れ気もなく掠奪する。ローマ世界はその時初めて、この蛮族の神の名前を耳にしたが、その神はやがてローマにも礼拝を求めることになったのである。

第二章　ローマ帝国への伝播[1]

一般的に言って、ミトラは常にギリシア世界から締め出されたままであった。古代ギリシアの著述家たちはミトラについて、ペルシア王たちによって崇拝されていた外国の神としてしか言及していない。ヘレニズム時代になってからでさえ、彼は小アジアの高原からイオニアの海岸地帯にまでは下って行かない。エーゲ海によって洗われるすべての地方では、ペイライエウスの後期の一奉納碑文と、そしてたぶんアテナイの一碑文[2]とだけがミトラの存在を思い起こさせる。また、前二世紀にデロス島で崇拝された多数の異国の神々の名前の中にミトラのそれを捜しても無駄である。彼がエーゲ海域に浸透したのは、ローマ世界になだれ込んだ時の一種の玉突き現象によってであった。それは皇帝の親衛隊がセプティミウス・セウェルス帝とその子らの安泰を願って、アンドロス島に一ミトラ神殿を設立した時のことである。[3]ローマ帝国時代には、フェニキアとエジプトの海岸にある幾つかの港、すなわちアラドスの近郊、シドン、アレクサンドリアなどに設置されたミトラ神殿が発見されている。[4]しかし、これらの遺物は孤立したものであり、内陸部における密儀のあらゆる痕跡の欠如をなおいっそう引き立たせている。最近になって、メンピスでミトラ神殿が発見されたが、(5)それは例外であり、原則を覆すものではない。というのは、このマズダー教の守護神がこの古い都市にもたらされたのは、たぶんローマ人の支配下においてであったからである。ミトラはこれまでのところ、エジプトやシリアの碑文では言及されていないし、その上セレウコス朝の首都でさえもミトラに祭壇が建てられたという証拠はない。半ばオリエント的なこういう国々では、土着の聖職者の強力な組織と民族神の偶像に対する国民の熱烈な信仰心が侵入者の前進を押しとどめ、その影響力を弱めたらしい。

ある特殊問題がイランのこのヤザタは、ギリシアやヘレニズム化した諸地方では決して多数の信者を獲得することはなかったことを示している。ギリシア人の命名法は一連の神名付きの名前を提供しているが、それはプリュギアやエジプトの神々が博した人気を思い出させる。例えば、メノピロスやメトロドトス、イシドロスやセラペイオンがあるが、それらに相当するミトロピロン、ミトロドロス、ミトロクレス、ミトレイオンなどの名前は知られない。ミトラに由来する名前はすべて蛮族の言語から成る。(6)トラキアのベンディス、アナトリアのキュベレ、アレクサンドリアのセラピス、あるいはシリアのいろいろなバアル神たちは、ギリシアの諸都市では次々に熱心に受け容れられたのに対し、ギリシアは旧敵の守護神に対しては決して歓待をしなかった。

古代文明の大中心地からのミトラの隔たりは、西方でのこの神の遅い到来を説明している。ローマでは前二〇四年以来、ペッシヌスのマグナ・マテル〔太母神〕が公に崇拝された。また、イシスとセラピスは前一世紀にローマに姿を現わしたし、イタリアではそのずっと前から信奉者の大群を持っていた。カルタゴのアスタルテはポエニ戦役の終結以来首都ローマで神殿を構えていたし、カッパドキアのベロナはスラの時代から、ヒエラポリスの〈シリアの女神（デア・シュリア）〉はローマ帝国の開闢以来同様であったが、他方ペルシアの密儀はローマでは完全に知られないままであった。[7] ところが、これらの神々が一民族や一都市のものであったのに対し、ミトラの信仰圏はインダス川から黒海まで拡がっていた。

しかし、この信仰圏はアウグストゥスの時代にはまだ、ほとんどまったく帝国の境界線の外にあった。小アジアの中央高原は長期間にわたってギリシア文明を受けつけなかったが、ローマ文化にはなおさら無縁であった。ステップ、森林、牧草地から成るこの地帯は険しい断崖で遮られ、ゲルマニアよりも荒々しい気候の支配下にあって地中海沿岸の住民たちを寄せつけなかったし、土着の諸王朝は臣従国にされていたとはいえ、帝政初期にはいまだ存続し、古くからの独立を維持していた。キリキアが前一〇二年以来ローマの属州に編入されたというのは事実であるが、その頃は海岸の幾つかの地点だけが平定されただけで、同地方の征服は二世紀もしてからようやく完了した。カッパドキアはようやくティベリウス帝の治世に、ポントス西部はネロ帝の治下、コマゲネと小アルメニアとは結局ウエスパシアヌス帝の治下に併合された。[8] その頃になって初めて、これらの奥地と西方の間の永続的で直接的な関係が打ち樹てられた。行政の手段、防衛組織、知事や役人の異動、財務官と徴税役人の交代、歩兵と騎兵の動員、ユーフラテス川沿いの三軍団の駐屯などが、それまで遮断されていた山岳地帯とヨーロッパの諸属州との間に、人、物資、観念の絶えることのない交流を惹き起こした。次いで、トラヤヌス、ルキウス・ウェルス、セプティミウス・セウェルスの大遠征、メソポタミアの征服、オスロエネからニネヴェに至る多数の植民市の建設などがあり、後者はイランと地中海とを結ぶ鎖の環を形成した。皇帝たちによるこうした代々の併合は、ローマ世界へのミトラ教流布の第一の原因であった。それはフラウィウス朝期にローマ世界に拡がり、アントニヌス朝とセウェルス朝期に発展した。それと並んでコマゲネで行なわれたもう一つの祭祀、すなわちユピテル・ドリケヌスの崇拝も同様であり、同じ頃帝国を一巡した。(9)

プルタルコスによると、(10) ミトラはそれよりはるか以前にイタリアへ導入されたということである。ローマ兵たちは前六七年にポンペイウスによって征服されたキリキアの海賊によってミトラの密儀に入信した。この情報は決して信ずるに足らぬものではない。〈テーベレ川の対岸に〉いついたユダヤ人共同体の大部分は、同じポンペイウスがエルサレムの陥落（前六三年）の後で連行した捕虜の子孫から成っていた。(11) この特別の事件のおかげで、共和政の末期以来、ペルシアの神は首都の雑多な平民階級の中に多少の信者を見出したということはありえた事態である。しかし、異国の儀式を執り行なう信徒団体の群れに紛れて、ミトラの礼拝者たちの小グループは注意を惹かなかった。ヤザタは彼を崇拝していたアジア人たちと同じように軽蔑の念の対象となっていた。一般大衆に対する彼の信者たちの勢力は、現代ヨーロッパでの仏教徒集団のそれとほとんど同じくらい無力であった。

ようやく一世紀の終わり頃、ミトラはローマで話題にのぼるようになった。八〇年頃スタティウスが『テバイ物語』[12]の最初の詩を書いた時、すでに彼は牛を殺す英雄神の典型的な表現を見せているし、プルタルコスの証言から、彼の時代（四六―一二五年）にはマズダー教のこの宗派はすでに西方で相当な悪名を馳せていたということになる。[13]この結論は碑文資料によって確認される。現存するミトラへの最古の奉納はフラウィウス朝（六九―九六年）の一被解放民の二言語碑文である。[14]そのすぐ後には、一大理石製群像がトラヤヌス帝治下の一〇二年に親衛隊長であったT・クラウディウス・リウィアヌスの一奴隷によってミトラに奉納されている[15]（図3）。敗れざる神はほとんど同じ頃、イタリア中央部に浸透することになった。アエクイ族の支配圏にあったネルサエでは、一七二年の一碑文が発見されたが、それによると、すでに「老朽化の果てに倒壊した」ミトラ神殿があったという。[16]帝国北辺でのこの侵入者の出現もほとんど同時である。第一五軍団がウェスパシアヌス帝の治世の開始以来、ドナウ河畔のカルヌントゥムに密儀を持ち込んだことには疑いの余地がない。[17]一四八年頃、ゲルマニアの部隊の間で密儀が執り行なわれたことも確かである。[18]アントニヌス朝期には、とりわけコンモドゥス帝の治世以来、密儀の存在についての証拠はあらゆる地方で増加する。二世紀の終わりには、オスティアでは少なくとも四つの神殿で奉祝が行なわれた(19)。

このアジアの宗教が導入されたすべての都市を枚挙したり、そのそれぞれの場合にとって導入の理由は何であったのかを調べてみようとは思わない。碑文資料も考古遺物も豊富であるのに、ミトラ教の地域毎の歴史はきわめて不完全にしか解明されない。その拡大の進路を追いかけ、各地の信者集団の勢力争いを見分け、都市から都市へ、属州から属州へと展開した改宗運動を観察することは不可能である。なしうるすべては、どの地方に新しい信仰が流布せしめられ、一般的に見て誰がそこに伝道した使徒であったかを大ざっぱな輪郭で示すことである。

ミトラ教の主要な布教者は疑いもなく軍隊である。それは何にもまして兵士たちの宗教であり、一位階の入信者たちに〈兵士《ミレス》〉という名前が与えられたのも理由のないことではない。皇帝たちの下で、軍団が特定の陣営に駐屯し、少なくともハドリアヌス帝以後、各軍団は配置された属州で兵員を増強したことを考慮するならば、軍隊のこうした動きは納得しにくいように思えよう。しかし、この一般的原則は多数の例外を許容していた。そういうわけで、アジア系の人々は長期にわたり、大規模にダルマティアやモエシアの部隊の定員数を確保させ、一定期間はアフリカの部隊についても同様である。その上、生国で二〇年間の任期の後に百人隊長に昇進すると、一般的には遠隔の地に転任し、この任務のさまざまな段階を通過するにつれて、隊長にはしばしば新しい守備隊が割当てられる。その結果、一つの軍団の百人隊長たちは全体として「帝国の一小宇宙」を形成した。[20] そこにいるのは影響力のある強者たちであった。というのは、これらの下士官たちの地位自体が訓練を要する新兵たちに対して相当な精神的影響力を保っていたからである。ほとんど完全に忘れ去られてしまったこうした個人的布教のほかに、分遣隊あるいは連隊全体さえもが、しばしばきわめて遠い城塞や陣営へと一時的あるいは恒久的に配転されることがあり、それがあらゆる人種やあらゆる信仰の人々を親密にさせたり混合したりする。最後に至るところで、ローマ市民から成る軍団兵と並んで、それより多くはないまでも同じくらいの数の属州民から成る補助軍があったが、彼らは軍団兵とは違い、自分たちの故郷で軍務に就くという特権を持っていなかった。逆に、反乱を防止するために、これらの外人部隊をその生国から遠ざける努力が払われた。こういうわけで、フラウィウス朝期には、アラエあるいはコホルテスと呼ばれた土着民の部隊は、ライン・ドナウ戦線を守っていた補助軍のごくわずかな部分しか占めなかった。[21]

遠方に派遣された現地軍に代わって外部から召集された兵士たちの中には、大量のアジア人が含まれていた。領域の広さと対比させれば、たぶんオリエントのどの地方もコマゲネほどは多くの軍人をローマに提供しなかった。コマゲネではミトラ教が深く根を張っていた。この地域ではおそらく帝国に併合された当時から、騎兵隊と軍団兵に加えて同盟軍の資格を持つ、少なくとも六つの補助軍が結成された。また、シリアのすべての部族は言うまでもなく、カッパドキア、ポントス、キリキアなどの出身の兵士たちも多かった。皇帝たちはパルティア騎兵の機動部隊をさえ進んで登用したのであった。彼らは痛い目に遭ったただけに、パルティア騎兵の戦士としての資質を承知していた。[22]

ローマ兵は一般に信心深く、迷信的でさえあった。職業柄危険がつきものだったので日頃から天の加護を求めたのである。奉納碑文の数えきれないほどの多さは、兵士の信仰心の強さと宗教の多様さとを同時に示している。とりわけ、すべてが目新しい地方で二〇年以上も転戦したオリエント出身者たちは、出身民族の神々についての記憶に心から忠実であった。彼らはチャンスがありさえすれば、必ずその神々を礼拝するために集った。彼らはこの主、すなわちバアル神とうまくやっていく必要を経験によって知っていた。子供の頃から、その怒りを恐れるよう教育されていたからである。そのことはまた、一堂に集い、このような北国で不在のままにしている故郷を思い出すための機会ともなった。しかし、彼らの信徒団体は排他的ではなく、出身地に関わりなく軍の同僚を進んで受け容れた。軍の公認宗教はこの人々の宗教的熱意を満足させなかったし、彼らは異国の神から戦闘の際にはより効験あらたかな救済を、もし戦死した場合には来世でより恵まれた運命を得たいと望んでいた。次には、これらの新参者は軍務の要求や戦争の必要に応じて他の部隊に配転されると、改宗者から改宗させる者へと立場を変え、自分の周りに新規改宗者の新しい核を作り出した。こうして、カッパドキアやコマゲネの準蛮族から召集され、ヨーロッパに連れて来られたミトラの密儀加入者たちは、古代世界の辺境にまで急速に拡がっていった。

黒海沿岸からスコットランド山地やサハラ砂漠の縁に至るまで、古代ローマのすべての辺境地帯に沿って、ミトラ教の遺物が満ち溢れている。いまだ踏査されたことのない下モエシアの考古学的調査が進むようになるにつれて、そこにこのアジア系の宗教の伝播がもっとよく確認されてきているが、それは少しも驚くに当たらない。なぜなら、東方人の部隊が同属州が提供した新兵の数の不足を補っていたことがわかっているからである。港町のトミは勿論のこと、軍団兵たちはこのペルシアの宗教をドナウ川流域のアエギュスス、トロエスミス、ドゥロストルム、プリスタ、ノウァエ、ウトゥム、オエスクスなどで崇拝していた。また、アダム・クリシの考古遺物の発見で最近有名になったトロパエウム・トラヤニでも同様である。この地方の奥地では、トラヤヌス帝によって東方人が入植したモンタナやニコポリスに、また同地方の町村にまで浸透したし、疑いもなくこれらの北方の都市からバルカン半島を横断し、トラキア北部、とりわけセルディカ（ソフィア）とパンタリア（クステンディル）の周辺やヘブルス河谷のベッサパラやフィリッポポリスの近郊にまで拡がった。それはアジアとヨーロッパの間の一大交通路に当たっていた。他方、ドナウ川の川筋をさかのぼり、アルムム、ラティアリア、アクアエなどの前哨基地を確保し、上モエシアの首都ウィミナキウムに至ったが、そこでは一古参兵がミトラの神殿を復興している。[23] しかし、いまだよく知られていないこの地域で、ミトラがどれだけの拡張を達成したかは知ることができない。[24] この大河を巡航したローマ軍の小艦隊は外国出身の水兵が乗り組み、あるいは指揮さえしていたが、それは疑いもなくすべての寄港地で異国の宗教を広めた。[25] それと同時に、兵士たちは川筋を監視していた要塞でも同じことをした。

　ミトラのダキア導入の事情についてはもっとよくわかっている。トラヤヌス帝がこの蛮族の国をローマ帝国に併合した時、六年間の打ち続く戦いで疲弊した一帯は、まるで砂漠のようになっていた。皇帝はそこに再び人々を住まわせるために、「ローマのすべての領土から」入植民を大量に移住させた、とエウトロピウスが言っている。[26] この地域の住民は二世紀には現在よりもはるかに入り組んでおり、ヨーロッパのあらゆる民族がそこでは交流し、対立していた。[27] そこには残存した古代ダキア人のほかに、イリュリア人、パンノニア人、ガラティア人、カリア人、アジア系のエデッサ人やパルミュラ人、さらにその他の人々が共に住みつき、それぞれの母国の宗教を崇拝していた。しかし、それらの宗派のうちでミトラの密儀ほど繁栄したものはないし、それがこの地域のローマ支配が存続した一六三年の間（一〇七―二七〇年）に成し遂げた奇蹟的発展には驚くほかない。崇拝は属州の首都サルミゼゲトゥサ、ポタイサやとりわけアプルムのように陣営の周りで成長する諸都市でばかりか、全占領地にわたって盛んに行なわれた。私の知っている限りでは、ダキアでは北方の境界線にあるサモス・ウジュヴァルの要塞からヴァラキアのロムラまでキリスト教徒共同体の痕跡はまったくと言ってよいほど報告されていないのに対して、ミトラ神殿の破壊の際に残された碑文、彫刻、祭壇などは多数発見されてきた。これらの遺物はとりわけ中心部、マロス河谷沿いの街道筋に豊富であり、その幹線道路を通ってローマ文明が周囲の山地へと拡がっていく。確かに、植民市アプルムだけでもペルシアの神の四つの神殿を数えるし、最近発見されたサルミゼゲトゥサのミトラの祠はその時なお、信者たちが敬神の念をもってミトラに捧げた五〇個ほどの浮彫断片やその他の奉納物を含んでいた[28]。

パンノニアでも同様に、イランの宗教はドナウ川沿いに配置された要塞都市、リッティウム、ケスム、インテルキサ、アクインクム、ブリゲティオ、カルヌントゥム、ウィンドボナ[29]（ヴィーン）や、あるいは奥地の村々に根づいた[30]。とりわけそれは、この上・下両属州の二つの中心地、アクインクムとカルヌントゥムにおいて勢力が大であり、両市のそれぞれについてミトラの隆盛の原因はかなり容易に見出される。一つ目の都市では三世紀には、その領域全体に分布した少なくとも五つの神殿でミトラの密儀が執行されたが[31]、そこには七〇年にウェスパシアヌス帝によってラウェンナ艦隊の水兵たちを母体にして結成された第二軍団アディウトリクスの総司令部が置かれていた。軍隊の枠組に編入されたこれらの被解放民たちの中でアジア系の占める割合は相当な数にのぼった[32]。ミトラ教は当初からこの不正規軍団の中にいた信者たちを計算に入れていたと見られる。この軍団は一二〇年頃、ハドリアヌス帝によって下パンノニアに定着させられたが、そこにこのオリエントの宗教をもたらしたことには疑いがなく、信者たちは軍団の解散の時まで信仰に忠実であったらしい。これと似た起源を持った[33]第一軍団アディウトリクスは、トラヤヌス帝の時代にブリゲティオに陣営を移した時、同様にしてそこに多くの種子を播いたのであろう。

このペルシアの神がいかにしてカルヌントゥムに到来したかについては、よりいっそうの正確さをもって示すことができる。すなわち、七一年または七二年に、ウェスパシアヌス帝はこの要害の地を第一五軍団アポリナリスによって再占領させたが[34]、この軍団は八年間か九年間にわたってオリエントで戦っており、六三年にはコルブロがパルティア軍に対して率いていた軍隊を増強するためにユーフラテス川方面に送られ、六七年から七〇年にかけてはユダヤ人の反乱を鎮圧するのに参加し、次いでティトゥスに従ってアレクサンドリアに行った。これら血まみれの戦闘の間に兵員数に生じた欠員は、疑いもなくアジアで行なわれた募集によって穴埋めされた。これらの新兵はたぶんカッパドキアの大部分の地域の出身者であり、ドナウ川沿いに上級の兵士たちと共に移動してきて、そこでそれまでアルプス山脈の北側では知られていなかったイランの神に、まず最初に供犠を捧げた。カルヌントゥムで見出されたミトラへの一奉納碑文はアポリナリス軍団の一兵士によるもので、彼はバルバルス（異国人）という示唆に富んだ名前を持っている[35]。〈敗れざる太陽〉

の最初の礼拝者たちは彼のために川岸に半円形プランの洞穴を奉納し、これは三世紀になると騎士身分の一ローマ人によって廃墟の状態から復興されたが、この聖所の非常な古さはきわめて特異なその配置に表われている。[36] 西方へのミトラの到来の後約四〇年ほどして、トラヤヌス帝は再び第一五軍団をユーフラテス川沿岸に移送したが、その頃すでにペルシアの宗門は上パンノニアの首都に深い根を下ろしていた。アジアに転出した軍団と恒久的に入れ代わった第一四軍団ゲミナ・マルティアばかりでなく、幾つかの分遣隊がそれに付け加わったと見られる第二および第一三軍団ゲミナもまた、密儀の魅力に捉えられ、兵隊たちの間に入信者を数えた。最初の神殿ではすぐに不十分になり、二つ目が建立されるが、それはコマゲネのユピテル・ドリケヌス神殿に隣接している。これは重要な事実である。[37] 改宗が増加すると共に、陣営の傍らに一つの自治市が発展した時、三つ目のミトラ神殿が建立されたが（図4）、それはたぶん二世紀末のことである。その大きさはこれまでに発見されたあらゆる類似の建造物を越えている。[38] それはディオクレティアヌス帝およびその支配権と結びついた諸帝が三〇七年にカルヌントゥムで会議を開催した時、[39] 彼らによって拡張された。彼らはそのようにして、この聖なる都市でのミトラへの奉信の念を公けに証したかったのである。ここは北辺のあらゆる都市のうちでマズダー教宗派の最も古い聖所を持っていたのであった。

地域全体で最も重要なこの戦略的要地はまた、この外来の宗派がそこから周囲の集落に流入する宗教的中心地でもあったようである。二世紀中葉よりミトラ教が信仰されたスティクス・ノイジードルは強大なカルヌントゥム市に従属した集落にすぎなかったが、もっと南にあるスカルバンティアのミトラ神殿は少なくとも〈植民市カルヌントゥムの十人隊長〉の一人によって庇護されていた。東では、アエクイノクティウムの領内が「神を生む岩」への一奉納文を提供したし、もっと遠いウィンドボナでは第二軍団の兵士たちが疑いもなく隣接するカルヌントゥムの陣営の兵士たちから学んで密儀を執行した。パンノニアのこの大都市がミトラ教の発展に及ぼした影響の痕跡はアフリカにまで見出される。[40][41][42][43][44]

ヴィーンから数キロメートル、ノリクムの国境線を越えたところでコマゲナエという村に出会うが、その名前はたぶんそこに駐留していた〈コマゲネ大隊〉の一つに由来するものである。それゆえ、そこから牛を屠る神の浮彫が出土しても驚くに当たらない。しかしこの属州でもラエティア属州でも、軍隊はパンノニアの場合と同じように、このアジアの宗教の流布に積極的役割は果たさなかったらしい。〈第一軍団ノリクム人たちの見張り役〉による碑文は時代が下り、同地方では兵士に言及する唯一のものである。一般に密儀の遺物は、ローマの軍隊が集中していたドナウ川上流の河谷では非常にまばらである。それはアルプス山脈の反対側斜面になってようやく増加するが、後者の地域の碑文学的研究では、それらの遺物が軍隊を起源とするものであると言うことはできない。[45][46]

逆に、上・下両ゲルマニアではミトラ教が示す驚異的拡張は、確かに常日頃から危険を感じていた領土を防衛した軍の強力な部隊のおかげである。そこからは一四八年頃ある百人隊長が〈敗れざる太陽ミトラに〉捧げた一奉納文が発掘されたし[47]、二世紀中葉にはこの神はすでにローマの守備隊の中に多数の改宗を惹き起こしていたようである。すべての部隊が改宗熱に感染したらしい。すなわち、第八軍団アウグスタ、第一二軍団プリミゲニア、第三〇軍団ウルピア、市民の志願兵から成る精鋭部隊、連隊、補助軍の大隊などである。このように広く分布しているので、どの方面から外来の宗教がこの地方に忍び込んだかを見出すことは不可能である。しかし、確実に言えるのは、当の宗教がアジア系の補助軍によっておそらくオリエントから直接運び込まれたに違いない幾つかの地点を除くと、ドナウ川沿岸の守備隊を媒介として[48]ゲルマニアに伝えられたということである。もしその起源を隈なくはっきりさせたいならば、七〇年にモエシアから上ゲルマニアに移動した第八軍団がそこで急速に重要性を増すことになる一宗教の礼拝を初めて行なった、と言ってもさしつかえがないであろう[49]。

ゲルマニアは事実上、最も多くのミトラ神殿を出土した地域である。ゲルマニアはまた最も大型の浮彫や最も完全な図像をももたらした[50]（図5）。また確かに、外来宗教のいかなる神もミトラほどはそこに数多くの熱心な信者を見出さなかった。ローマ帝国の軍事的辺境であったアグリ・デクマテス[51]やとりわけマイン川の川筋と辺境防衛の堡塁の間にあった前哨基地は、最も価値の高い出土品に驚くほど富んでいる。フランクフルトの北方、古代のキウィタス・タウネンシウムであるヘッデルンハイム村の近くでは、三つの重要な神殿が次々に発掘された(52)（図6）。別の三つの神殿がヘッセン地方のフリートベルク(53)で、もう一つはヴィースバーデン（アクアエ・マッティアカエ）で見つかった。周囲の地域では、国境線地帯《リメス》の考古学的調査が進むにつれて、守備隊がその信心行為をなそうとした聖なる地下礼拝堂を少なくとも同数だけ持っている城塞の数が増加している。その例はシュトックシュタットやマイン河畔のグロース・クロッツェンブルク、ニッダ河畔のオーバーフロルシュタット、ブッツバハ、ザールブルク、タウヌス地方のアルテブルク・ヘフトリヒ(54)などに見られる。ゲルマニアの心臓部に打ち込まれたこの一片の土地、ローマという大国のこの突出した城塞は、またまさしくマズダー教信仰の一つの砦でもあった。他方、ライン川の流れ全体に沿い、バーゼルの近くのアウグスト（ラウリカ）からシュトラースブルク、マインツ、ノイヴィート、ボン、ケルン、ドルマゲンを通ってクサンテン（ウェテラ）までの間(55)には一連の遺跡があり、疫病のように少しずつ進みながら、新しい宗教がいかにウビイ人やバタウィ人のような未開の部族のまっただ中にまで伝播したかを示している。

ライン川沿いの国境線上に集められた諸部隊へのミトラ教の影響はまた、ガリアの奥地へのミトラの拡張によって推し測られる。第八軍団の一兵士はジュネーヴで〈敗れざる神に〉祭壇を奉納したが(56)、それはゲルマニアから地中海域への軍用道路上で発見された。また、このオリエント宗教の他の痕跡は現在のスイスとフランス側のジュラ山脈で見出された。シュトラースブルクとモーゼル川やセーヌ川の流域とをかつて繋ぎ、今なお結んでいるヴォージュ峠からの出口にあるサールブール（ポンス・サラウィ）では、最近三世紀のものとされるミトラの祠が掘り出された。[57]もう一つの祠はメッツとマインツの間のシュヴァルツェルデンに存在していた。その中心的な浮彫は岩盤に刻み込まれ、そのまま現在まで残っている。[58]大都市トレーヴは碑文や彫像の若干の痕跡しか残していないが、コンスタンティヌス帝の後継者たちの下でのこの都市の重要性が非キリスト教宗教の遺物のほとんど完全な消滅を説明していないとすれば、[59]その事実は驚くべきものであろう。最後に、ケルンとバヴェ（バガクム）を結んでいた街道から遠くないムーズ川の河谷では、密儀の一風変わった遺品が発見された。

バヴェからは、この街道は西方に向けてブローニュ（ゲソリアクム）に通じていたが、そこはブリタニア艦隊の母港であった。ブローニュでは、確かに現地で制作されたと思われる松明《たいまつ》捧持者の二像が発見されたが、[60]それらは疑いもなく艦隊の外国人水夫または将校によって神に捧げられたものであった。この重要な海軍基地は対岸にある大きな島、とりわけロンドンとの恒常的関係を維持することを狙いとした。この時期から多数の商人がロンドンとの間を往復していた。イギリスの主要な商業上・軍事上の中心地にミトラ神殿があったことはまったく当然のことである（図7）。[61]一般的に言って、イランの宗派はどの地域でもイギリスほどに厳密には軍事基地に限定されなかった。ヨーク（エブラクム）[62]にはブリタニア属州の総指令部が設置されていたが、そこを別とすると、ミトラ教はまず西方に、すなわち現在のウェールズ地方のカーリオン（イスカ）やウェールズ北部に接したチェスター（デウァ）に拡がった[63]。それらの土地では、シルレス人やオルドウィケス人のような民族集団を抑え込むために陣営が設置された。次には、イギリスの北方辺境、ハドリアヌスの防壁沿いに拡がったが、それはピクト人やカレドニア人の侵入から帝国の領土を防護していた。この防壁沿いのすべての「基地」はミトラ神殿を持っていたようである。そこでは基地司令官（プラエフェクトゥス）が部下たちに信心の模範を示した[64]。それゆえ、アジアの神が軍隊につき随ってこうした北方の地にまで前進したことは明らかであるが、いかなる時期に、いかなる部隊と共にそこまで浸透したのかを決定することはできない。しかし、ミトラはそこでは二世紀中葉以後崇拝され、ゲルマニア[65]がはるかなオリエントと〈完全に全世界から切り離されたブリタニア人〉との間の仲介者としての役割を果たしたと思ってよい。

ローマ世界のもう一方の辺境でも、密儀は同様に兵士たちによって執行された。ランバエシスに陣営を張る第三軍団にも、アウレス山脈の隘路を守ったり、サハラ砂漠周辺部に配置されたりした前哨基地にも信者がいた[66]。しかし、地中海の南側ではヨーロッパ北部の国々の場合と同じく、密儀は人気があったとは思われない。その流布には同地方では特別の性格があった。遺物はほとんどすべて後期のものであり、防衛の任に当たるようほぼ全面的に現地召集された下級の兵士たちよりはむしろ、大部分が外国出身の将校や少なくとも百人隊長に由来するものである。ヌミディアの軍団兵たちはカルタゴ人系であろうとベルベル族系であろうと、自分たちの土着の神々に忠実なままであり、軍人としての職務から接触した同僚の信仰を受け容れることは稀であった。それゆえ、アフリカではペルシアの宗教はとりわけ軍務が外部から招き寄せた人々によって信仰されていたし、信者集団の大部分はアジア系ではなくても、ドナウ川沿岸の属州から連れて来られた徴集兵から成っていたようである。

最後に、西方属州ではミトラ教の遺物が最も乏しいスペインでは、守備隊とミトラ教の存在との関係が同様に明らかである。これほど多くの都市がひしめいていたイベリア半島の全領域にわたって、ほとんど完全に、最も重要な都市部でさえも遺物が欠けている。ルシタニア属州の首都エメリタ〔メリダ〕やタラコネンシス属州の首都タラコ（タラゴナ）でも、報告は皆無と言ってよい[67]。しかし、アストゥリアやガリシアの辺鄙な谷間ではイランの神は組織化された崇拝を受けていた[68]。この事実はただちに、長い間にわたって未征服状態にあったこれらの地域では第七軍団ゲミナが長逗留していたという事実と関係づけられる。たぶん、そこにはスペイン人部隊の古参兵が信者組織の中に含まれていたであろう。彼らはライン川やドナウ川の戦線で補助卒として仕えた後で、マズダー教の信仰に改宗して故郷の人々の間に帰還したのである。

このように、軍隊は市民であれ外国人であれ、世界のあらゆる部分の人々を一緒にして結びつけ、絶え間なく将校や百人隊長あるいは部隊全体をその時その時のさまざまな必要に応じて一つの属州から他の属州へと移動させ、そのようにして全辺境地帯に永続的な交流のネットワークを拡げることによって、オリエントの諸宗教をも拡げるのに貢献した。それればかりか、兵士たちはその任期が切れると、軍旗の下で親しみなじんでいた信仰行為を引退場所でも続行し、すぐに自分たちの周囲に模倣者を生んだ。彼らはしばしば最後に勤めた守備隊の近くに定着した。そこは陣営の周りにあって、従軍商人の屋台店に自治市が次第に置き換わった。時としてまた、兵士たちは軍務に従っていた地帯のいずれかの大都市に居を定め、かつての戦友たちと共にそこで余世を過ごした。例えば、リヨンは常に相当数のゲルマニアの退役軍団兵たちをその城壁内に収容していた[69]。また、ロンドンから出土した唯一のミトラ教碑文の奉納者は、ブルターニュ地方の部隊の退役兵である[70]。さらに、皇帝がこれら任期切れの兵士たちに領地を割当て、そこに植民市を設立するということも起こった。例えば、アクイタニアのエルサはたぶん、セプティミウス・セウェルス帝が定着させたライン川沿岸の古参兵を通じてアジアの宗教を知るに至った[71]。しばしば軍当局が帝国辺境に移動させた新参兵たちは、生まれ故郷に対する愛情を心の中に抱いており、そことの関係を維持し続けた。しかし、見張りと戦闘で二〇年あるいは二五年を過ごして退役した後に帰郷すると、彼らは出身都市や出身部族の神々よりも異国の守護神を選んだ。

その神は遠くの土地で戦友が謎めいた儀式に従って礼拝することを彼らに教えたものであった。

しかし、軍隊が駐屯していない属州の都市や農村へのミトラ教の流布は、とりわけ軍隊とは別の要因によっている。アジアで進行した征服活動によって、ローマは多数のセム人を支配下に置いた。帝国の設立は世界の平和をもたらし、商業活動を保証したので、民族独自の能力を活用したこれらの新しい国民は、少しずつレヴァント地方の交易網を自らの手に集中させていった。かつてのフェニキア人やカルタゴ人と同じように、シリア人たちは、その頃自らの植民市を出て地中海のあらゆる港町に住みついた(72)。ヘレニズム時代になると、彼らは大挙してギリシアの商業中心地、とりわけデロス島に入植した。次いで、この商人たちの多くがローマの近郊プテオリやオスティアに流入したし、イタリアではラウエンナ、アクイレイア、テルゲステなどに、さらにダルマティアのサロナやスペインのマラガにまで姿を現わした。彼らの交易活動は少しでも利益を上げられそうなところにはどこであれ、遠い奥地にさえも足を踏み入れた。彼らはドナウ川の流域を経てパンノニアのシルミウムにまで入り込んだし、ガリアではこの手の東方人の人口は特に稠密であり、ジロンド川沿いにボルドーに、ローヌ川をさかのぼってリヨンにまで達した。彼らはこの川の両岸地帯を占拠した時、同属州の中央部全体に溢れたし、北部の偉大な首都トレーヴは彼らを大規模に惹きつけた。彼らは実際、全ローマ帝国に満ち溢れていた。蛮族の侵入も彼らの企業精神を鈍らせるのに十分ではなかった。メロヴィング朝下になっても、彼らはオルレアンで特有のセム語を話していた。その移住をやめさせるためには、イスラーム教徒たちが地中海域での水路を破滅させせなければならなかった。

シリア人たちは、あらゆる時代を通じてその熱烈な心情で際立っていた。どの民族も、エジプト人でさえも、キリスト教徒に対してそれほどの激しさで自らの偶像を擁護したりしなかった。また、シリア人はその植民市を設立した時、一番の関心事は自分たちの民族祭祀を組織することであり、母国はしばしば助成金を支給してこの敬虔な義務を果たすのに手を貸した。そのようにして、ベリュトス〔ベイルート〕やヘリオポリス、さらにはダマスコスの神々がまずイタリアに浸透した(73)。

シリア人（シュルス）という語は当時の日常生活では非常に曖昧な意味を持っていた。それはアッシリア人（アッシュルス）の省略形でもあり、しばしば意味が混同されたが、一般的にはニネヴェの王に古くから服属していた、ユーフラテス川までの、さらにはそれより向こう側のセム系住民全体を指して言うのに用いられた(74)。それゆえ、シリア人という語はこの川の流域にいついたミトラの信奉者たちをも含んでいたし、ローマがその地域にまで征服を拡げるにつれて、彼らはラテン世界の諸都市に住んでいた「シリア人たち」の間で次第に数を殖やしていくことになった。

しかし、西方で商館を設立した商人たちはたいていセム系バアル神の信奉者であり、ミトラを信仰した人々は一般的には比較的身分の低いアジア人であった。ミトラが帝国西部で所有した最初の神殿は、とりわけ奴隷たちが出入りするものであったことは確かである。奴隷商人たちが商品としての人間を提供したのは、もっぱらオリエント属州からであった。彼らはカッパドキアやポントスの大土地所有者が売りに出した奴隷の群れを小アジアの奥地からローマに運んだ。この輸入された人々は結局、古人の言葉によれば首都の特定の区画を形づくった(75)。しかし、交易は人口の減少したイタリアの増大しつつあった消費生活を満たせなかった。交易と並んで戦争が人間の大供給源であった。ティトゥス帝が一回のユダヤ戦争で九万七〇〇〇人のユダヤ人を奴隷としたのを見ると(76)、パルティア人との絶え間のない戦い、とりわけトラヤヌス帝の征服が西方の市場にもたらしたに違いない捕虜の多さについては想像に難くない。

これらの奴隷たちは戦勝の後一括して落札されたり、奴隷商人によって別々に買い取られたりしたが、海岸の都市ではとりわけ数が多かった。そこまでは運搬に経費がたいしてかからなかったからである。奴隷たちはシリア商人たちと同時に、そこにオリエントの諸宗教(77)、とりわけミトラ教を導入した。後者は地中海の一連の港のどこにも定着しつつあった。前述のように(78)、その存在はフェニキアのシドンやエジプトのアレクサンドリアではっきりしている。イタリアではプテオリやナポリを含むその近郊(79)ではミトラの密儀の遺物を比較的少ししか出土しないが、それは、二世紀になるとローマがレヴァント地方の物品の大集散地であることをそれらの都市がやめていたからである。かつては豊かで強力であったプテオリのテュロス人入植区は、一七二年に少数の構成員しかいなくなったと嘆いている。[80] オスティアでのクラウディウスとトラヤヌス両帝によって行なわれた大規模な建設活動以来、ここはカンパニアのライヴァル都市の繁栄を引き継いだ。同地ではまた、すべてのアジア系宗教がすぐにその礼拝堂や信者の同信団体を持つに至ったが、そこではイランの神ほどに圧倒的な人気を博した例はない。二世紀以来、少なくとも四つか五つの祠がミトラに捧げられていた。そのうちの一つは遅くとも一六二年に建立され、アントニヌスの浴場と通じていたが、海外の船が接舷した当の場所に位置していた（図8）。[81] もう一つはマグナ・マテルの公認の祭儀が祝われた地母神殿に隣接していた。[82] 南に行くと、アンティウム（ポルト・ダンツィオ）の小村がその強力な隣人の範に倣っていたし、[83] エトルリアではルセラエ（グロッセート）とピーサが等しくマズダー教の神を歓迎した。[84]

イタリア東部では、アクイレイアがミトラ教の碑文の数で目立っている。[85] 現代のトリエステと同じように、ここは事実上ドナウ川流域の属州がその産物を南方のそれと交換した市場であったのではなかろうか。イストリア半島先端のポラ、アルバとブラッティアの両島、ダルマティアの海岸の諸停泊地であるセニア、ヤデル、サロナ、ナロナ、エピダウルムからマケドニアのデュラキウムまでが敗れざる神の幾つもの痕跡と相当な影響力を保っているし、いわばアドリア海の交易活動の首都に到達するためにミトラが辿った道をしるしづけている[86]。

　また、地中海西部地域でもミトラの前進が辿られる。シチリアではシュラクサイとパレルモ[87]、アフリカ海岸部沿いのオエア、カルタゴ、ルシカデ、カイサレイア[88]、スペイン対岸のマラガとタラゴナ[89]においてミトラ教徒の結社が、海がそこにもたらした雑多な民衆の中で作られた。さらに北方ではリヨン湾で、誇り高いローマの植民市ナルボンヌがミトラに対してはもはや排他的ではいられなかった[90]。

　とりわけガリアでは、密儀の拡張とオリエントとの交易のそれとの間の、前述のような相関関係には注目すべきものがある。両者とも主としてアルプス山脈とセヴェンヌ山脈の間に、もっと詳しく言えばローヌ川の流域に集中している。その水路は特に重要な進入路であった。モンペリエの近くのセクスタンティオからは〈聖事の父〉の墓碑銘が出ているし、エクス・アン・プロヴァンスからはたぶんミトラ教のものと思われる、四輪馬車に乗った太陽神の像が見出されている[91]。さらに川を上ると、アルルでは密儀の中で崇拝された獅子頭のクロノスの像[92]が、モンテリマルの近くのブール・サンタンデオルでは泉の傍らの岩盤に刻み込まれた牛を屠る神の像[93]が発見されている。オランジュから遠くはないヴェゾンでは入信儀礼の際に刻まれた奉納文[94]、ヴィエンヌでは他の遺物と共にこれまでのところ類例のない浮彫が出土した一祠[95]が見出されている。最後に、小アジアとの関係がキリスト教史上よく知られているリヨンでは、ペルシアの祭儀の成功には確かに相当なものがあった[96]。その上流では、一方ではジュネーヴ[97]に、他方ではドゥー河畔のマンドゥール[98]（エパマントドゥルム）に痕跡があり、もっと東に行くと、ニエーヴル県のアントラン（インタラヌム）、たぶんアンドル県のサントーバン、そしてカエサルの拠点として有名なアレシアの村[99]などにもある。疑いもなく相互に絶え間のない関係を保っていた途絶えることなく続く一連の聖所が、このように地中海沿岸とゲルマニアのローマ軍陣営とを結びつけていた。

ローヌ川流域の繁栄した諸都市から出ると、この外来の祭儀はドーフィネ、サヴォワ、ビュジェなどの地方の山奥にまで忍び込んだ。ガップの近くのラバティ、ベレから遠くないリュセ、そしてヴュ・アン・ヴァル・ロメ[100]などではこの神の信者たちによって奉納された碑文、神殿、彫像が発見されている。すでに述べたように、オリエントの商人たちは海や川の港に商館を設置するだけにとどまらなかった。より利益を生む取引を求めて彼らは内陸部の都市にまで散らばっていった。そこでは競争はあまり激しくはなかった。アジア系の奴隷たちの分散はもっと徹底していた。船から下ろされるや否や、彼らはあらゆる方角に競売されるがまま散っていった。彼らはさまざまな地域に落着き、きわめて変化に富んだ役目を果たした。

大土地所有の国、古くからの都市にちりばめられた国であるイタリアでは、奴隷たちはある時はローマの貴族階級の領地を耕す農奴の群を増加させることになったし、またある時は、たまたま執事（アクトル、ウィリクス）の称号を得て、もともと哀れな運命を分かちあっていた人々の主人となった。彼らは時として何らかの自治体によって買い取られ、公務員《セルウィ・プブリキ》として行政官の命令を履行したり、あるいは行政府に出仕したりした。どれほど速くオリエントの諸宗教が、普通なら決して達することができないように思われる地域にまでこうして浸透することができたのかは想像しにくい。アペニン山脈の心臓部ネルサエ出土の二言語碑文によると、一七二年に市の出納係であった一奴隷がそこで、荒廃していた一ミトラ神殿を修復した(101)。ウェヌシアでは〈太陽神ミトラへ(ヘリオ・ミトラ)〉というギリシア語の奉納文がある金持の市民の代理人によって奉納されているが、彼の名前サガリスは奴隷の身分とアジア出自とを同時に示している(102)。実例はほかにもある。外来の神のこれらの名もない信奉者たちが、ローマの郊外や限られた数の大都市だけでなく、カラブリアからアルプス山脈までの全イタリアを通じて、密儀の伝播の最も活発な専従者であったことは疑いを容れない。イランの祭儀はルカニアの中心地グルメントゥム(103)で、さらには前述したように、アプリアのウェヌシアやアエクイ人の土地のネルサエやウェスティニ人の土地のアウェイア(104)で、次いでフラミニウス街道沿い、ウンブリアのインテラムナ、壁画で飾られた祠があるスポレティウム、ミトラ教徒の講社の寄進者一覧表(105)が出土したセンティヌムで、同じくエトルリアのカッシウス街道沿い、ストリウム、ボルセナ、おそらくはアレッツォとフィレンツェ(106)で同時に執行されていたことがわかる。ミトラの痕跡はアペニン山脈の北ではあまり際立っていないし、はっきりとは表われていない。それはエミーリア地方では散発的に見かけるだけであり、そこのボローニャ〔ボノニヤ〕やモーデナ〔ムティナ〕、そしてたぶんレッジョの領内で幾つかの興味深い断片[107]が保存されているのみであり、それはポー川の肥沃な流域でも同様である。そこには帝政期に急速な発展を遂げたミラノ〔メディオラヌム〕があったが、異国の宗教が絶大な人気を博し、当局の保護を享受した唯一の場所であろう。[108]トルトーナ、インドゥストリア、ノヴァーラなどで発掘された幾つかの碑文断片はこの地方の他のところで大規模な流布があったということを証明するには不十分である。[109]

確かに注目されるのは、上イタリアの豊饒な平野よりもアルプス山脈の荒々しい山間部の方がより豊富な遺物を出土させていることである。コモ湖の東、オリオ川が水を運ぶカモニカ渓谷の中のサッシーナ渓谷のイントロッビオでは、敗れざる神に祭壇が奉納されていた。[110]しかし、この神に捧げられた遺物はとりわけアーディジェ川とその支流に沿って量が多い。そこは活発な交易路の近くにある。その道は現在と同じように古代でもブレンナー峠かプスター渓谷を通り、ラエティアやノリクムのアルプス北斜面に通じていた。トレントでは滝の近くにミトラ神殿が建てられていたし、サン・ゼーノの近くでは岩だらけの峡谷で浮彫が出土した。また、カステッロ・ディ・トゥエンノでは石碑の両面に彫られた奉納物断片が、アイザック〔イサルコ〕川の両岸からはミトラと太陽神への奉納碑文が、最後にマウルス〔ムレス〕で十六世紀に発見され、現在ヴィーンの博物館に収蔵されてい

る有名な彫板がある。(111)

この山岳地帯へのミトラ教の進出はイタリアの国境線地帯にとどまらなかった。ドラーヴァ川流域に道を辿って、そこに残された痕跡を捜すならば、それはまずテウルニア(112)で、そしてとりわけ三世紀には少なくとも二つの神殿が入信者のために開かれていたノリクム最大の都市ウィルヌムで見つかるであろう。三つ目の神殿はそこからほど遠くない、森の奥の一岩窟に建てられていた。(113)

このローマ植民市は疑いもなく宗教的首都としてアクイレイア(114)を持っていた。同地の重要な教会はこの辺一帯に布教をした。この港からパンノニアを通ってドナウ川の要塞に至る道路沿いに発展した諸都市は、ほとんど例外なくこの外来の神を歓迎した。それらはサーヴァ川沿いではアエモナ、ラトビキ人の諸邑、ネウィオドゥヌム、そして中心地であるシスキアであり、次に北に向けてはアトランス、ケレイア、そしてこれらの神殿のうち二つが最近発見されたポエトヴィオがミトラを格別の厚意をもって受け容れた。(115)このように、アドリア海沿岸から一方ではモエシアへ、他方ではカルヌントゥムへ旅をした信者たちは、旅路の各段階で同信の人々によって迎えられたのである。

この地帯でもアルプス山脈の南側の場合と同じように、オリエント系の奴隷たちは伝道者としてミトラに奉仕したとしても、彼らの宣教が行なわれた条件はかなりまちまちであった。この地域に彼らが拡がったのは、イタリアの大規模所領や諸都市でそうであったように農業労働者、富裕な大地主の管理人、自治体の使用人などとしてではなかった。人口減少はここでは古い文明の地方ほどには進行していなかったし、土地を耕したり、町々の秩序を保つためには外国人の手に依存する必要はなかった。そこでは奴隷の大輸入業者は個人や自治体ではなくて国家である。地方行政官、財務官、皇帝領の管理人、あるいはノリクムの場合のように地方総督自身の指揮下には多数の徴税請負人やあらゆる種類の事務員がいて、その管轄区域に派遣されており、一般にこれらの下級官吏は自由民ではなかった。同様に、鉱山や石切場の産物、あるいは税関の収益を金融に当てていた有力な請負業者たちは、その経営のために奴隷身分や奴隷出身の多数の従業員を使っていたが、彼らは外国から連れて来られた人々であった。皇帝の代理人であれ、皇帝が自らの代行とした徴税請負人であれ、この種の人々の称号が、パンノニアやノリクム南部のミトラ教碑文の中に最もしばしば繰り返し現われる(116)。

すべての属州において、帝室付きの身分の低い使用人たちは、外来宗教の流布ではかなりな役割を演じた。中央政府のこれらの傭われ人たちが地域的分立に対する帝国の政治的統一の代表者であったのと同じように、彼らは地方的信仰に対する普遍的宗教の使徒であった。彼らは皇帝の命令下に置かれた第二の軍隊のようなものであり、ローマ帝国宗教の発展に対する彼らの影響力は軍隊のそれと類似していた。彼らは兵士たちのように、オリエント属州で大規模に駆り集められた。彼らは同じように、昇進するにつれて絶えず住む場所を変えた。また、彼らの役職表は軍団のそれと同じく、あらゆる民族の出身者を含んでいた。

このようにして行政は統治区域から統治区域へと、その書記や会計係と共に密儀の知識を移植した。カッパドキアのカイサレイアで発見された典型的な物証がある。それは非常に立派なラテン語で書かれた碑文、たぶん土着の一奴隷で〈皇帝付き財務官の事務係〉たる者が太陽神の像をミトラに捧げる、という内容である[117]。ダルマティアではペルシアの神の遺物は、この属州では早くから軍団が撤退したので、かなりまばらであるが、にもかかわらず奥地で国庫、郵便、税関の使用人たちが多くの奉納碑文に名前を残している[118]。とりわけ辺境の属州では、皇帝たちの財務代行者は数が多かったに違いない。商品に対する関税を徴集するためもあったし、国庫の最も重い支出は軍隊の維持費でもあったからである。それゆえ、財務官《ディスペンサトレス》、徴税官《エクサクトレス》、収入担当官《プロクラトレス》やその他の類似の称号がダキアやアフリカのミトラ教碑文の中で挙げられているのは当然である[119]。

したがって、ここにはイランの神がオリエント系兵士たちによって崇拝されていた陣営の近隣の村々に浸透していくことのできた第二のルートがある。一般的には、財務官や事務官の仕事があらゆる守備隊への公的・私的身分の奴隷の流入を惹き起こした。それと同時に、そうした場所に集って来る人々の群れの絶え間ない需要が至るところから商人たちを惹きつけた。他方、前述のように[120]、古参兵たちはしばしば奴隷や商人がいあわせる港町や大都市に定着しようとした。ミトラはかくかくの方法でしかじかの地域に伝えられたと断言することがあっても、そのような一般化は明らかに完全に正確であるとは言いきれるものではない。ミトラの密儀拡大の競合しあう原因が混在し絡みあっており、もつれた糸を一本一本解きほぐそうとしても骨折り損をするだけである。きわめて多くの場合、年代不詳の碑文だけが研究を進める上での手掛かりであるが、そこには神の名前のほかには入信者や祭司の名前が記されているだけで、それぞれの特定の場合に、新しい宗教に貢献した状況を決定することは不可能である。一時的な影響ともなると、ほとんど完全に失われてしまっている。ウェスパシアヌス帝の即位に際して、太陽神の忠実な崇拝者がいたシリア人の諸部隊(121)の長期にわたったイタリア滞在は、何らかの永続的な結果をもたらしたであろうか。アレクサンデル・セウェルスが率い、ランプリディウスの言うところでは(122)「アルメニア人、オスロエネ人、パルティア人がきわめて多かった」軍隊は、ライン川沿岸へのミトラ教の宣教に対し新しい刺激を与えはしなかったろうか。ローマが毎年のようにユーフラテス川の辺境に派遣した高級官吏のうちの誰かが、彼の支配を受けた人々の信仰を採用しなかったろうか。カッパドキアかポントスの祭司たちで、シリア女神の祭司の例に倣って(123)西方に船で行き、人々の信じやすさをたねにそこで生計を立てる希望を持った者がいなかったろうか。すでに共和政下において、「カルデア人」の星占い師たちはイタリアの主要な街道をうろついていたし(124)、ユウェナリスの時代にはコマゲネやアルメニアの占い師たちはローマで神託を売り物にしていた。[125] こういう付随的な手段はすべてオリエント宗教が一般的に用いたものであったが、ミトラ崇拝によっても利用されることができた。しかし、ミトラの流布の最も活発な原動力となったのは、やはり兵士、奴隷、商人であった。すでに引き合いに出した細部にわたる証拠は別として、戦争や交易の行なわれる場所やアジア系移住の大きな潮流が流れ込む地域にミトラの遺物が存在したことは、私見を証明するに十分である。

他の地域にはそれがないことはまた、私見を明瞭に証拠立てている。アジア、ビテュニア、ガラティア、パフラゴニアなどで、また何世紀も信仰されていた属州に隣接した属州で、なぜミトラの密儀の痕跡がまったく見られないのか。これらの地方の生産が消費を上まわっていたためでもあるし、外国との交易がそこではギリシアの海運業者の手に握られていて、彼らは外から人を呼び込む代わりに人を輸出していたためでもあるし、少なくともウェスパシアヌス帝以後になるとどの軍団もそれらの土地を防衛したり制圧したりする任務を負わなかったからでもあろう。[126] ギリシアは自らの民族的プライドによって、またローマ帝政時代にはギリシア精神の最も典型的な特徴である栄光ある過去の崇拝によって、外国の神々の侵入から守られていた。しかし、外国出身の兵士や奴隷がいなかったことは、勧誘される機会をさえギリシアから奪い取った。最後に、ミトラ教の遺物は、ガリア中部及び西部、イベリア半島、イギリス南部ではほとんど完全に欠けている。それはダルマティアの内部でさえも稀である。そういう場所では何らかの常駐の軍隊がアジア人の移動を惹き起こすこともなかったし、彼らを惹きつけるような貿易の一大中心地ももはやそこにはなくなっていた。

逆に、どの属州と比べても、ローマ市はあらゆる種類の出土物に恵まれてきた。実際他のどこを見ても、ミトラの成功にとって好都合なすべての条件がこれほどまでに集められている場所はなかった。ローマは帝国のすべての部分から抜擢された兵士たちから成る大規模な守備隊を持っていた。そして、古参兵たちは名誉ある除隊の年齢に達した後には、その多くがローマに住みつこうとした。そこにはまた富裕な貴族階級が住んでおり、彼らの館は皇帝の宮殿と同じように何千というオリエント系の奴隷を抱えていた。(127) ローマは中央行政府の所在地であり、同じような奴隷たちがその役所で執務していた。最後に、貧困か冒険心のゆえにはるばる好運を求めて出奔した人々はすべて、この「世界のホテル」(128)に流れ込み、それぞれの風習と宗教とをもたらした。その傍ら、アジア系の従属国の王族は人質になったり亡命したりして家族や家臣と共にローマで生活したが、(129) 彼らの存在はマズダー教の宣教に足掛かりとなることができた。

大多数の外来の神々のように、疑いもなくミトラの最初の神殿はポモエリウム、すなわち聖域の境界線の外に建てられた。(130) ミトラの遺物の多くはこの境界線の外、特に親衛隊陣営の近くで発見されてきた。しかし、一八一年までにはミトラはポモエリウムを越え、市の中心部に定着した。残念なことに、広大な首都の中でのミトラの足取りを一歩一歩追跡することはできない。年代がわかり、信頼の置ける文献はあまりにも稀であり、首都でのペルシアの宗教の局地的歴史を再構成することを許さない。その宗派がローマで達成した非常な栄華は一般的なかたちでしか確かめることができない。ローマでのミトラ教の流行は一〇〇以上もの碑文、六五以上の彫刻断片、市のすべての地域とその近郊に位置する一連の神殿や祠によって証明されている。これらの祠の中で当然のことながら最も有名なのは、ルネサンス時代になおカピトリヌス丘の一洞窟に存在したもので、そこから現在ルーヴル美術館にあるボルゲーゼの大浮彫が発掘された（図9）[131]。その年代は二世紀末にまでさかのぼるであろう。

この時期に、ミトラはそれまで生きていた薄明の中から出て、貴族階級と宮廷の好意を得た神々の仲間入りをした。ミトラがヨーロッパに移住したり、あるいはもっとしばしば移住させられたアジア人の軽蔑すべき神としてオリエントから到来したのは前述の通りである。ミトラは社会の下層でその最初の征服を行なったことは確かである。ミトラ教は長い間下層民の宗教としてとどまっていたが、これは重要な事実である。最も古い碑文はそのことを雄弁に物語っている。というのも、それらの碑文は例外なしに奴隷や奴隷出身者、兵士や兵士出身者の手に成るものだからである[132]。しかし、被解放民が帝政下においてどれほど高い地位を望むことができたかについてはわかっているし、古参兵や百人隊長の息子たちはしばしば生活の楽な市民になった。それゆえ、事の成り行き上、ローマ世界に移植されたミトラ教は富と勢力を増大させ、間もなくローマでは影響力のある公務員を、地方自治体では皇帝崇拝委員会や市政参事会の会員を同信の人々の間に数えることになった。アントニヌス朝期には、文学者や哲学者がこの独自のものを持った宗派の教義と儀式とに興味を抱き始める。ルキアノスはミトラの祭儀を才気豊かに皮肉っている。[133] 一七七年頃には、ケルソスが「ほんとうの話」を書いてミトラ教の教義とキリスト教のそれとを対比し、[134]他方ではキリスト教の護教論者はミトラ教に侮り難い敵を見て戦う。[135] 同じ頃、パラスという人物がミトラ教のために特別の一作品を捧げたし、やや遅れては、ポルピュリオスの同時代人エウブロスが何巻にも及ぶ「ミトラ研究」を刊行した。[136] もし、こうした著作が永久に失われなかったならば、帝国の代々の敵の信仰に鞍替えした士官や兵士たち、そして所領の奉公人たちによって改宗させられた大地主たちの歴史が、そういう本の中で繰り返されているのを知ることになったであろうことは疑いもない。遺物はしばしば自由人と並んで奴隷の名前を挙げているが、時には後者が入信者の最も高い位階に達している。[137] これらの同信団体では、少なくとも外観上は、一番下の者が一番上になり、一番上のものが一番下のものになった。

最も重要な結果が細部についての前述のすべての確証から引き出される。すなわち、ペルシアの密儀の拡大はきわめて急速に起こったに違いないということである。それはほとんど同時にきわめて遠く離れた地帯、例えばローマ、ドナウ河畔のカルヌントゥム、アグリ・デクマテス〔13〕などに姿を現わす。まるで急速に燃え上がる導火線のようである。この改革されたマズダー教が二世紀の社会で強烈な魅力を発揮したことは明らかであるが、今日ではその原因は不完全にしかわからない。

しかし、牛を殺す神の足下に群集を引き寄せたこの本来の魅力に、きわめて大きな効力を持った外部からの一要素が付け加わろうとする。すなわち、それは皇帝による厚遇である。ランプリディウスの伝えるところでは、[139]コンモドゥス帝は自ら入信し、典礼の血腥い儀式に参加している。碑文によれば同帝のミトラの祭司たちに対する寛容は巨大な反響を喚び起こした。[140]その時から帝国の高級官僚たちが君主の範例に従い、イラン宗教の信奉者となるのが見られる。護民官、親衛隊長、地方総督、そして後にはペルフェクティッシムス（最も完全な人）とかクラリッシムス（最も有名な人）と呼ばれた元老院議員などの高官が、碑文の奉納者としてしばしば名前を挙げられる。そして、古代宗教の終末の日まで、貴族階級は長い間君主の好意を得ていた太陽神に惹きつけられ続けた。しかし、皇帝たちの政策と彼らの好意の動機を理解するためには、皇帝権力についてのミトラ教義と皇帝たちの神政政治的主張およびそれらの関係を解明しなければならない。

第三章　ミトラと皇帝権力

ミトラの密儀は伝播が比較的遅い時期であったため、ローマに先行して入ったオリエントの諸宗派、特にイシス崇拝が受けなくてはならなかった宗教迫害を免れた。初期の皇帝の時代に何度もイタリアから追放された星占い師、つまり「カルデア人」の中にはペルシアの神の名前を語る者もいたと思われるが、こうした流浪の占い師たちは厳格なだけであまり実行のともなわなかった元老院決議を無視して常に首都に立ち戻った。彼らはもはや特定の宗教の教えを説く一聖職者集団を構成しているのではなかった。一世紀末にミトラ教が西方に広まると、長い間異国の祭司たちに対するローマの政策を特徴づけてきた用心深い保留、あるいはむしろ積極的な敵対心が、あからさまの好意ではなくても愛想のよい寛容に道を譲り始めた(2)。すでにネロ帝はアルメニア王ティリダテスがもたらしたマゴス神官たちによってマズダー教の儀礼に自ら入信しようとしたし、王はネロの姿をミトラの顕現として礼拝した(3)。

不幸にして〈敗れざる太陽神ミトラの崇拝者たち〉の組織の法的地位については、直接の資料は残っていない。この信者団体の存在が当初から何ごともなく認容されていたのか、あるいは国家によって公認を受けることによって最初から所有権や自治権を獲得していたのかについては文献がないのでわからない。しかし、行政組織と軍隊の中で常に多数の信奉者を抱えていた一宗派が長期にわたって君主によって非合法状態にとどめ置かれていることはありえない。たぶん、法の適用を受けるために、信者組織はこうした団体に授与される諸特権を享受する葬祭用の講社を結成した(4)。他方で、人々はもっと有効な手段にも訴えたようである。イタリアでのペルシアの宗教の存在を確認することができるや否や、それは三世紀も前からローマ人によって恭しく受け容れられていたペッシヌス山の太母神崇拝と緊密に結びついていたことが判明する。さらに、マズダー教信仰の影響の下にこのプリュギアの女神の典礼に取り入れられた牛追いの血腥い儀式は、おそらくマルクス・アウレリウス帝の時代から民法上の免税権の授与によって奨励された(5)。疑いもなく、この二柱の神の団体が元老院か君主による一つの決定の結果公認されたのかどうかはまだわからない。そうとすれば、異国の男神はすぐさまイタリアの市民権を獲得し、キュベレやコマナのベロナと同じ資格でローマ化したことであろう。しかし、公権力の正式決定がなくても、ミトラと同一視されていたアッティスと同じように、太母神と対をなし、何らかの方法で彼女が享受していた国家の保護に参与したと信じられる十分な理由がある。とはいえ、ミトラの聖職者たちは国庫から何らかの定期的寄付金を受けたとは思えない。ただ、地方自治体の税務当局か会計窓口が例外的に多少の補助金を交付することはあった(6)。

二世紀末には、皇帝たちがイランの密儀に対して表明していた多かれ少なかれ慎重な態度が、急に表立った支持に変わった。コンモドゥス帝は入信者となり、密儀の秘密の儀式に参加した。(7)この皇帝の弥栄《いやさか》を願う碑文やその治世と年代を同じくする多くの奉納碑文の発見は、皇帝の改宗がミトラの宣教にどれほどの弾みをつけたかを垣間見せてくれる。このようにアントニヌス朝の最後の皇帝が古い偏見と縁を切って以来、彼の後継者たちの保護が決定的なかたちで新しい宗教に与えられた。三世紀初頭以来、それは皇帝の宮殿の中に専従の祭司を持ったし、(8)誓願や奉納がセウェルス朝の皇帝たちや、その後ではフィリップス〔・アラブス〕帝のためにミトラの信者によってなされたことがわかっている。〈敗れざる太陽神〉を国教化したアウレリアヌスは、(9)彼が自分の国家祭司によって礼拝させた神と同一視された一柱の神には共感を感じないではいられなかった。三〇七年には、ディオクレティアヌス、ガレリウス、リキニウスの三者がカルヌントゥムで会見した時、〈帝国の守護者〉ミトラに一神殿を合意に基づいて奉献した（図10）。(10)また、皇帝の座を占めた最後の非キリスト教徒である背教者ユリアヌスはこの守護神の熱烈な信奉者であり、コンスタンティノポリスの宮廷でしきりに礼拝させようとした。(11)

これほど多様な精神や傾向を持った君主たちのこれほど変わらない好意というものは、束の間の流行や個人的心酔の結果ではありえない。それにはもっと根の深い原因があったに違いない。帝国の支配者たちは二〇〇年もの間この外国の宗教をことほど左様に厚遇したのであったが、それはローマ人が絶え間なく戦っていた敵の国で生まれたものであった(12)から、彼らは明らかに何らかの国家的理由《レゾン・デタ》によって駆り立てられていたのである。実際、彼らはミトラ教の教義の中に、個々の政策に対する好材料ばかりでなく、押しつけようと努めていた専制君主としての要求に対する支持を見出したのである。

周知のように、アウグストゥス帝が創始したような元首政を神権的君主政に少しずつ変えた、ゆっくりした発展というものがあった(13)。皇帝の権威は理論上は国民に由来し、もともと皇帝はローマの首席行政官にすぎなかった。そのような称号だけで、護民官の後継者そして最高神官として、皇帝は不可侵とされ、神聖な性格を与えられていた。しかし、当初は法的に限定されていた王権が何代にもわたる越権行為の結果、遂には絶対王政にいきついたのと同じように、それと同様の発展によって、国民の代理人にすぎなかった支配者が地上における神の代理人、神自身〈君主にして神〉dominus et deus）になる。アクティウムの海戦のすぐ後に、カエサルによる支配という民主政的擬制とはまったく相反する運動が生まれるのが見られた。アジアの諸都市は競ってアウグストゥス帝に神殿を奉献し、彼に崇拝を捧げた。その住民たちの間では君主政の記憶はまだ根強かったし、彼らはイタリアでは過大評価される傾向のあった微妙な相違点については何も理解していなかった。彼らにとって支配者は常に王であり神であった(14)。皇帝権力の変質はローマ精神に対するオリエント精神の、そして法的理念に対する宗教的理念の勝利である。

多くの歴史家が皇帝崇拝の機構を細部に至るまで研究し、その政治的重要性を明らかにしてきた。しかし、その神学的基盤がどのようなものであったかについてはおそらく同じくらいはっきりとは気にかけなかった。ある時期に君主たちが死後神としての名誉を受けたばかりでなく、すでに統治の任にある間からそれを授与されていたということを確認するだけでは十分でない。生きている人間のこの神扱いは健全な理性にもローマ的伝統にも反する新しい神格化であったが、それにもかかわらず、結局ほとんど至るところで受け容れられる。国民世論の頑固な抵抗は、アジアの諸宗教が民衆を征服した時に制圧された。それらは君主を一般人の上位に昇らせる傾向のある教義を人々の間に広めたし、もしそれらが皇帝たちの、とりわけ絶対権力を得ようと望んだ者の厚遇を得るならば、それは専制の神学的正当化をもたらしてくれたからである。主権在民の古い原理に、超自然的影響力に対する整然とした信仰が取って代わった。この重要な変化の中でのミトラ教の役割はどのようなものであったかを論証したいのであるが、それについては入手可能な史料は不完全にしか情報を提供してくれない。

外観上の類似が、ローマ人はエジプトからこれらすべての思想を借りたと思わせた。エジプトの制度は多くの面でローマ帝国の行政改革を刺激した[15]ので、同じようにエジプトはローマに神政的統治の完全なモデルをも提供したこともありえた。この国の古い信仰に従えば、王の一族はその出自を太陽神ラーに有していたばかりでなく、それぞれの王は太陽神ホルスの生まれ変わりであった。それゆえ、すべてのエジプト王は太陽の相次ぐ化身であり、神の代理人であるばかりでなく、天を巡り行く太陽と同じように崇拝される生ける神であった。王たちの標章は太陽のそれと似ていた[16]。

ナイル川流域の支配者となったアケメネス朝、そしてその後ではプトレマイオス朝は、往昔の王たちに付与されていた崇拝を継承した。また、アウグストゥス帝と彼の後継者たちはエジプトのすべての宗教的慣習をその政治体制と同じように細かい点まで尊重し、三〇〇〇年の伝統が同国の専制君主に認めてきた[17]性格を属州民が彼ら自身に適用するがままにした。

ギリシア人でさえもアレクサンドリアでは神政の信仰を受け容れていたが、この信仰はそこから帝国内の遠隔地まで拡がった。イシスの祭司たちはイタリアでは聴衆の多い伝道者であった。社会の最も高い階級の中に彼らが作った改宗者がそれに染まったし、この宗派は陰に陽に皇帝たちの野心にへつらったので、すぐに公然と奨励されるようになった[18]。しかし、皇帝たちの政策がエジプト伝来の教義の流布から利益を得ることができたとしても、彼らはそれを全面的に強制するわけにはいかなかった。一世紀以来、皇帝たちは半ばオリエント化した使用人や廷臣によって〈我らの神（デウス・ノステル）〉と呼ばれるに任せたが[19]、当時はこの呼び名を正式の称号としてあえて用いることはなかった。その頃からカリグラとかネロのような皇帝は、エジプトでのプトレマイオス朝の役割をローマ帝国の舞台で演ずることを夢見ることができた。つまり、彼らは実にさまざまな神が己れの人格の中で復活したと信じ込んだのである。[20] しかし、教養のあるローマ人でこのような突飛な言行を憤らない者はいなかった。ローマ人の精神は東方人の想像力が作り出した途方もない虚構に反抗した。君臨している支配者の神格化はずっと後になってからでさえも、最後の非キリスト教徒たちの間で断固とした反対者に遭遇した。[21] それが一般に認められるためには、アレクサンドリアの現人神の理論よりも洗練されたものが必要であった。それを提供するのがミトラの宗教であった。

エジプト人と同じように、ペルシア人は君主の前で拝跪礼をしたが、それにもかかわらず彼らは王を神とはみなさなかった。ローマでの〈皇帝の守護霊（ゲニウス・カエサリス）〉のように、神の「霊《ダイモン》」が崇拝されたとしても、それによって、すべての人の中に存在し、その霊魂の一部を形成している神的要素だけを崇敬したのである。[22] 君主の威光はもっぱらそれがアフラマズダーに由来し、この神の意志が彼を玉座に就けたがゆえに神聖であったのである。王は天と地の創造主の恩寵によって支配した。イラン人はこの恩寵を超自然的な火の一種、光輝く光輪、「栄光」として表わしたが、それはまず第一に神々に属し、次の君主を照らし、その力を神聖なものとした。[23] アヴェスターが言うところのフワルナ（御稜威《みいつ》）は正統の支配者に光を注ぐが、王位僭称者からは彼を不敬なものとして遠ざかるので、後者はすぐにその財産と共に王位と命を失う。他方、フワルナを獲得し、それを保持するに値する者は天からの授かりものとして変わることのない繁栄、大きな名声、すべての敵に対する勝利を受ける。

ペルシア人のこのきわめて特異な観念は他の神話にはそれに相当するものがなかったし、異邦人たちはマズダー教のフワルナを大ざっぱに〈好運〉と同一視した。すなわち、セム人はそれをガド(24)〔禍福の神〕であるとし、ギリシア人はそれをテュケと訳した。アケメネス朝の滅亡後さまざまな王朝が興って、その系譜をかつての王家のメンバーの誰彼にまでさかのぼらせようと試みた上、当然のことながらこの特別のテュケを崇拝し、その保護が受けられるのは王朝の正統性の結果であり証拠であるとした。フワルナは同時に、かつ同じ動機に基づいてカッパドキア、ポントス、バクトリアなどの王によって崇拝されたことがわかっている(25)。また、長い間イランを支配したセレウコス朝は、至高神によって贈られた〈好運〉の庇護者ともみなされた(26)。コマゲネのアンティオコス王は、その墓碑銘の中で自らを好運の女神と同一視さえしているようである(27)。君主の権力についてのマズダー教思想は、このようにミトラ教と共に西アジアに拡がる。

しかし、ミトラ教と同じく、それはセム人の宗教思想のために複雑化した。運命が王冠を与えたり奪ったりするという信仰は、すでにアケメネス朝においても現われていた(28)。しかし、カルデア人によれば、運命は星のまたたく天の回転によって必然的に定められ、仲間の星を支配する輝かしい星たる太陽は、何にもまして王の星と考えられた(29)。それゆえ、ミトラと同一視された〈敗れざる太陽神（ヘリオス・アニケトス）〉はヘレニズム時代には一般に勝利を与えるフワルナの配剤者とみなされた。この神の恩寵が下された君主は人々よりも上に置かれ、臣下によって神々と対等の存在として崇められた。

アジアの小君主国群が滅んだ後、それらの王朝に向けられていた崇敬の念は、ローマの皇帝たちの上に移し植えられた。東方人はすぐに皇帝を神によって選ばれた者として迎えたが、かつては王たちの〈好運〉がそのような存在に全能の力を与えていたのである。シリアの宗教、とりわけミトラの密儀がローマに伝播するにつれて、多かれ少なかれセム思想の色合いを帯びた古くからのマズダー教の理論が、国家機関の中により多くの擁護者を見出した。それは最初のうちはおずおずと姿を現わし、次には次第にはっきりと宗教制度や皇帝の称号の中で自らを確立していくのが見えるが、その意味はマズダー教の理論だけが解明してくれる。

共和政時代からローマではさまざまな名前の下に、「ローマ人の好運」が崇拝された。[30] この古い民族信仰は早くからオリエントの信仰に染まった。そこではそれぞれの国ばかりでなく、それぞれの都市も自らの神格化された〈運命〉（都市のテュケ＝テュケ・ポレオス）を崇拝したが、その運命は人間の一人一人の生時と同じように、創建の瞬間に定められていたのである。プルタルコスは、テュケはアッシリア人とペルシア人の許を去り、エジプトとシリアを越えてローマのパラティヌス丘にいついたと述べているが、[31] この比喩は彼が念頭に置いていたのとは別の意味で真実である。また、皇帝はアジアにおけるその先駆者を真似て、この国家の好運の女神と並んで、彼自身の人格を注意深く見守る女神を礼拝させるのにやすやすと成功した。〈皇帝の好運（フォルトゥナ・アウグスティ）〉はウェスパシアヌス帝以後の貨幣の銘に見られるし[32]、以前のディアドコイの臣下と同じように、皇帝たちの臣下も君主の〈好運〉によって誓約することになる[33]。守護女神に対する支配者たちの迷信的な信仰心にはきわめて大きなものがあったので、少なくとも二世紀には彼らは常に身の周りに、眠っている時も旅行中もこの女神の黄金製の彫像を置いていた。それは彼らの死に際しては後継者に譲られた。また、それはギリシア語の〈王のテュケ（テュケ・バシレオス）〉を訳して、〈王の好運《フォルトゥナ》（フォルトゥナ・レギア）〉の名の下に祈願された。実際、こうした庇護に見棄てられると、彼らは死あるいは少なくとも不運や災厄に見舞われる。しかし、庇護を受け続ける限り、成功と繁栄だけを享受するのである[34]。

コンモドゥス帝の時代からローマではオリエント系の宗教、とりわけミトラの密儀が勝利するのであるが、コンモドゥスの治世から皇帝たちが公式に〈敬虔な《ピウス》〉、〈幸福な《フェリクス》〉、〈敗れざる《インウィクトゥス》〉[35]などの称号を帯びるのが見られる。それらは三世紀からは正式に公文書の一部を成す。これらの尊称にはローマがオリエントから借用した特別の宿命論が含意されている。君主は「敬虔な」人である。なぜなら、信仰心だけが君主に天が彼に付与した特別の厚意を保持させるからである。君主は幸福な、あるいはむしろ好運な（エウテュケス）

人である。その理由はまさに、彼は神の〈恩寵〉によって照らされているからであり[36]、最後に、君主は敗れざる者である。なぜなら、帝国の敵の敗北はこの守護する〈恩寵〉が常に彼にともなっているという最も明らかなしるしだからである。正統の権威というものは世襲によってとか元老院の投票によってではなく、神々によって与えられるのであり、その現われが勝利なのである[37]。

以上のすべては古いマズダー教思想に一致しており、三つ目の称号の使用はその上、ゾロアスター教と習合した占星術理論の作用を露呈している。〈敗れざる〉(ラテン語のインウィクトゥス、ギリシア語のアニケトス)は、オリエントから輸入された星の神々、とりわけ毎朝夜に対して凱歌を挙げる太陽神の称号である[38]。明らかに、皇帝たちはこの呼称を天体神と自らを結びつけるために選んだ。それはただちに星辰崇拝の思想を思い起こさせた。個人の運勢と同じように国家の運勢も天体の運行と結びついているという教義は、当然の結果として星辰界の長は王の〈好運〉の支配者であるという教義を含んでいた。王を玉座に就かせたり破滅に追いやったりするのも、彼に勝利を得させたり敗北を喫させたりするのも太陽であった。それは皇帝の同志《コメス》であり、彼の個人的保護者《コンセルウアトル》であるとされた[39]。前述のように、ディオクレティアヌス帝はミトラの中に〈帝国の守護者〉を夢見ていた[40]。

皇帝たちは「敗れざる」という副称を帯びることによって太陽神との間に結んだ親密な同盟を表明した上、両者は同一視される傾向があった。同じ理由が皇帝にもっと野心的な称号「永遠の」を帯びさせた。これは長い間習慣的に用いられていたが、三世紀には公式用語に入れられた。この称号はとりわけ前者同様、オリエントの太陽神に付けられ、一世紀初頭にはその崇拝はイタリアに拡がっていた。「永遠の」という称号は君主に適用された場合、太陽神と親密に感応することで皇帝は本性の一致によってこの神と結ばれたという信念を、「敗れざる」という称号よりもいっそうはっきりと示している。[41]

この信念は宮廷の有職故実の中にもまた現われている。天の火は、闇に対して常に勝利する星辰の中で永遠に光り輝いているが、そのシンボルは皇帝の宮殿で燃えさかり、公式の儀式の時には彼の面前に運ばれた消えずの火であった。燃え続けるこの炉はすでに、ペルシアの王にとって権力の永遠性のしるしであり、それが表わしている神秘的な観念と共に、ディアドコイに、次にはローマ人に伝えられた。[42] 同じように、セレウコス朝やプトレマイオス朝を真似てローマの皇帝がネロ以来支配権のしるしとして用いる光を発する王冠は、こうした政治的・宗教的傾向の新しい証拠である。太陽神とそれが投げかける燦然たる輝きのシンボルとして、王冠は輝きが人の目をくらませる神と君主とを同一視させたらしい。[44]

天を照らす光り輝く円盤と地上でそれを表わしている人間の像との間に、どのような宗教的関係が打ち樹てられていたのであろうか。東方人の親王政的な熱意によって王の神格化はとめどもなく進んだ。かつてのエジプト王と同じように、ササン朝の王たちは自らを

「日月の兄弟」と宣言した(45)。また、ローマ皇帝はこれとほとんど同じように、アジアでは太陽神の代々の化身と考えられた。何人かの専制君主はこの神との同一視を諾い、太陽神の持物《アトリビュート》で飾られた姿で表わされた自らの彫像を建てさせた(46)。彼らは自らをミトラの顕現として礼拝させさえした(47)。しかし、こうした無分別な主張はローマ人たちの堅実な良識によってはねつけられた。前述のように、西方ではこういう断定的な主張はいやがられる。人々は比喩的表現に満足を覚えた。人の住む世界を支配し、そこで起こるすべてに目を光らせる君主は好んで、宇宙を照らし、その運命を支配する天の発光体に比せられる。むしろ、あらゆる解釈を可とするような曖昧な表現が使用される。君主は何らかの近縁関係によってではあるが、その性格は曖昧なままで神と結びついていることが認められている(48)。それにもかかわらず、太陽神は皇帝をその保護の下に置き、超自然的な放射物が一方から他方へと降下するという観念が少しずつ両者の同質性という観念へと導いたのである。

さて、密儀の中で教えられる霊魂論は、この同質性について一つの合理的説明を提供し、それにほとんど学問的基礎とも言えるものを与えた。その教義によれば、霊魂はまず天上界に住むが、その後物体に閉じ込められることになって地上に降下し物体に生命を与える時、霊魂は星辰界を横切るに際して、それぞれから星の性質の幾つかを受け取る(49)。前述の通り、すべての星占い師にとって太陽は星の王者であり、したがって太陽は選ばれた者に支配者の徳性を与え、統治をするように詔命するのである(50)。

こうした理論がどれほど皇帝たちの主張に好都合であったかが即座に理解されよう。彼らはまさに生得の権利によって支配者なのであり（deus et dominus natus）[51]、星辰界からの太陽の降臨が彼らを玉座に運命づけた。皇帝は神的存在であり、自らの中に太陽の幾つかの要素を含み、ある意味では太陽の一時的な受肉である。星辰界から降下した者なので、彼らは死後再びそこに昇り、神々に等しい者として永遠に生きる。一般人は、皇帝は死後、遍歴を終えようとするミトラとまったく同じように光り輝く四輪馬車に乗って太陽神によって昇天すると思い描くまでになる[52]。

このようにして、ペルシアの密儀の教義学は起源の異なる二つの理論を結合した。それらは共に皇帝を人間界の上に据える傾向があった。一方では、フワルナの古いマズダー教の観念が「王の好運」となり、王を天の恩寵で照らし、彼に勝利をもたらす。他方では、君主の魂は運命がそれを地上に降下させた瞬間に太陽から支配する力を受け取ったという思想は、彼がこの星と神性を分かちあい、地上でのその代理人となったということを主張させた。

この信仰は現代人の目には不条理で、ほとんど奇怪にさえ思われるかもしれない。にもかかわらず、それは少なくとも何世紀もの間きわめて種々な何万もの人々に力を揮い、同一の君主政思想で結び合わせていた。たとえ文学的伝統は常に古い共和政的精神の多少の残滓を存続させ、教養階級はそのために一抹の懐疑精神を持ち続けたとはいえ、民衆の感情はこういう神政の怪物をやすやすと受け容れたし、古代宗教が続く限り長くそれによって支配されるに任せた。それは偶像の消滅を越えて生き延びたし、宮廷の儀礼ばかりでなく大衆の畏敬の念は常に君主の人格を一つの超人間的な本質とみなしたと言うことさえできる。アウレリアヌスは帝国の全宗派を包括するに十分なくらい幅の広い公認宗教を制定しようと試みた。そういうものならペルシア人の場合と同じように、皇帝の専制支配に正当性と支柱とを与えるものとして役立つであろうと言うのである。この試みはとりわけキリスト教の断固たる反対のために頓挫したが、三世紀の皇帝たちが夢見ていた玉座と祭壇の結合は、それとは別のかたちで実現した。事態の奇妙な逆流によって、キリスト教会は自らがその基礎を揺るがせた建造物を支えるように呼び出された。セラピス、バアル、ミトラの祭司たちが準備していた建造物は彼らのいないところで、彼らに対抗するかたちで完成された。にもかかわらず、彼らは西方で初めて王の神性を説き、それによって後世への反響が際限なく続くことになる一精神運動の創始者となったのである。

第四章　密儀の教義[1]

三世紀以上もの間、ミトラ教は最も遠いローマの属州で、また最も多様な条件の下に信仰された。この長い期間、その神聖な伝承が変わらないままであったとか、人々の心を順次支配した諸哲学、あるいは帝国の政治的・社会的状況でさえもがその伝統に何らかの作用を及ぼさなかったとは考えられない。しかし、ペルシアの密儀は確かに西方で変化したが、入手可能な資料の不十分さのゆえに、その発展の諸相を辿ることも、文献が示すことができる地方的差異をはっきりと識別することもできない[2]。我々に可能なことのすべては、それらの土地で教えられていた教義のおおよその輪郭を描き、場所ごとにこの密儀が受けたらしい追加や手直しを明らかにすることである。その上、密儀が蒙った変更は結局のところ表面的であった。時間的・空間的にきわめて遠く隔たった神聖な像や祭文が同一であるのは、西方の世界に導入された時代よりも前に、この改革されたマズダー教がすでにその神学を創り上げてしまっていたことを示している[3]。論理的な脈絡なしに慣習や信仰を寄せ集めた古代ギリシア・ローマの宗教とは逆に、ミトラ教は実際本物の神学、基本的原理を学問から借り受けた信仰体系を持っていた。ミトラは西方に導入された唯一のイラン系の神であり、その崇拝においてミトラに直接に関係のないものはすべて外来のものであり、新しいものであると一般に信じられているようである。そこには根拠がなく誤った臆測がある。ミトラはその移住過程で、マズダー教の神々の相当部分を引き連れており、信者たちの目から見れば彼はその名を与えている宗教の主たる存在であるとしても、最高神ではない。

神々のヒエラルキアの頂点に、そして万物の根源に、ズルヴァーン派のマゴス神官たちの神学を継承するミトラ教神学は、永遠時間神（ズルヴァーン・アカルナ）を置いていた。その教義はすでに、アリストテレスの弟子、ロドス島のエウデモスが知っていた[4]。その神は時としてアイオン（あるいはサエクルム）、クロノス（あるいはサトゥルヌス）などとも呼ばれたが[5]、こういう呼び名は便宜的・偶発的なものであった。というのも、彼は人の言葉では言い表わせないばかりでなく、名前は勿論、性別や情念も持たないと考えられていたからである。同神はオリエントの原型を真似て[6]、体に蛇を巻きつけた獅子頭の怪人という姿で表わされた[7]（図11）。この神の彫像をごたごたと飾るシンボルの多さは、性格の不確定性に対応する。至高神として錫杖と雷《いかづち》を持ち、しばしばそれぞれの手には鍵が握られているが、それは彼が扉を開く天の主人だからである。猫科動物の半開きの口は、恐るべき顎をあらわにし、貪り喰う時間神の破壊力を示す。翼は走行の迅速さを象徴し、体をぐるぐる巻きにする爬虫類は黄道上での太陽の曲がりくねった進路を暗示する。獣帯記号が体の表に彫りつけられ、四季を表わすシンボルも見られるが、これらは年月の永遠の進行を表わす天と地の現象を思い起こさせる。彼は万物を創り出し、破壊する。宇宙を構成する四大元素の主人であり、御者である。また、彼が単独で生み出したすべての神々の力は、事実上その中で統合されている。[8] 彼は時として運命の力と同一視され、[9] またその中に原始の光あるいは火が見られることもあった。それぞれの観念はこの神をストア学派の至高の第一原因と結びつけさせた。それは至るところに拡がり、すべてを形づくり、他の側面では運命神（ヘイマルメネ）と考えられた熱と同じものである。

ミトラの祭司たちは、一連の世代交代という仮説によって世界の起源という一大問題を解決しようとした。インドやギリシアで見出される古くからの一信仰によれば、第一原理は天と地という最初の二神を創造した。地はその兄によって身ごもり、広大な海洋を生んだ。後者は両親と同じ力を持ち、ミトラ教の神体系の中で至高の三神一座を形成していたらしい。[10] この三神一座とそれを生んだクロノス、すなわち時間神とははっきりとは表現されていないが、星がちりばめられた天は、その回転がすべての出来事の成り行きを決定すると考えられ、時として永遠の運命神と混同されたようである。

この三柱の宇宙神はあまり明確でない他の名称の下に擬人化された。天はオロマスデスすなわちユピテルにほかならず、地はスプンタ・アールマティすなわちユノと同一であり、海洋はさらにアパム・ナパートすなわちネプトゥヌスと呼ばれた。[11] ギリシアの神統記と同じように、ミトラ教の伝承はゼウスが世界の統治において初期の時代の王クロノスを継承したと告げていた。浮彫が示すところでは、このマズダー教のサトゥルヌスは自分の息子にその至高の権力のしるしである雷を手渡している。[12] その時からユピテルは妻のユノと共に他の星辰を支配することになるが、後者〔サトゥルヌス〕はユピテル夫妻のお陰を蒙っている。

オリュンポスの神々は事実上、天の神ユピテルと地の神ユノの結婚から生まれた。彼らの長女は好運の女神〔フォルトゥナ・プリミゲニア〕であり、その崇拝者たちにあらゆる肉体的卓越となかんずく精神的なそれとを与えてくれる。彼女の人助けになる善行と対照的なのは、厳格で不変の宿命を表わすアナンケである。[13] テミスすなわち法とモイライすなわちファタは〈運命〉のいま一つの擬人化したものであったが、後者はさまざまな形姿の下に限りない発展の余地のある性質を表わしている。至高神のカップルはさらに、彼らと対等のものとなったネプトゥヌスばかりでなく、他の神々の全系譜をも生み出した。[14] 例えば、アルタグネスすなわちヘルクレス〔ヘラクレス〕であり、聖なる讃歌が彼の英雄的功業を歌っていた。また、シャレヴァルすなわちマルスは金属を支配し、戦いにおいては敬虔な戦士を支えてくれた。アータルすなわちウルカヌスは火の精であり、メルクリウスはゼウス〔ユピテル〕の使者であり、ハオマすなわちバックス〔バッコス＝ディオニュソス〕は聖なる飲み物を供給してくれる植物が擬人化したものであった。さらに、ドゥルワースプすなわちシルウァヌスは馬と農業の保護者であり、アナーヒターは豊饒の水の神であり、ウェヌスやキュベレと習合し、戦時にはミネルウァの名の下に祈願されもした。ディアナは月であり、浄めの儀式で用いられる蜜を造った。ウァナントすなわちニケ（勝利）は王たちに勝利を与えた。アシャすなわちアレテは完全な徳のことであった。ほかにもいろいろ例がある。このような数限りない神々がオリュンポスの光り輝く山頂に住んでいたのであり、浮彫の示すところによれば、彼らはユピテルの玉座の周りに集い、天の宮廷を構成した。(15)

天界の神々が光輝溢れる中で住んでいるこの明るい世界と対立するのは、地底にある闇の領域である。ユピテルと同じように無限時間によって生み出された(16)アフリマン（アリマニウス）すなわちプルトは、そこでヘカテと共に彼らのいまわしい結婚から生まれた害をなす怪物たちに君臨している。(17)

冥界の王の手先である悪魔たちは天界を攻撃するために上昇し、クロノスの後継者を玉座から引きずり下ろそうと試みた。しかし、ギリシアの巨人族《ギガンテス》と同じように神々の支配者によって雷で打たれたしたたかな怪物たちは、もともと住んでいた奈落の底へと落ちていった（図13(18)）。にもかかわらず彼らはそこから出撃することができ、大地の表をさまよい、そこに災害と腐敗とを広める。闇の世界の支配者の指揮下にあるこれら「反神たち」（アンティテオイ）は神が派遣した「天使」である天界の精たちに戦いを挑む。(19) 凶暴にして悪賢い怪物たちは、この世のあらゆる禍いの原因者となり、人間の心に悪しき情念の火をつける。人間は迫り来る害悪を免れるために、飢えを満たすための血腥い供犠を邪悪な精たちに捧げて赦しを請わなくてはならない。奉納者はまた、適切な儀式と祈禱の力とによって彼らを己れの意図に服従させ、自分が滅ぼしたい敵に向けて彼らを呼び出すことができる。(20)

その上、神々は彼らの本拠地である至上の天界に縛られていない。神統記では彼らは父であり支配者である者を囲んでオリュンポス山に集う姿で表わされるが、宇宙論では別の様相の下に現われる。神々の精気は世界に満ち、その有為転変の活動原理をなす。ウルカヌスの名の下に擬人化される火(21)は、こうした自然の諸力のうちで最も高貴なものであり、星辰や稲妻の中で輝いて命ある者たちを生かし、植物の生育を惹き起こし、地中に潜んでそのあらゆる顕現形態で崇拝される。火は地下の祠の奥底では、祭壇上で永遠に燃え続け、信者たちは穢れに触れてその純粋性を損なうことを恐れていた。(22)

信者たちの素朴な考えでは、火と水は兄妹であり、両者に対する迷信的な崇敬の念が持たれていた。彼らは深い海を満たし、ネプトゥヌスとも海洋《オケアノス》とも呼ばれた塩水の波、(23)大地の底からほとばしり出る泉、大地の表面を流れる川、そこに透明な水面を見せて拡がる湖などを同時に崇めた。涸れることのない泉が神殿の近くを流れ、(24)訪問者たちの崇敬と供物とを受けた。この〈永遠の泉（フォンス・ペレニス）〉(25)は永遠時間神の尽きせぬ善意が世界に拡げる物質的・精神的賜物のしるしであると同時に、至福の永遠の中へと赴く疲れた魂に与えられる精神的更新のしるしでもあった。(26)

生み出す大地、養い育てる大地、天の水によって肥沃になる〈母なる大地（テラ・マテル）〉もまた、儀式の中においてでなくとも、少なくとも教義では同じくらい重要な地位を占めていたし、[27]神格化された四季と関係づけられていた東西南北四つの方位の風は、ある時は恩恵をもたらす精霊として、またある時は恐るべき精霊として祈願された（図14[28]）。風が恐れられたのは寒さと暑さ、凪と暴風をもたらし、大気を交互に湿らせたり乾燥させたり、春の芽生えを育んだり、秋の落葉をもたらす気温の気まぐれな裁定者としてであった。またそればかりでなく、風はすべての生命の原理である〈空気〉のさまざまな顕現として崇拝されもした。[29]

別言するならば、ミトラ教は古代人の自然学では宇宙を構成する四つの根元物質を神格化していた。比喩的な一群像がしばしば制作された。そこでは、一頭の獅子が火を、一箇の甕が水を、一匹の蛇が地を表わし、[30]対立する諸元素の相剋を絵解きしていた。それらは絶えず互いに貪りあい、その絶え間のない変化と限りなく変わる組み合わせが、あらゆる自然現象を惹き起こす（図5）。しばしば蛇は甕の方に向かって這い、あるいはまた甕に向かって鎌首をもたげたり、その胴部や把手の一つに巻きついて中身を飲み干している。その傍らでは、獅子が時として蛇に面と向かってうずくまり、その姿をただ眺めている。他の場合には、獅子は甕に向かって吼えながら歩くか、両前肢をそれに掛けて取ろうとするか、あるいはまた敵に跳びかかって獲物を取るべく身を縮めている。[31]

奇妙なシンボリズムをともなう讃歌群があって、それはこれらの四大元素の対立が世界に創り出す有為転変を歌っている(32)。それによると、至高の神は四頭の駿馬に牽かれた戦車を操るが、それは不変の円を描いて絶え間なく回転している。第一の馬はきらきら輝く毛並の上に惑星と恒星のしるしを付け、逞しく敏捷であり、特定の円周上の進路を猛烈なスピードで走って行く。第二の馬はそれほどは強くもないし、速くもなく、暗色の外衣をまとう。衣の一つの面だけが陽を浴びて光っている。第三の馬はさらにゆっくりと進み、第四の馬は自らを軸としてぐるぐる回転し、いら立って鋼鉄製の馬銜を嚙む。他方、他の三頭の仲間はその周りを、さながら一箇の石の標識の周りを廻るように動く。この四頭立ての戦車は長い間支障なく回転し、常に変わらない進路を規則正しく踏破するが、ある瞬間に第一の馬の焼けつくような気息が第四の馬の上にかかり、その美しいたてがみを燃え上がらせ、次には隣の馬が力を出しきって大量の汗によって第四の馬を水浸しにする。最後に、さらに驚くべき現象が起こる。すなわち、馬の一隊の外観が姿を変えるのである。馬たちは自ら性質を変え、その様子は全物質が四頭のうちで最も頑健で最も灼熱したものへと変容するのだが、それはあたかも彫刻家が蠟人形をいくつも成型した後で、一つのものから蠟を借りて他のものをそれで補うなどして、結局それらすべてを溶かして一体の人形とするようなものである。次いで、この神的な闘争に勝ち残った駿馬は、勝利によってきわめて強大になり、戦車の御者自身と同一化する。第一の馬は火あるいはアエテル（エーテル」を、第二のものは大気を、第三のものは水を、第四のものは地を体現しており、最後の馬に起こった出来事はこの世界をかつて荒廃させ将来荒廃させるであろう火災と洪水を表わしている。また、第一の馬の勝利は万物の現行の秩序を破壊するであろう終末の火災のシンボルである。

超越的な〈原因〉が牽引する宇宙の四頭立て戦車は、聖なる図像としては表わされたことがなかった。後者は目に見える神のためにこの象徴的な一組の像を保存している。古代ペルシア人と同じように、ミトラの信奉者たちは戦車に乗って日毎に恒星界の空間を横断し、夕方になると海洋に没してその火を消すことになる太陽を礼拝した。太陽が地平線上に現われると、その光の放射は闇の精霊たちを追い散らし、被造物の世界を浄め、そこに輝く光が生命を回復させた(33)。それゆえ、太陽は〈昇る者(オリエンス)〉という名の下に崇拝された(34)。同様に、月に対しても崇拝が捧げられた。月は白い牛によって牽引された二頭立ての戦車に乗って天球上を旅した。牛は農業と生産の動物であり、植物の増殖と生き物の繁殖を司る女神に従うとされた(35)。

諸元素はそれゆえ、密儀の中で神格化された唯一の自然物ではなかった。ミトラの密儀でも原始マズダー教でも、自然を増殖させる二つの天体が崇拝されていたが、アーリヤ人が心に抱いていた観念はカルデア人の理論の影響の下にすっかり変わってしまった。

前述の通り(36)、ペルシア人の古くからの信仰が学問的外観をもった一理論の影響をバビロンで蒙ったことは当然の成り行きであった。イランの神々の大部分は、ユーフラテス川流域で崇拝されていた星辰と同化された。星たちはこうしてかつてのものとはまったく違った新しい性格を受け取り、同じ神名がかくして二重の意味を持つようになり、西方でもそれを保つことになった。マゴスたちはこうした新しい教義を彼らの古くからの宗教と調和させるのには成功しなかった。というのも、セム系占星術はギリシア宗教ともイラン系自然崇拝とも両立しなかったからである。しかし、このような矛盾を唯一の真理の認識における単なる程度の違いとみなしたので、祭司たちは、特定の人たちには人間と世界の起源と終末についてのマズダー教教義の啓示を取っておき、他方で民衆はカルデア人の思索によって霊感を受けた、人目を惹くが表面的なシンボリズムで満足させられた。天体によるアレゴリーは世俗的な好奇心から神聖な図像の真の意味合いを隠していたし、完全な悟りへの約束はなかなか果たされないまま、心を誘うような密儀の魅力によって信仰の熱意をかき立てた(37)。

これらの星辰の神々の中で他に擢ん出て祈願され、最も多くの供物を捧げられた最も強力な存在は惑星であった。占星術の理論に従って、惑星には徳性と、しばしば何ゆえかは理解し難い人との関係とが想定された。惑星のそれぞれは週のうちの一日を支配し、一つの金属と結びつけられ、信心の特定の段階と関係づけられた(38)。また、惑星の数は七という数字に特定の宗教的能力を付与せしめた。霊魂は至高天から地上に降りてくる際に、惑星から次々にその情念と性質とを受け取ると考えられた[39]。これらの星はそれを形成している元素やそれに捧げられた供犠を思い起こさせる象徴によって、またある時はギリシアのオリュンポス山に鎮座する神々、すなわちヘリオス、セレネ、アレス、ヘルメス、ゼウス、アプロディテ、クロノスなどの姿をとって、しばしば記念物に表わされた[40]。ただし、こうした図像はそこではアフラマズダー、ズルヴァーン、マズダー教の他の神々を表わす場合に持っているのとはまったく異なった価値を有している。もはやそこでは天や永遠時間の擬人化は見られず、単に恒星界の間を遍歴する進路を想定することのできる光り輝く星辰にすぎなかった。こうした解釈の二重の体系はとりわけ太陽に適用され、ある時はミトラと同じものとして、またある時は別のものと考えられた。実際、密儀の中には二柱の太陽神、すなわちペルシアのフヴァルの後継者であるイラン系の太陽神と、ミトラと同一視されたバビロニアのシャマシュの権化であるセム系の太陽神がある[41]。

同じく二重の性格を持つ惑星の星たちと並んで、純粋な天体神も崇拝のしるしを捧げられた。天の黄道十二宮（獣帯）は日毎の公転の中で、万物をその対抗しあう影響力の下に置くのであるが、どのミトラ神殿でも伝統的な表現で描かれていた（図15[42]）。十二宮のそれぞれは疑いもなく、とりわけ支配下に置いていた各月の間は崇拝の対象であったし、人々は好んで十二宮を三つずつにグループ分けし、四季[43]に当てはめ、十二宮に捧げた崇拝と四季のそれとを結びつけた。実際、ミトラ教徒は占星術の教義に従って、第一原因と考えられた時間ばかりでなく、それが細分化された世紀、年、季節、十二箇月、日時を礼拝し、同じように神的な力を認めた[44]。

黄道十二宮だけが祭司たちによって神学の中に取り入れられた星辰であったのではない。一たび密儀に受け容れられた占星術的な解釈法は、考えられる限りのあらゆる図像に遠慮なく拡張された。何らかのかたちで星辰のグループが示す像と見られえない物や動物はなかった。そういうわけで普通牛を殺すミトラを取り巻く烏、攪拌用鉢形土器、犬、獅子は同じ名前の星座とやすやすと同一視された[45]。大地の上と下を交互に通過する天の二つの半球も擬人化され、ギリシアの寓話によれば、交互に生きたり死んだりするディオスクロイ兄弟〔カストルとポリュデウケス〕と同化された[46]。神話は至るところで学識と混ざり合わさった。例えば、ある讃歌はギリシアのアトラスに似た英雄を歌っているが、彼はその疲れを知らない両肩に天球を担うと同時に、占星術の発明者とされた[47]。しかし、こうした半神たちは背後に追いやられ、惑星や黄道十二宮が常に疑いをさしはさむ余地のない優位を保った。なぜなら占星術師によれば、とりわけそれらの星辰は人間のあり方と万物の動きとを支配していたからである。

これはバビロニアがマズダー教に導入した最大の教義、すなわち運勢に対する信仰であり、地上の出来事を操り、星のちりばめられた天の公転と結びつけられた不可避の運命という観念であった。運命はズルヴァーンと同一視され、すべてを生み出して宇宙を支配する至高存在となる。宇宙の発展は不変の法則に従い、そのさまざまな部分は緊密な紐帯によって結び合わされている。惑星の位置、その相互関係、絶え間なく移り変わるそのエネルギーが、連続した地上の現象を生み出す。[48]こうした前提を教義として持つ占星術は確かに成功の一端をミトラ教の宣教に負うているし、それゆえ後者は、部分的には誤りと恐怖とをともなうこの擬似科学の西方における勝利に責めがある。[49]

占星術の結論の厳密な論理は有識者階級に対して比較的完全な支配をこの巨大な怪物のために確保したが、それに対して地獄の勢力や降霊術は庶民階級により多くの支配権を持っていた。マズダー教によって悪の原理が持つとされた独立した力は、あらゆる密教的実践を諾った。降霊術、夢占い、さらには邪視、魔除け、呪法、悪魔祓いなどに対する信仰など、古代宗教の剣呑で忌まわしいあらゆる逸脱行為が、絶え間なく人間生活に干渉する悪魔たちに当てがわれた役割によって正当化された。ペルシアの密儀はこういうあらゆる迷信を許容し、おそらく教えさえしたという重大な非難を受けても仕方ない。[50]庶民レヴェルの考えではマゴス神官とは魔術師と同義であったのも無理からぬことである。

人類を容赦なく知り難い終局へと押し流す冷酷な必然性の観念も、あるいは人類を滅亡へと向かわせる悪霊たちに対する恐怖心さえもが、ミトラ教の神々の祭壇に大衆を惹きつけることはできなかった。このような陰湿な教義の厳格さは、人間の苦難を憐れむ情深い神々への信仰によって緩和された。占星術の理論家たちの教訓的な著作を見ると、惑星たちでさえも未来永劫定められた進路の曲折につれて、ある時は吉を、ある時は凶をもたらす行動を増大させたり減少させたりするコズミックな力とは違っていた。惑星はカルデアの古くからの宗教に従うならば、見たり、喜んだり、悲しんだりする神々であり、その怒りは和らげられ、その好意は祈りと供物によって得ることができた。信仰者は休むことなく悪の勢力と戦う恵み深い保護者たちの支援に信頼を見出した。(51)

神々の功績を誉め讃える讃歌は、不運なことにほとんど完全に湮滅してしまい、このような叙事詩的伝統はそれを図像で示す考古遺物以外では知ることができない。しかし、この聖なる詩の性格は現在まで伝えられた作品断片の中にいまなお認められる。例えば、マズダー教のヘラクレスであるウルスラグナの功業はアルメニアで歌われていた。そこでは彼がいかにして龍たちを締め殺したり、恐ろしい巨人族とのユピテルの戦いを助けたかが物語られた。(52) そして、アヴェスターの信者たちと同じように、マズダー教のローマでの信奉者たちはユピテルを好戦的で破壊的な野猪になぞらえた。(53)

しかし、このような好戦的な物語の中で最も重要な役割を演じた英雄はミトラであった。ゾロアスター教の聖典の中で他の神々に帰された偉大な事業は、彼一身に帰せられた。ミトラは一つの伝説群の中心となったが、それだけが宗門の中で彼に与えられた卓越した地位を説明している。彼によって成し遂げられた輝かしい功業のゆえにこそ、天界の序列では頂点に立ってはいないこの神が、西方に流布したペルシアの密儀にその名前を冠することなったのである。
前述のように、[54] ミトラは往時のマゴスたちにとっては光の神であった。光が大気によって運ばれるように、ミトラは天界と地獄の境界領域に住むとみなされた。彼はこのような理由のためにメシテスという名前を与えられた。[55] 儀式の中ではこの性質をしるしづけるために、彼には毎月一六番目の日、すなわち中日が割当てられた。[56] 彼がシャマシュと同一視された時、[57] 彼は疑いもなくこのメシテス〔中間者〕という名前をあてはめられることによって、カルデア人の教義に従って、七惑星の合唱隊の中で太陽は第四のランク、すなわち中間の地位を占めていることが思い起こされる。[58] しかし、この中間の位置は純粋に空間的なものではなく、それにはとりわけ道徳的な意味が付け加えられた。ミトラは天上界で支配する近づき難く知り難い神とこの地上で動き回っている人類との間の「仲介者」である。[59] シャマシュはすでにバビロニアで似たような機能を持っていたし、ギリシアの哲学者たちはそれはそれで、地上に光を注ぐきらめく球体から、理性だけがその姿を捉える[60] 不可視の存在の隠れることのないイメージを作り出した。[61]
ミトラがとりわけ西方で知られたのは、太陽の霊力という外国伝来の性格においてであり、図像はしばしばこの借り物という特徴を示す。通常、彼は二人の子供の間に表わされた。彼らの一方は上向きの松明、他方は下向きの松明を持ち、それぞれカウテスとカウトパテスという謎めいた呼称[62] が与えられているが、彼らはミトラの神性の二重の体現者であるにすぎない（図16）。これらの松明捧持者と牛を殺す英雄神は三神一座を形成した。この「三重のミトラ」[63]とは、朝に雄鶏が到来を告げ、昼になると天頂を華々しく通過し、夕方には地平線へと力なく傾いていく毎日の星であるとも、力を増大させながら金牛宮へと入り、春の開始を告げ、勝利に輝く熱線が夏のまっただ中に自然を増殖させ、力が弱まってくると天蠍宮を横断し、冬の到来を告げるもの[64]でもある。別の見方によれば、二柱の松明捧持者のうち一柱は熱と生命のシンボルであり、他の一柱は寒冷と死のシンボルとみなされた。同様に、牛を殺す神のグループは合理的というより巧妙な占星術のシンボリズムの助けを借りて、さまざまに説明されていた[65]。こうした星辰に基づいた解釈そのものは、イランの古くから伝えられたミトラ伝説と結びつけられた門外不出の教義が開示される前に、入信者たちの気を惹こうとするための知的遊戯にすぎなかった。この伝説の筋は失われてしまったが、浮彫によって幾つかのエピソードが語られている。その内容はほぼ次のようであったろう[66]。

　固い円天井と考えられた天から横溢する光は、マゴスたちの神話では岩から生まれるミトラとなった。ミトラは「岩から出てくる神」（テオス・エク・ペトラス）と称されている[67]。伝承の語るところによれば、「生み出す石」[68]はある川の河畔、一本の聖木の下でミトラを生んだとされ、その石の像が神殿の中で礼拝されていた。近隣の山の中に身を潜めていた羊飼いたちだけが、ミトラのこの世への到来の奇蹟を目撃した[69]。彼らはミトラが岩塊から出てくるのを見た。彼はプリュギア帽を被り、出現時から短剣で武装し、闇の世界を照らす松明を持っていた(70)。それから羊飼いたちは神の子を礼拝するためにやって来て、彼に自分たちの家畜と収穫物の初穂を供えた。しかし、若き英雄は裸のままであり、荒々しく吹く風にさらされていたので、無花果《いちじく》の枝で体を隠そうとした。次いで、短剣の助けを借りて木から果実を切り取り、それを口にした。また、木の葉をちぎって自らの衣服とした(71)。彼はこのように戦いに必要な準備をし、かくして到来した不可思議な世界に住みついていた敵の勢力と対抗することができるようになった。というのも、羊飼いたちはすでに彼らの畜群を放牧していたとはいえ、これらすべてのことは地上に人々が現われるよりも前に起こったからである。

ミトラが最初に己れの力を試した神は太陽神であった(図17)。後者は自分のライヴァルの優越に敬意を表し、彼から王位のしるしを受けることになった。彼の征服者は太陽神の頭上に光り輝く王冠を載せ、その時から太陽神は毎日の進路を走行する間その冠を戴くことになる。冠を授けた後、ミトラは太陽神を立ち上がらせ、両者は厳粛な友好協定を結んだ。それ以来、同盟を結んだ二柱の英雄はすべての事業で忠実に助けあった(72)。

この叙事詩的冒険譚のうちで最も驚くべきものはミトラとユピテル(オロマスデス)が創造した最初の生き物である牡牛との決闘であった(73)。この素朴な寓話は我々を文明の起源そのものに立ち戻らせる。それは牧羊民か狩猟民の間でしか生まれえなかったものである。

そこではすべての富の源泉である獣が宗教的崇敬の対象となっていた。彼らにとって野生の牡牛の捕獲は非常に名誉あることがらであったので、神でさえ野牛狩りをしても恥とは思われなかったほどである。荒ぶる牡牛は山中のとある牧草地を通りかかった。すると、英雄は大胆不敵な計略に訴え、牡牛の角を摑み、背にまたがることに成功する。[74]激昂した獣は駆け足になり、荒れ狂って走り回りながら乗り手を振り払おうとするが無駄である。彼はたとえ落ちそうになっても手を離さず、獣の角から吊り下がったまま引きずられた。牡牛はやがて力尽き、抑え込まれることになった。征服者はそれから牡牛の後肢を摑み、後ろ向きのまま、障害物がごろごろしている道を通って、牡牛の住処となっていた洞窟へと引いて行く（図18）。ミトラはそこから「牛を盗む神」（ブクロポス・テオス）という奇妙な仇名をつけられる。[75]牡牛の骨の折れる「移送《トランシトウス》」[76]は、人に課される試練のアレゴリーとなっていたようである。しかし、疑いもなく、牡牛は彼の牢獄から逃れるのに成功し、野原を駆け回る。[77]太陽神はそこで自らの使者である烏を派遣し、同盟者に向かって逃亡者を殺すようにという命令を伝えた。[78]ミトラはこの残酷な使命をいやいやながら実行した。彼は天の命令に従い、放浪する獣を敏捷な犬を使って追いかけ、獣が立ち去った洞窟に逃げ込んだ瞬間にうまく待ち受け、一方の手でその鼻面を抑え、もう一つの手で狩猟用短剣を肩口に深く突き刺した。

　その時、途方もない奇蹟が起こった。瀕死の犠牲獣の体から効能あるあらゆる薬草や植物が生まれ出て、大地を緑で覆った。獣の脊髄からはパンのもととなる麦、血液からは密儀の聖なる飲料を採る葡萄が芽を出した。芸術家たちはこの摩訶不思議な開花とも言うべきものを、牛の尾が麦の穂の束で終わるかたちで密かに思い起こさせようとした。悪霊はのたうつ獣に不浄の動物たちをさし向け、牡牛の体内にある生命の源に毒を盛ろうとしたが無駄である。蠍、蟻、蛇はいたずらに実り豊かな獣の男根に喰いついたり、その血液を飲もうとしたり試みるが、続々と起こる奇蹟を妨げることはできなかった。月神によって集められ、浄められた牡牛の精液はあらゆる種類の家畜を造り出し、彼の霊魂はミトラの忠実な仲間である犬の保護の下に天界にまで昇っていき、そこで神格化され、シルウァヌスの名の下に畜群の保護者となった。こうして、牛を殺した英雄は自身が甘受した生贄の供犠によってすべての役に立つ存在の創造者となり、彼が惹き起こした死から、より豊かでより多産な新しい生命が生まれ出たのである(79)。

その間に、人間の最初の男女が現われることになり、ミトラはこの特権を持った種族を見守る役目を負わされた。闇の霊はそれを破壊するために災厄を呼び出したが効き目はなく、神は常に悪霊の不吉な意図の裏をかくことができた。アフリマンはまず畑を荒らし、そこに長期にわたる旱魃をもたらした。住民たちは渇きによって苦しめられ、彼の常勝の敵に助けを懇願した。弓を引く神は切り立った岩に向かって矢を射かけた。するとそこからは勢いよく泉が湧出し、嘆願者たちはからからの喉を潤そうとする(80)。ところがそれに引き続いて、もっと恐るべき大災害が全自然界を脅やかしたとされる。全世界に大洪水が起こり、海や氾濫した河川の荒波が侵入した大地から人々は一掃されてしまった。しかし、神々から警告を受けていた一人の人間が船を建造し、彼は家畜と共に広々とした水の上に浮いた方舟のおかげで救われた。次には火災が起こり、世界を荒廃させ、家畜小屋を炎上させ、人家を灰燼に帰せしめた[81]。しかし、オロマスデスの創造物は天の保護のおかげで、再びこの新しい危機を免れた。それ以来人類は平和のうちに繁栄し、数が殖えていくことができた。

　歴史の英雄時代は終わり、ミトラの地上での使命は完了した。信者たちが神秘的な愛餐によって至高の食事を記念した[82]。その際にミトラは、太陽神や彼の功業の仲間たちと共に共同事業の達成を祝賀した。その後で、神々は天に昇った。ミトラは太陽神によってその光り輝く四頭立ての戦車に乗せられて、海を渡る。海はミトラを呑み込もうとするが成功しなかった。(図19[83])。ミトラは他の神々と共に住むことになったが、天の高みにいても、彼に恭しく奉仕する信者たちを絶えず保護し続けた。

　世界の起源についてのこの神秘譚は、牛を殺す神がこの宗門の中で享受した重要性をよりよく理解させ、当時の神学者たちが仲介者という称号によって表現しようと努めたことをよりよくわからせてくれる[84]。ミトラは、ユピテル(オロマスデス)が自然界の秩序を確立し、維持するという仕事を委ねた創造神である。当時の哲学用語を使えば、彼は神から流出し、神の全能性を分有するロゴスであり、[85]造物主《デミウルゴス》として世界を形づくった後もそれを見守り続けているのである。アフリマンの原初の敗北は彼を無能の状態にしてしまったのではない。善と悪の闘争はオリュンポス山の支配者と魔物たちの主君との両方の手先たちにより、地上で今なお続けられている。それは好意的な星辰と悪意ある星辰の対立によって、天界でも猛威を揮っているし、宇宙の雛形である人の心の中にも反映している。

人生は一つの試練であり、そこから勝利者として脱出するためには、神が自ら往時のマゴスたちに与えた律法を遵守しなければならない。ミトラ教はその信者たちにどのような義務を課していたのか。信者たちが来世で報いられるために従わなくてはならなかった「訓戒」[86]とはどのようなものであったのか。この点での我々の知見の不確かさには甚だしいものがあり、密儀の中で伝えられた戒律とアヴェスターが述べているそれとが一致するという保証は何もない。しかし、西方のマゴスたちの道徳はバビロニア宗教の気ままさとはまったく妥協せず、古代ペルシア人の道徳の崇高さを保っていたことは確かであると思われる。彼らにとっては、完全な清浄が信者の生活の目指すべき目標であり続けた。彼らの儀礼は繰り返し行なわれる禊《みそぎ》や浄めを含んでおり、それは魂の穢れをぬぐい去るとみなされていた。[87]このような浄化法はマズダー教の伝統に一致するものであったと同時に、時代の一般的傾向とも調和していた。このような傾向に従って、ミトラ教徒たちは信条を極端にまで推し進めたので、彼らの完徳の理想は禁欲主義に向かっていった。彼らは幾つかの食物を断ったり、完全な禁欲を称讃に値することとみなした。[88]

快楽に対する抵抗は悪の原理に対する闘争の一つの側面であった。アフリマンはさまざまな姿をとって現われ、神々と世界の支配権を巡って争っていたが、彼のすべての手先に対するこの闘争を、ミトラの奉仕者たちは休みなく続けなくてはならなかった。彼らの二元論的体系は、個人の努力を助成し、人間の活力を増強させるのに特に適していた。彼らは他の宗派のような瞑想的な神秘主義には決して迷い込まなかった。彼らにとって善は行動の中にあった。優しさよりも力を重視し、寛容よりも勇気を好んだ。彼らは野卑な諸宗教と長い間接触していたので、道徳面では一抹の残酷さが残ってさえいたであろう。兵士たちの宗教として、ミトラ教はとりわけ軍人的な徳目を称揚した。

悪魔の邪まに対して休むことなく繰り拡げる戦いの中で、篤信の信奉者はミトラによって助けられる。ミトラは祈願して無駄に終わることのない救いの神であり、安全な港であり、試練の中にいる人にとっては救いの錨であり、逆境の中で人の弱みを支えてくれる強い伴侶である。[89] 彼はペルシア人の世界における と同様に、常に真理と正義の擁護者、聖なるものの保護者、地獄の勢力に対する最も恐るべき敵である。[90] 彼は永遠に若く、たくましく、地獄の勢力を容赦なく追捕する。彼は「常に目醒めていて、常に監視する」者であり、彼を不意打ちにすることはできない。[91] こうした絶え間のない闘争において、ミトラは常に変わらぬ征服者である。これはナバルゼというペルシア語の別称（図20）[92]や、アニケトス

（敗れざる）、インウィクトゥス（同上）、インスペラビリス（打ち勝ち難い）などのギリシア語やラテン語の称号が記されている碑文の中で繰り返し現われる観念である。[93] 軍隊の神として、ミトラはその庇護者に異国の敵から勝利を得させたし、また道徳面では偽りの霊に導かれた邪悪な本能に対する勝利をもたらしてくれた。ミトラは人々にこの世と来世とで救いを保証した。[94]

あらゆるオリエント系の宗派と同じように、ペルシアの密儀はその宇宙創世寓話と神学的思索とに、救済と贖罪の思想を混ぜ合わせていた。[95] 彼らは人間に内在する神性が意識として死後も存在し続け、彼岸の世界で罰と償いとを受けると信じていた。[96] 数限りない多数の魂は至高天の住処に住み、次には現世に下って人間の体に生命を与えたが、それは厳しい必然性がこの物質的で堕落した現世を選ぶようにさせたためか、自発的にそこで悪魔と戦うために降りて来たためかである。死後、堕落した霊が死骸に取り憑き、霊魂がその人間としての牢獄を離れると、闇の世界の悪魔たちと天から派遣された者たちとが霊魂の所有をめぐって争った。審判があり、霊魂が天国に昇るに値するかどうかを決定した。霊魂が不浄な生によって穢れている場合は、アフリマンの回し者たちが地獄に連行し、そこで無数の拷問を加えたり、あるいはたぶん、外道のしるしとしてしばしば不潔な動物の肉体に住むよう宣告された。[97] 逆に、その霊魂の善行が悪行を上回っている場合は、天上へと昇っていった。

その天界はそれぞれ一つの惑星に該当した七つの帯に区分された。八つの連続した門から成る一種の梯子があり、その最初の七つの門は七つの異なった金属で造られ、神殿の中では恒星のある最高区域に達するために辿る道程を象徴していた(98)。実際、ある一つの階梯から次の階梯へと進むためには、そのたびにオロマスデスの天使が護る門を通過しなければならなかった。適切な合言葉を教え込まれた密儀入信者だけが、これらの厳しい番人たちを満足させることができた。霊魂はこうしたさまざまな圏域を越えていくにつれて、それが地上に降りて来る時に受け取った情念と能力を、あたかも着物を脱ぐように脱ぎ棄てた。すなわち、月では生命と養分の活力を、水星では強欲な傾向を、金星では性欲を、太陽では知的な能力を、火星では好戦的な血気を、木星では野心的な願望を、土星では怠け心を棄て去ったのである。霊魂は裸になり、あらゆる悪徳や感情を取り除かれてから第八の天に入り、そこでは崇高な実在となって、神々が住む永遠の光の中で終わることのない至福を享受した(99)。

真実の保護者ミトラこそは死後の霊魂の審判を司り、仲介者ミトラこそ天上界への恐るべき上昇において信者たちに案内役として奉仕し、遠路はるばるやって来た子供たちのように自分の光り輝く宮居に彼らを迎える天上の父であった(100)。霊的な世界において純化されている流浪の民に約束された幸福は心に思い描きにくいものであり、たぶん民衆の心には弱々しい魅力しかなかった。この信仰に一種の重複によって付加されたもう一つの信仰は、人々にもっと物質的な満足という見通しを提供した。霊魂不滅の教義は肉の復活のそれによって補われた(101)。

善と悪の両原理の間の戦いは永遠に続くとは思われていなかった。その期間として想定された年月が満ちると、アフリマンが送り込んだ災厄は世界の終末の前兆となる(102)。その時原初の牛に対応した奇蹟の牛が新たに地上に現われ、ミトラはそこに下って来て、人間たちを甦らせる。すべての人間が墓から出て、かつての風采を取り戻し、互いに認めあう。全人類は一大集会に集い、真実の神は善人と悪人とを仕分けする。次に、最上の供犠としてミトラは神的な牡牛を屠り、その脂肪を聖なる葡萄酒と混合し、不死を与えてくれるこの奇蹟の飲料を義《ただ》しい人々に飲ませる。すると、ユピテル・オロマスデスがこの至福の者たちの祈りに応えて、すべての邪悪な者たちを打ち滅ぼす業火を天から送り込む。闇の精霊の敗北は決定的となり、アフリマンとその不浄の悪魔たちは滅び去り、更新された世界は完全な幸福を永遠に享受する。

教義体系をこのように復原してみると、そうした恩寵に触れたことのない者は、矛盾と不条理にとまどわされるであろう。そこでは素朴でもあり人工的でもある神学がいまだ自然崇拝の美点が窺われる原始神話と、合理的脈絡がその根本の誤りを露呈させざるをえない占星術の体系とを結びつけた。そこでは古くからの多神教寓話の持つあらゆる矛盾が世界と人間の運命の変転に関する哲学的思索と並んで存続した。そこではまた、伝統と思考との間の不一致が明白であり、それは運命論が説くところと、祈りの効験と祭儀の必要性が求めるところとの対立のためますますひどくなる。[103] しかし、この信仰も他のそれと同じく、形而上学的な精緻さによって判断されてはならない。今となっては、この冷凍された死骸を解剖し、その器官に内在する悪徳を確認しようとするのは不適当である。重要なのは、ミトラ教がいかに存続し、強大化したのか、なぜ世界帝国を征服するのに失敗したのかを理解することである。

ミトラ教の成功は確かに、ことさらに行為を優先させた道徳の価値のおかげであると言える。放埒と混迷の時代にあって、密儀入信者たちは教義の中に刺激と支えとを見出した。信者は悪の力に対する戦いを善の原理と共に支える任務を帯びた聖なる軍隊を構成しているという信念は、敬虔な努力を呼び醒まし、熱烈な心酔者たらしめるのに大いに向いていた。

密儀はさらに、人間の最も高貴な憧れの幾つかを涵養するという点で、感情に対する強力な影響力を持った。例えば、霊魂不滅の願望や最後の審判への期待である。この宗派が入信者に教え込んだ彼岸への希望は、来世についての心配がすべての人々を不安にさせていた困難な時代には、その強さの秘密の一つであった。

しかし、多くの宗派が来世に対する同様の慰めを信者に提供した。ミトラ教の格別の魅力は、その教義体系のさらに別の性質の中にも根づいていた。ミトラ教は知識人階級の知性と庶民の心を同時に満足させた。第一原因としての〈時〉の神格化、その五官に訴える顕現であり地上に熱と生命を保たせる太陽の神格化は、高度に哲学的な概念であった。惑星と星座はその進路が地上の出来事を定め、四大元素はその数限りない組み合わせですべての自然現象を創り出したが、それらになされた崇拝は結局、古代科学によって認識された原理や原動力への礼拝に帰されたし、密儀の神学はこの点ではローマの自然学と天文学の宗教的表現にほかならなかった(104)。

啓示された教義と学者が受け容れた観念とのこうした一致は、知識人の精神を惹きつけはしたが、大衆の精神的無知には何の影響も及ぼさなかった。逆に後者は、目に見え、手に触れられるすべての物を神格化した教義から強い印象を受けた。神々は至るところにいて、日常生活のあらゆる行為に関わりあった。信者の食物を調理し暖める火、人々の渇望を癒す浄めた水、人々が呼吸する空気自体、人々を照らす陽光が彼らの崇敬の対象であった。いかなる宗教もミトラ教ほどには祈願の機会と礼拝の動機を信者たちに与えなかったであろう。入信者が夕方森の静寂の中に隠された聖なる洞窟に行く時、一歩毎に新しい感激が起こり、その心に神秘的な感動を生み出した。天上に輝く星たち、木の葉をざわつかせる風、山肌から溢れてくる泉やせせらぎ、足で踏みしめる大地そのもの、すべてが入信者の目には神々しく映り、己れを取り囲む自然全体が宇宙の中で働く数限りない力について内面に畏怖の念を惹き起こしたのである。

第五章　典礼・祭司・信者

古典古代のすべての宗教に、かつては非常に目立ち、たぶん信者一般にとって最も重要であったものの、今ではとりわけ完全に無視されている一側面がある。それは典礼である。ミトラの密儀も、この不運な原則の例外ではない。祭式、入信式、祭典の儀式の間に唱され歌われた、祈禱を含んだ聖典は、まったく痕跡を残すことなく失われてしまった。(1) 未知の讃歌から借りた改竄された一句が、かつてはきわめて広く行なわれた歌集のなごりのほとんどすべてである。(2) マズダー教の神々を讃えて作られた古ガーサーはヘレニズム時代のアレクサンドリアでギリシア語に訳された。(3) また、ギリシア語は長い間西方でさえもミトラ崇拝の用語であった。俗人には理解できない他言語の単語が聖句に混じり、古くから伝えられた決まり文句に対する崇敬の念とその効能についての信頼を増大させた。(4) 例えば、ミトラに適用されたナバルゼ（「勝利に輝く」）という称号や〈ナマ、ナマ・セベシオ〉という謎めいた祈願文がミトラの浮彫に刻みつけられているが、(5) その意味はまだ解明されていない。(6) 宗門の伝統的風習をこと細かに尊重することが小アジアのマゴス神官たちの特徴であった。(7) それはラテン世界での後継者たちの間で、依然として根強く存続した。人々は古代宗教の末期になってもまだ、ゾロアスターが制定したとされるペルシア伝来の儀式に従って神々を崇めることを誇りとしていた。こうした儀式は、ローマで同様に行なわれていたすべての宗派とミトラの宗派とを根本的に区別するものであり、後者がイラン起源であることを決して忘れさせなかった(8)。

もし好運に恵まれて何らかのミトラ教ミサ典書が日の目を見るならば、それによって古くからの慣習を学び取り、心の中でミサの執行に参加することができるであろう。現在のところそのような不可欠の案内書がないので、我々は聖所から占め出された状態であり、二、三の偶発的な伝存資料を除くと密儀の隠された宗規を知ることができない。聖ヒエロニュムスの一文は一連の碑文によって確認されているが(9)、入信には七つの位階があり、密儀入信者(ミュステス、サクラトゥス)は順次、烏(コラクス)、隠れたる者(クリュフィウス)、兵士(ミレス)、獅子(レオ)、ペルシア人(ペルセス)、太陽の使者(ヘリオドロムス)、父(パテル)という名称を持っていたことが判明する。このような奇妙な呼び名は実際には何の意味もない単なる称号ではなかった。いくつかの機会には、祭式執行者たちは彼らに授与された称号にふさわしい仮装をした。ある浮彫では、彼らが動物、兵士、ペルシア人の人工の被りものを着けているのが見られる(10)。「ある人々は鳥の声を真似ながら、鳥のように羽をばたつかせ、他の人々は獅子のふりをして吼える。この通り、賢いと呼ばれる人々がいかに恥かし気もなく物笑いの種になっているかがわかる」と四世紀の一キリスト教徒が述べている。[11]

キリスト教会の著作家がその滑稽な側面を際立たせた聖なる仮装は、他宗派の神学者たちによっては、獣帯の記号さらには輪廻への暗示として解釈された。[12]解釈のこのような違いは、仮装の真の意味がもはや理解されていなかったことを端的に証明している。実際には、それは多くの宗派の中に痕跡を残していた原始的習俗が存続したものである。ギリシアや小アジアのさまざまな密儀入信者たちは、熊、牡牛、若駒などの称号を帯びていたが、[13]それらは太古の先史時代にまでさかのぼるものであり、当時は動物の姿の下に神々自体が表わされたし、信者は神の名前や外観を身に着けることによって、神と同化すると信じていた。〈時〉の体現者とされた獅子頭のクロノス（九四頁参照）はミトラ信者の先行者たちが崇拝した獅子の代替物であったし、同じように、ローマ時代の密儀入信者が顔を覆った、布地や厚紙の仮面は獣皮の代替物であり、それはもともとは未開時代の先行者たちが被ったものである。彼らは崇拝していた異形の神とそれによって合一すると信じたか、あるいは剝ぎ取られた犠牲獣の皮に包み込まれることによってその血まみれの外衣に浄化力を認めたのであろう。[14]

烏や獅子の蒼古たる称号に、さらに七という聖数に合わせるために他のものが付け加えられた。密儀入信者が完全な知と清浄とを獲得すると思ったに違いない入信の七位階は、霊魂が至福者の住処に到達するために通らなくてはならない七つの惑星圏に対応した。[15]烏の位階にあった者は、やがて隠れたる者の地位に昇進した。この位階のメンバーはヴェールのようなもので身を包み、他の参会者の目からは見えないようにしたのであろう。彼らを一同の目に触れさせること（オステンデレ）は厳粛な行為とされた。[16] 兵士は敗れざる神の聖なる軍隊に参加し、彼の命令を受けて悪の軍勢と戦った。[17] ペルシア人の位はマズダー教のもともとの起源を思い起こさせた。その位階に達した者は、かつては聖なる儀式に受け容れられた唯一の部族に属しているとみなされた。[18] 彼はそのために、オリエント風の衣服をまとい、ミトラのものともされたプリュギア風縁なし帽を被った。ミトラは太陽神と同一視されたので、その位に仕える者は〈太陽神の使者（ヘリオドロモイ）〉という称号を帯びた。[19] 最後に、「父」の位はギリシアの講社から借りられたもので、そこではこの名誉ある呼び名は共同体の指導者たちを指すものとしてしばしば使われた。[20]

信者の七区分の中には、さらにいくつかの区別が定められていた。ポルピュリオスの一節から、[21] 最初の三位階の授与は密儀への参加を認めるものではなかったと結論されよう。彼らはキリスト教の洗礼志願者に当たり、〈奉仕者たち（ヒュペレトゥンテス）〉と称された。この身分に入るためには、烏の位に入れば十分であった。そう呼ばれたのは疑いもなく、神話では烏は太陽神に仕えるからであった。[22] 獅子位を受けた入信者だけが〈参加者（メテコンテス）〉とされた。獅子位が他の位階にもましてしばしば碑文に言及されるのは、そのような理由による。最後に、位階の頂点に置かれた父たちは聖なる儀式を司り

〈父の聖事の父《パテル・サクロルム》〉、他の位階の信者たちを指導したのであろう。父たち自身の首位者は、〈父の父（パテル・パトルム）〉[23]の名前を帯びたが、これはローマ世界に土着化した一宗派に公認の聖職者称号を導入するため、時としては〈首席の父（パテル・パトラトゥス）〉[24]と呼び変えられた。入信者たちのこうした先達は一生涯宗門の総指揮に当たった。彼らは一都市の信者団体すべての長という地位にあったのであろう。尊敬すべき高位聖職者に対して払われたに違いない敬愛の念は、「父」という名前が示しているし、その権威の下に置かれた入信者たちは互いに「兄弟」と呼びあった。同信の徒（コンサクラネイ）は互いに愛の心をもって慈しみあわなければならなかったからである。[25]

下位の位階への受け容れ（アクケプティオ）は、子供たちにさえも可能であった。[26]位階のどれかにある者が、一定の期間そこにとどまらなくてはならなかったのかどうかはわからない。父たちは、志願者が十分に上位の位階を受けられるだけの準備が整った時、自ら決断し、その位階を親しく授与（トラデレ）[27]したものと思われる。

入信儀式は「秘蹟（サクラメントゥム）」の名を持っていたらしい[28]が、それは候補者に課せられていた誓約のためであり、軍隊に登録される新兵の誓いに比されるものであった。候補者はとりわけ、自らに明かされるであろう教義や儀礼を漏洩しないよう誓わされ、さらにより特殊な他の誓約を課された。例えば、兵士の称号を得たいと望む入信者は剣の上に載せた冠を与えられる。彼は冠を手で押し戻し、次にそれを肩の上に載せ、ミトラは自分の唯一の冠であると言う。(29) それ以後、彼は祝宴の席でも、軍隊の褒賞として授与された時でさえも、決して冠を身に着けず、さし出されると次のように言う。「それは私の神のもの」すなわち不敗の神のものである、と。(30)

ミトラ教の七秘蹟の典礼も、その一つ一つにともなった教義に基づく訓戒も知ることができない。しかし、イランの古い儀式に従って、新入者には何回もの禊が課されたことがわかっている。それは道徳的な穢れを洗い流すための一種の洗礼であった。(31) 幾つかのグノーシス派の場合のように、浄めの儀式は疑いもなく入信のそれぞれの段階で異なった効験を持っていたし、場合によっては聖水の単なる撒布のこともあり、イシス崇拝に見られるような本格的な沐浴のこともあった。

テルトゥリアヌスは自らの同信者たち〔キリスト教徒〕の堅信礼と「兵士の額に刻印した」(32)〔ミトラ教の〕儀式とを比較する。しかし、押された刻印すなわち判は、キリスト教典礼に見られる塗油のようなものではなく、熱した鉄で刻みつけられたしるしであったらしい。(33) それは軍隊の新兵が宣誓して受け容れられる前に押されたものと似ている。消すことのできない刻印は、この種の騎士道的集団の中で、神への奉仕に身を投じる修道者の厳粛な行為の思い出を永遠のものとした。ミトラ教はまさにそのようなものであった。(34) 獅子位の信者として迎えられた時には新たな浄めの儀式があった。しかし、獅子は火の原理のシンボルであったので、火に敵対する元素である水で儀式を行なうことは放棄され、あらゆる穢れ、あらゆる罪から入信者を守るために、蜂蜜を彼の両手に注ぎかけ、舌にそれを塗ったが、[35]これは新生児にそうする習慣があったのと同じである。さらにポルピュリオスが述べているように、[36]ペルシア人の位階の人には蜂蜜がその保存力のゆえにさし出された。実際、月の女神の影響下に造られると信じられていたこの物質には、驚くべき性質が付与されていたらしい。古代人の考えでは、蜂蜜は至福の人々の食べ物であり、新参の信者がそれを摂取すれば、彼は神に等しい者となれるのであった。[37]

マズダー教の祭式では、司式する神官は自ら調合したハオマという幻覚を起こす飲料を水で割り、それとパンとを神に捧げた。彼は供犠の途中でこういう品々を飲食した。[38]この古くからの風習はミトラ教の入信儀式でも守られていた。ただし、西洋では知られていなかった植物であるハオマの代わりに、葡萄液が用いられた。[39]信者の前にはパンと水を満たした杯が置かれ、神官はそれらに対して神聖な式文を唱えた。パンと水の奉献では、後で葡萄酒が水に混ぜ合わされたのであろうが、キリスト教護教論者たちはこれを彼らの聖餐式と比較している。[40]後者と同じように、前者もまた長期にわたる修練期間の後でなければ授与されなかった。獅子の位階に到達した入信者だけがその奉献に与ったので、そういう人たちには「参加者」という名前が付せられたのであろう。[41]ダルマティア出土の奇妙な一浮彫は、この聖なる食事を目の当たりにさせてくれる（図21）。クッションが備えつけられた長椅子に横たわった二人の人物の前に、四箇の小さいパンを載せた三脚の鉢が置かれている。パンにはそれぞれ切り分けられるために二つの線で十字が描かれている。[42] その周りには、いろいろな位階の信者が集っている。その人々のうちの一人はペルシア人の位階にあり、角形酒杯を彼らにさし出す。他方、もう一つの酒杯は同席者の一人が片手で持つ。明らかに、この聖餐式はミトラが昇天の前に太陽神ソルと祝った宴を記念する儀式である。[43] この秘儀的饗宴、とりわけ神聖な葡萄酒の賞味からは、超自然的な効果が期待された。人を陶酔させる混合酒は肉体の強壮や物質的繁栄ばかりでなく、精神的な叡知をも与えてくれたし、新参の入信者には悪しき霊たちと戦う力を賦与し、その上さらに、神に対してと同じように、入信者自身にも栄光ある不老不死を与えてくれた。[44] 信者は神的な食物の神秘的な力によって人間の条件を越えて自らを高め、運命が定めた死期の彼方へと至福の生を長びかせることを確かなものとした。[45]

聖餐式の飲食は異なった性格をもった別の儀式をともなった、というよりむしろそれが先行した。それは入信志願者に課された真の試練であった。志願者は儀式的な浄めと聖化された飲食物とを受け容れるために、長期にわたる禁欲と幾つもの苦行によってその試練に備えるだけでは不十分であった。彼は一種の贖罪劇で苦難に耐える役を演じた。その劇は奇妙な性格を帯び、作品数も前後関係も不明である。もしそれについて四世紀の一キリスト教著述家を信用するならば、[46] 入信志願者は目隠しをされ、その両手は若鶏の腸で縛られ、次いで水で満たされた溝を跳び越えさせられる。さらに、「解放者」と呼ばれる者が剣を手に近づき、不浄な縄を断ち切る。他の場面では、恐怖におののく信者は俳優としてではなくとも、少なくとも観客として殺人劇に加わるが、もとはこれは疑いもなくほんとうに行なわれた[47]。結局、不慮の死を遂げた人の血に染まった剣を見せつけるにとどまった[48]。こうした儀礼は、タウロス山中の好戦的諸部族の間では野蛮な狂宴であったに違いないが、その残忍さはヨーロッパ文明と接触した時和らげられた。残酷な儀礼は確かに恐怖よりも畏怖の念を生じさせたのであり、そこで試されたのは入信者の肉体的耐久力よりはむしろ精神的勇気であった。彼が達成すべき理想は、ストア学派の言うアパテイア（不動心）、すなわちあらゆる感覚的な動揺の欠如した状態であった[49]。軽率で空想的に過ぎる古代キリスト教の著述家たちは[50]、残虐な拷問やとうていありえない苦行などについて、ミトラ教の信者たちを断罪しているが、それらは作り話の領域に追放されなければならないし、神聖な地下神殿の中で犯されたと言われるところの人身供犠[51]についても同様である。

しかし、ミトラ教が一種の古代のフリーメイソンとも言えるような軟弱な幻想だけを売り物にしたと思ってはならない。ミトラ教の典礼劇の中には、生まれた当時の野性の痕跡が常に残存していた。その頃、森の中の暗い洞窟の奥では地母神キュベレのかの獣皮をまとった神官たちが彼らの血を祭壇に振りかけていた。ローマの諸都市では、山中に放棄された洞窟に代わって、はるかに印象の薄い穹窿付きの半地下神殿（スペラエア）が用いられた（図22[52]）。しかし、このような人工的な洞窟の中でさえも入信式の場面は入信志願者に深甚な感動を生じさせたに違いない。志願者は神殿の前庭を通り過ぎ、地下神殿の階段を下り、自らの前方、きらびやかに装飾を施され明りを灯された聖所の中に、牛を殺す神ミトラの尊い図像が円天井の下に安置されているのをまず見る。次いで、持物や神秘的なシンボルでごたごたと飾られた獅子頭のクロノス神の奇怪な像が見られるが、彼にはその像の理解はさしあたり閉ざされている。両側には石の腰掛の上でひざまずき、平伏した助祭たちが、薄暗がりの中で祈り瞑想に耽っている。聖歌隊の周りに配置されたランプは、神々の像や風変わりな装束をまとって新しい改宗者を迎える祭式執行者に、より鮮烈な光を当てている。巧妙に操作された思いがけない光の戯れが彼の眼と心を捉える[53]。彼が心を奪われた聖なる感動は、実際には子供だましの偶像に恐ろしい外観を呈させる。志願者が面と向かった空虚な威厳は、彼の勇気が打ち勝った重大な危険であるかのように思える。彼が飲み下した発酵飲料は、五官を興奮させ理性を混乱させる。彼は効験ある式文をつぶやき、乱れた想像力で神の顕現を思い描く[54]。恍惚状態の中で、自分は宇宙の果てを越えて行くと信じ込み、そしてこの法悦の境地から我に返ると、アプレイウスの描く神秘家のように[55]、次の言葉を繰り返す。「私は死の境界線に近づき、プロセルピナの敷居を踏みしめ、すべての元素界を横切ってから地上に戻った。私は夜の闇の中で太陽が一つの純粋な光となってきらめくのを見たし、下位の神々にも上位の神々にも接近し、彼らと対面して礼拝を捧げた」。

この神秘的な儀礼すべての伝統は、神学に通じ、あらゆるタイプの入信者とも異なった一神官階級によって注意深く保存されていた。その最初の創設者は確かにオリエントのマゴスたちであったが[56]、後になってどのような方法で補充され組織化されたのかについてはほとんど完全に忘れ去られた。それは世襲制の下にあったのか、終身制であったのか、一定の期間だけ選ばれたのか。最後の場合ならば、誰が選挙権を持っていたのか、候補者はどのような条件を満たさなくてはならなかったのか。これらの点のどれ一つとして十分には解明されていない。確かな唯一の点は、無差別にサケルドスあるいはアンティステスという称号を持つ神官は、必ずとは言わないまでもしばしば「父」位の信者の一部を成すということである[57]。それぞれの神殿には一人、またはしばしば多数の専任神官がいた。当然のことながら、こうした「聖職者集団[58]」の中には、何らかのヒエラルキアが確立していた。しかし、聖職者の組織についてはいかなる特別の証拠も残っていない。それは、ササン王朝下のマゴスの場合やローマ帝国のマニ教徒たちの場合と同じくらい強固に組織されていたと思われる[59]。

聖職者たちの役割は、ギリシア・ローマの古くからの信仰におけるよりも確かに比重が大きかった。神官は人と神の間に必要な仲介者であった。その機能は明らかに聖餐式の運営と祭式の執行を含んでいた。その上、碑文によれば[60]、神官は厳粛な奉納式を司ったり、そこでは〈父〉位の信者と協力して会衆を代表しさえした。しかし、それは彼が執行しなければならなかった職務の最小限の部分にすぎなかった。神官が責任を負っていた宗務はきわめて重かったようである。[61]疑いもなく、永遠の火が祭壇上で燃え続けるように見守っていなくてはならなかったし、夜明け、正午、夕暮の日に三回、朝には東を、昼には南を、夕には西を向いて、太陽神に祈りを捧げた。[62]毎日の典礼はしばしば特別の供犠で煩雑をきわめていた。マゴスを真似た[63]祭服をまとった司式者は、さまざまな犠牲獣を天と地の神々のために殺した。その血は溝に集められるか[64]、アヴェスターによって知られる[65]聖なる小枝の束（バルスマン）を振り回して、その上に灌奠を行なった。流血をともなわない供物は疑いもなく天の[66]神々のためになされる一方、動物の供犠、少なくとも野獣のそれは悪魔たちのためのものであった。宗門が地下の霊たちに捧げた供犠は、こうした二元論的典礼に特有の性格のものである。[67]

長々とした朗唱、鳴り物入りの聖歌が礼拝の行為と混じり合った。[68]儀式の一つの厳粛な時は、疑いもなく小型の鈴の響きで示される瞬間[69]であり、その時それまではヴェールで隠されていた牛を殺すミトラの像が信者たちに示された。幾つかの神殿では、彫刻された板がカトリックの聖櫃と同じようにぐるぐる回転し、両面を飾っていた図像を順次見せたり隠したりした。[70]

一週間のそれぞれの日は惑星に当てはめられていたが、その星は祠の中の特定の場所で祈願された。太陽神が加護する日曜日は特に神聖視された。[71]同様に、天の十二宮の各宮はそれが支配する月の間祈願されたのであろう。[72] さらに、典礼用の暦は特定の何日かを祭日と定めていたが、残念なことにそれについてはほとんどわからない。月半ばの一六日はペルシアにおいてと同様、ミトラをその守護神として戴き続けたものと思われる。[73] それとは逆に、オリエントでは非常に広く行なわれていた[74]ミトラカナの祝賀は、西方では人々の口にのぼることがなかった。それは一二月二五日に移されたのであろう。なぜなら、きわめて一般化した風習に従えば、冬至から増大し始める太陽神の再生（ナタリス・インウィクティ）は、聖なる祝典によってしるしづけられたからである。[75] 春分と秋分もまた祭日とされたと信ずべき理由が幾つかある。その日には、神格化された四季の再到来が何らかの祝典によって始まるとされた。入信式は春の初め頃、三月か四月に好んで行なわれたが、[76] それはほとんど、キリスト教徒たちが同様に入信志願者たちを受洗させた復活祭の時期であった。しかし、一般に密儀の祝祭日の規定に関わることすべてがそうであるように、これら祝祭日の儀式については、ほとんどまったくと言ってよいくらい何もわからない。

ミトラ教の信者共同体は、単に精神的絆によって結ばれた兄弟団であっただけではなく、それはまた法的な関係に立ち、所有権を持った結社でもあった。[77] 諸事の管理運用のため、そして現世の利害を処理するため、信者組織は役員を選び出したが、それは一般信者とも神官とも混同されてはならなかった。こうした財産管理のための委員会のメンバーが碑文の中で帯びている称号が示すところによると、ミトラ礼拝者の同信団体の組織は他の宗教結社（ソダリキア）のそれとは違っていなかった。それは地方自治体の制度にそっくり似せたものであった。こうした団体は加入者の公認の名簿（アルブム・サクラトルム）を作成していた[78]。そこでは人々は役職の重要性に従って配列されていた。一番上には十人委員会（デクリオ）[79]、すなわち疑いもなく総会で任命された執行委員会があった。それは一種の小型の元老院であり、諸都市の場合と同様、最も上の一〇人（デケム・プリミ）[80]が特権を持っていた。団体は毎年選出される委員長（マギストリ）[81]、財政的権限を与えられた財務委員（クラトレス）[82]、法廷あるいは行政当局に対して訴訟を担当する法務委員（デフェンソレス）[83]、そして最後に、有効な庇護ばかりでなく、予算の収支を保たせてくれる金銭的援助をも期待されたパトロンたち（パトロニ）[84]などを持っていた。

国家は宗教団体にまったく助成金を与えていなかったので、その財源はもっぱら個人の寄付に依存した。自発的醵金がこのような団体の定期収入であり、祭儀のための出費をカヴァーすることは困難であったし、少しでも不時の出費があると共同の基金にとって重い負担となった。

庶民の宗教団体では、乏しい自前では豪勢な神殿を建立することは考えられなかった。通常、好意的な地主から土地を分けてもらい、そこに祠を建てるなり、あるいはむしろ〔地下に〕掘るなりした[85]。そこへ別の篤志家が建築費を負担した[86]。時には、裕福な一市民がどうにか参集可能な洞窟を信者たちに提供した[87]。もし当初の寄進者たちが祠の内装費や聖なる偶像の制作費をまかないきれない場合は、[88]他の兄弟たちが必要な額を調達した。ある名誉を讃えるための碑文はそういう気前よさの思い出を長く伝えている。ローマ市の三つの奉納文は、ミトラ教徒たちのこういう結社の一つの設立を窺わせてくれる。[89]それによると、一人の被解放民と一人の自由民とが醵金して大理石製の祭壇一つを寄進し、別の二人の信者が二つ目の祭壇を奉納した。また、いま一人の奴隷は同様に分相応の供物を持参した。これらの献身的な後援者たちは、気前のよい行為と引き換えに、小さな信者集団の中で最も高い称号を得た。彼らのおかげで教会は少しずつ調度を備えていき、遂にはあえてある程度の贅沢をすることができた。大理石がありふれた石に代わり、化粧漆喰の代わりに彫刻が用いられ、彩色画よりもモザイクが使われた。[90]最後に、最初の神殿が老朽化すると、裕福な団体はしばしば従来なかった壮麗さで再建できるほどになっている。[91]

こういった建築物については相当な数のものが判明している。それらは原初の洞窟を模倣して建立され、スペラエウム、スペクス、時にはスペルンカないしアントルム、あるいはより一般的な呼称としてテンプルム、アエデス、サクラリウムなどの名称が区別をつけることなく使われた。[92]至るところで、ほとんど変化なしに繰り返される神殿の伝統的配置を正確に知ることができる（図23）。公道に面して、切妻壁を正面に乗せた列柱廊（ポルティクス）がそびえる。[93]敷居をまたぐと、まず前面が開かれ、地表面の高さに位置した一つの部屋、すなわち前室（プロナオス）に入る（A）。[94]この部屋の奥は一つの戸口で閉ざされている。戸口はより小さい二つ目の部屋に通じていた。それこそ聖具室（アッパラトリウム）にほかならない（B・C）。ここから、時として直接列柱廊から階段が延び、本来の意味の聖所、すなわちクリュプタへと降りる。宇宙を象徴すると考えられた[95]このクリュプタは円天井を持つが、それは天空を象《かたど》っていたのであろう。石積みで円天井を築くことができない場合には、蔦類の格子編と漆喰の上塗りで作られたアーチ形の天井によって石造に擬した[96]。このクリュプタに入ると、まず部屋の幅一杯を占めた一種の踊り場がある（D）。その向こうでは、部屋は三つの部分に分割される。平均して幅二・五〇メートルの中央通路（F）は司式者に充てられる内陣であった。他方、石積みの腰掛が両側の壁面に沿って延びている。腰掛の上面の幅は約一・五〇メートルあり、勾配を持っている。そこでは参列者たちがひざまずいたり横たわったりして、儀式の進行に従い、聖餐式に参加した[97]。神殿の奥には通常一段高い後陣（アプシダタ、エクセドラ[98]）が設けられた。そこには原則として牛を殺すミトラの厳粛な群像が立っていて、時には他の神像をともなった。ミトラの前には聖火が燃える祭壇が置かれていた。

碑文資料が挙げている贈り物の量は、受け容れられた兄弟団に対する信者たちの愛着を証明している。一大宗教集団の有機的最小単位であるこれらの結社が存続し発展することができたのは、無数の信奉者たちの変わらない献身のおかげであった。教団は固く団結した多数の小サークルに分かたれ、同じ形の聖所で同じ儀式を執行した。人々が集った神殿の狭苦しさは参会者の数が常にきわめて限定されていたことを示す。〈参加者〉だけが地下のクリュプタに入り、下位の信者は前室にしか近づけなかったということを考えに入れてみても、これらの結社が一〇〇人以上のメンバーを持つことは不可能であった。[99] 信者数が大きくなりすぎた時には新しい祠が造られ、人々は分割された。全員が互いに顔見知りで、互いに助けあっていたこうした閉鎖的な教会では、大家族的な親密さが支配した。貴族社会の持つあからさまな身分差別はここでは見られなかった。同一の信仰による養子縁組が奴隷を百人隊長や元老院議員と対等に、時としてはそれより上位の存在にさせた。[100] 全員が同じ規定に従い、全員が同じ祭礼に招かれ、死後も全員が一つの共同墓地で永眠したのであろう。[101] 現在に至るまでミトラ教の墓地はまったく発見されていないとはいえ、末世についての宗門の特色ある信条と非常に特異な儀式を見ると、ローマ人の宗教結社の大部分と同じように、それも宗教のためばかりでなく葬祭のための組織を形成した可能性が大きい。[102] たぶんそこでは土葬が行なわれたであろう。信者たちの最も切なる願いは、立派であると同時に敬虔でもある葬儀をしてもらうことであり、彼らはその「永遠の家」で復活の日を安らかに待ちたかったのである。信者たちは互いに兄弟と呼びあったが、その言葉が無意味なものでなかったならば、彼らが少なくともこの最後の務めを果したしあったのは当然である。

ミトラ教信者社会の内面生活を描き出してくれるものとしてはきわめて不完全な図像し

か残っていないが、それでもその急激な増加の理由をよりよく理解する助けにはなる。最初に大挙して入信した民衆は、こうした結社の兄弟同士のつきあいの中に救いと慰めを見出した。加入することによって人々は孤立し見棄てられた生活から抜け出して、一つの強大な社会の一部となった。それは高度に階層化され、枝分かれして、目の細かい網のように帝国の全表面を覆っていた。さらに、彼らに授与された称号は、この世で何らかの役割を占め、同胞の目から見てしかるべき考慮を払われたいという、あらゆる人間にとっての自然な欲求を満たした。

このような純粋に世俗的な理由と、信仰上のより強力な動機が結びついた。これら小集団のメンバーは、遠くオリエントに由来する古くからの叡知の特権的所有者であるという自覚を持っていた。測り知れない奥義を取り巻いている秘儀は、それが惹き起こす崇敬の念を増大させた。未知のことすべてが崇高なこととされる。位階に従う入信順序は信者たちを絶えずより崇高な真理へと駆り立て、それがともなっている異国の儀式は、彼らの素朴な精神の中に拭い去ることのできない印象を残した。人々は神秘的な儀式の中に一種の刺激と慰めとを見出すことを期待したし、事実、見出していた。つまり、予感が現実になるのである。また、人々は禊の儀式によって犯した罪から浄められたと感じたし、この洗礼によって良心が罪責感の重圧から解放された。彼らはよりよい人生の約束をしてくれる聖餐式から出てくると、力づけられ、現世の労苦は償われたと感じた。ミトラ教の驚くべき拡大は、多くの場合このような漠とした幻想のおかげであり、それはもしもこれほど人間味のあるものでなかったならば、笑止千万であったろう。

しかし、ローマ帝政期に精神界の支配をめぐって張りあった敵対する二つの教会の間の相剋では、一つの弱点がペルシアの宗門を不利にさせた。オリエント起源の宗教のほとんどが女性に対して多大な、時としては卓越した役割を与え、女性の間に熱烈な信奉者を見出したのにもかかわらず、ミトラは女性が密儀に参加することを禁じ、そのために女性布教者たちの協力を得られなかった。宗門の粗野な規律は女性が聖なる部隊の中で位階を上っていくことを許さず、オリエントのマズダー教徒の場合のように、彼女たちは信者集団で副次的な地位を得たにすぎない[103]。現代にまで伝えられた何百もの碑文を見ても、女神官、女入信者、女奉納者はまったく挙げられていない。しかし、世界中に拡がろうと欲するほどの宗教ならば、人類の半数を神聖な事物についての知識から締め出すことはできないはずであったし、女性の信仰心をかき立てるために、その宗派はローマで確実に成功するのに貢献した一つの同盟関係を結んだのである。西方でのミトラ教の歴史は、他の宗派に対するその政策を考えに入れないならば、理解されえないであろう。

図版

▲ アクイレイア出土の浅浮彫。

▲1　ミトラとアンティオコス王。

▲2　牛を殺すミトラを描くタルソスのメダル。

▲3　牛を殺すミトラ。大英博物館蔵大理石群像。

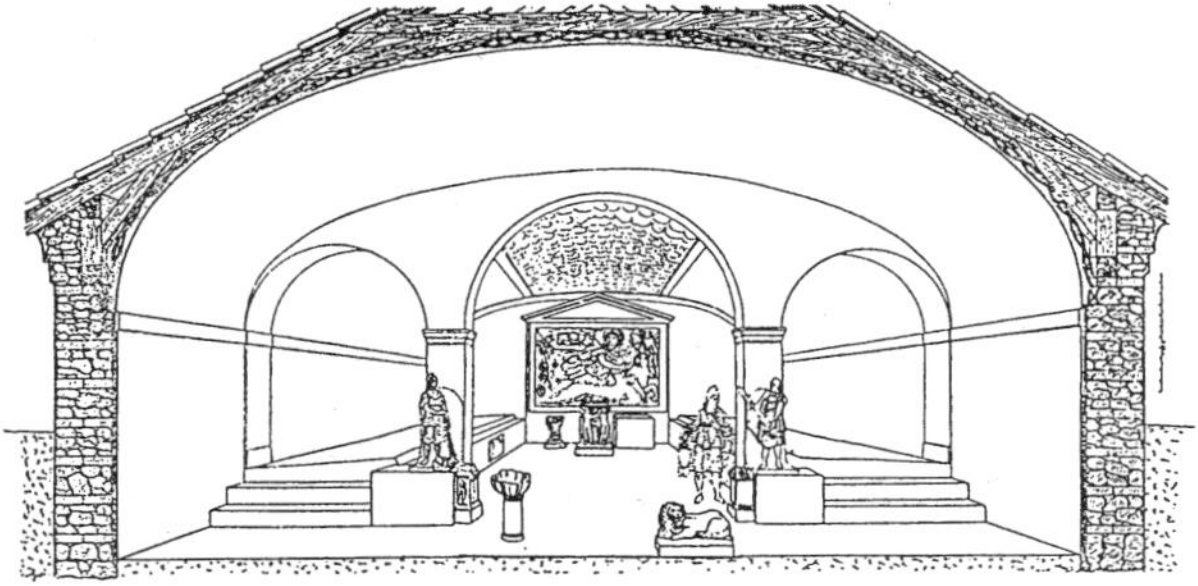

▲4　カルヌントゥムで発見された大ミトラ神殿の復元図。

▲5　ヘッデルンハイムの大浮彫。中央に獅子、混酒器《クラテル》、蛇などの像をともなった牛を殺すミトラの姿。その上部には黄道十二宮（獣帯）。三角小間には弓を引くミトラ。その上方には糸杉とその間に描かれたミトラ一代記の諸場面。その上に太陽神の戦車に乗ったミトラと月の戦車。四隅のメダル型の枠には四方位の風神が描かれ、その近くに四季の像。そして、それらの像の間にミトラ一代記の諸場面。

◀6　牛を担うミトラ。シュトックシュタットで発見された浮彫。

▼7　ロンドン出土の浮彫。中央に松明捧持者を従えた牛を殺すミトラの群像。その周りに黄道十二宮。上方の三角小間には四頭立ての戦車に乗った太陽神と、二頭の牛に引かれた戦車に乗った月神。碑文は「第二軍団アウグスタの退役兵で、アラウシオ〔現フランスのオランジュ〕で除隊したウルピウス・シルウァヌスが誓願を果たした」。

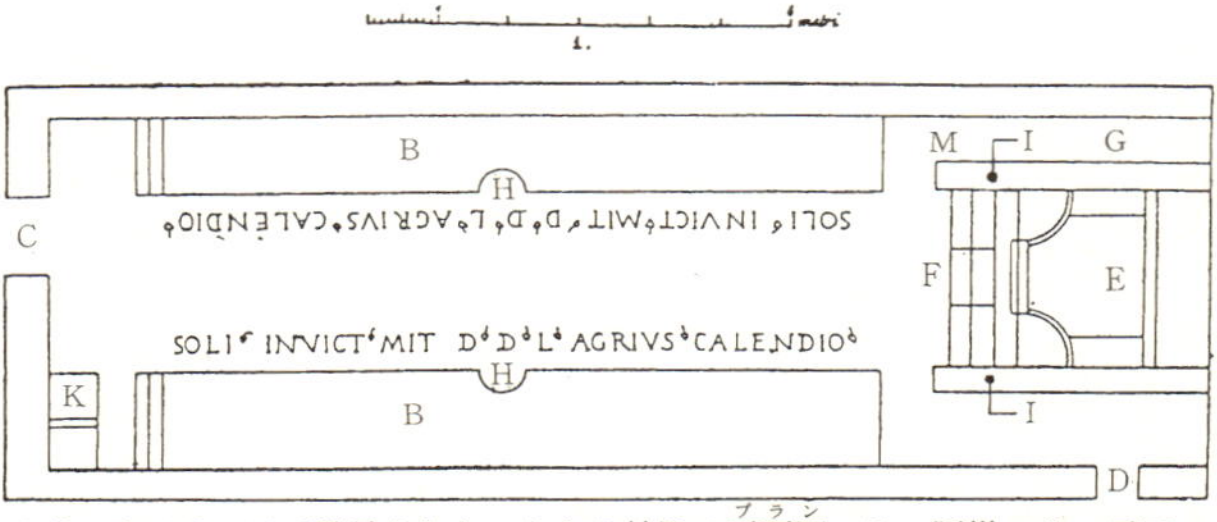

▲8　オスティアで発見された一ミトラ神殿の平面図《プラン》。B＝腰掛、C＝戸口、D＝アントニヌス帝の浴場に通じた出口、E＝聖像を置くための壇、F＝階段、G＝小部屋、H＝彫像を安置するための壁龕、I＝隔壁。モザイク床面に碑文がたどれる――「L．アグリウス・カレンディオが不敗の太陽神に奉納を行なった」。

▲9　ボルゲーゼの大浮彫（ルーヴル美術館蔵）。松明捧持者を従えた牛を殺すミトラ。上方には戦車に乗った太陽神と月神。

▶10 カルヌントゥム出土の台座。ディオクレティアヌス、ガレリウス、リキニウス三帝の奉納にかかる。

▼11 フィレンツェのミトラ教クロノス像。

▲12　モーデナの彫像。山羊の脚を持つミトラ教クロノス。錫杖と雷霆を手に持ち、火焔を発する卵殻の半分ずつにはさまれている。胸部には磨羯宮、金牛宮、白羊宮の象徴が見え、両肩から三日月が突き出ている。黄道十二宮が取り巻き、四隅には四方位の風神。

◀ 13　ウィルヌム出土の大理石片。巨人族を雷霆で撃つゼウス。横たわった海神の近くで、ミトラが岩から生まれる。

▼ 14　カルヌントゥムで発見された彫像付きの祭壇。左図には片膝をつくアトラスが春の神と夏の神をともなう。左側には上方に風を吹かせるゼピュロス（西風の神）と秋の神。右図には上方に風を吹かせるノトス（南風の神）と衣をまとった冬の神。右側には逆に下方に風を吹かせるエウロス（東風の神）とボレアス（北風の神）。

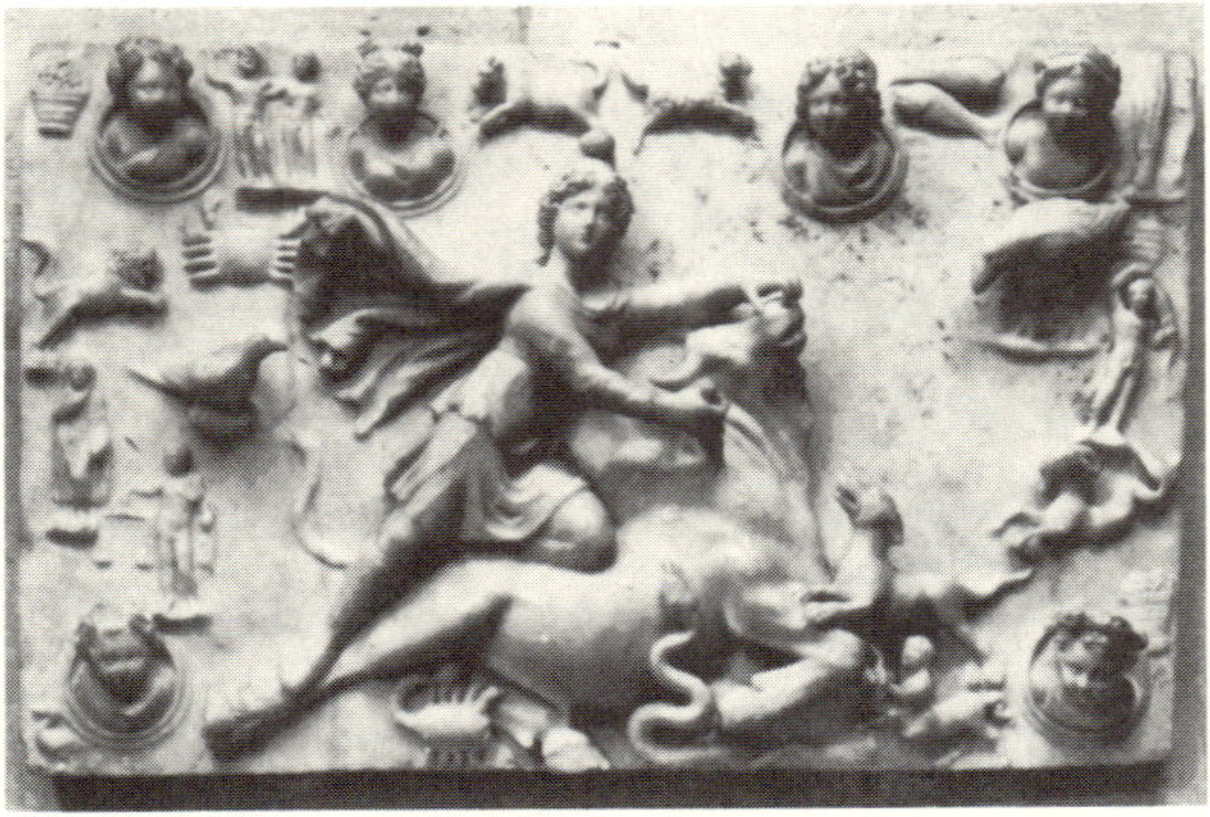

▲15　シドン出土の浮彫（ルーヴル美術館蔵）。犬、蛇、蠍、鴉を従えた牛を殺すミトラ。上方には太陽神と月神の胸像。四隅にはメダル型の枠内に四季の姿、およびその持物《アトリビュート》。周囲を黄道十二宮が取り巻く。

▶16　パレルモ美術館蔵松明捧持者彫像。

◀ **17**　ウィルヌムで発見された浮彫。下から、意味の不明瞭な場面、岩を射るミトラ、太陽神に冠を授けるミトラ、ミトラと太陽神の盟約、太陽神の戦車に乗るミトラ（両神の前にはポスポロス・ヘルメス）、ポセイドンとアンピトリテ（大洋）、神々の会議。

▼ **18**　ラヌウィウム出土の鉢型土器。牛を殺すミトラと牛を運ぶミトラ。両者の間に犬（図6参照）。

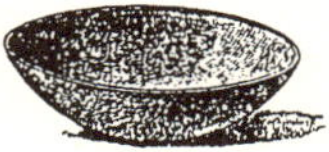

▲19　ダキアのアプルム出土の浮彫。中央に両松明捧持者を従えた牛を殺すミトラ。その左には牛にまたがったミトラと牛をかつぐミトラ。右には混酒器の上に体を伸ばした獅子（これらは火と水のシンボルである。101頁参照）。上方の欄には月神の胸像、横たわる河神の近くで生まれるミトラ、羊飼い立像と羊、小屋の中と小舟の中の牛、その下に七つの祭壇、弓を引くミトラ、太陽神の胸像。下方の欄にはミトラと太陽神ソルの饗宴、太陽神の四頭立ての戦車に乗ったミトラ。その前方には蛇に巻きつかれた大洋神オケアノス。

▶20　サルミゼゲトゥサ出土のミトラ・ナバルゼス（勝利のミトラ）への奉納文。

▲21　コナイカ（ダルマティア）の浮彫。ミトラ教の聖餐式。左方に〈烏〉位と〈ペルシア人〉位の信者。右方には〈兵士〉位（？）と〈獅子〉位の信者。

▲22　ローマ市、サン・クレメンテ教会地下で発見されたミトラ神殿。

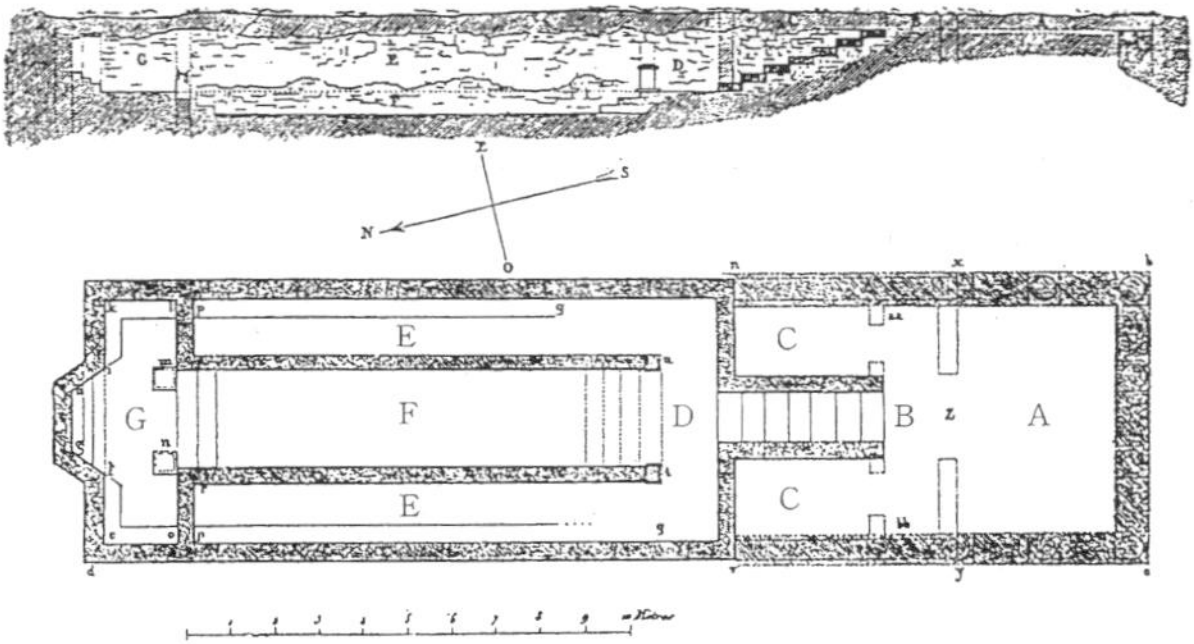

▲23　ヘッデルンハイムで発見された一ミトラ神殿の平面図と断面図。A＝列柱に囲まれた前庭、B＝階段入口、C＝準備室、D＝前室、E＝側廊の腰掛、F＝祭式執行者用の内陣、G＝聖像の収められたアプシス。

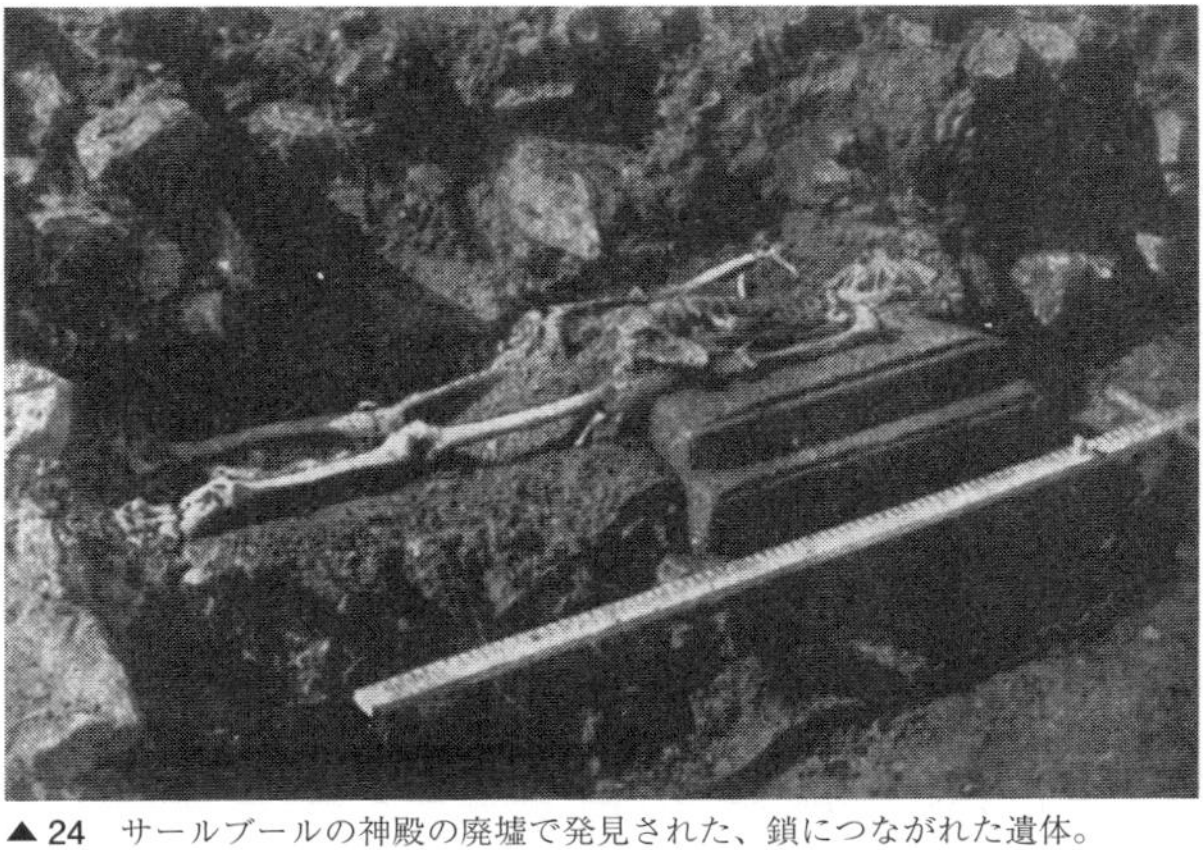

▲24　サールブールの神殿の廃墟で発見された、鎖につながれた遺体。

▲25　パレルモ美術館蔵の透かし彫りを施された浮彫。

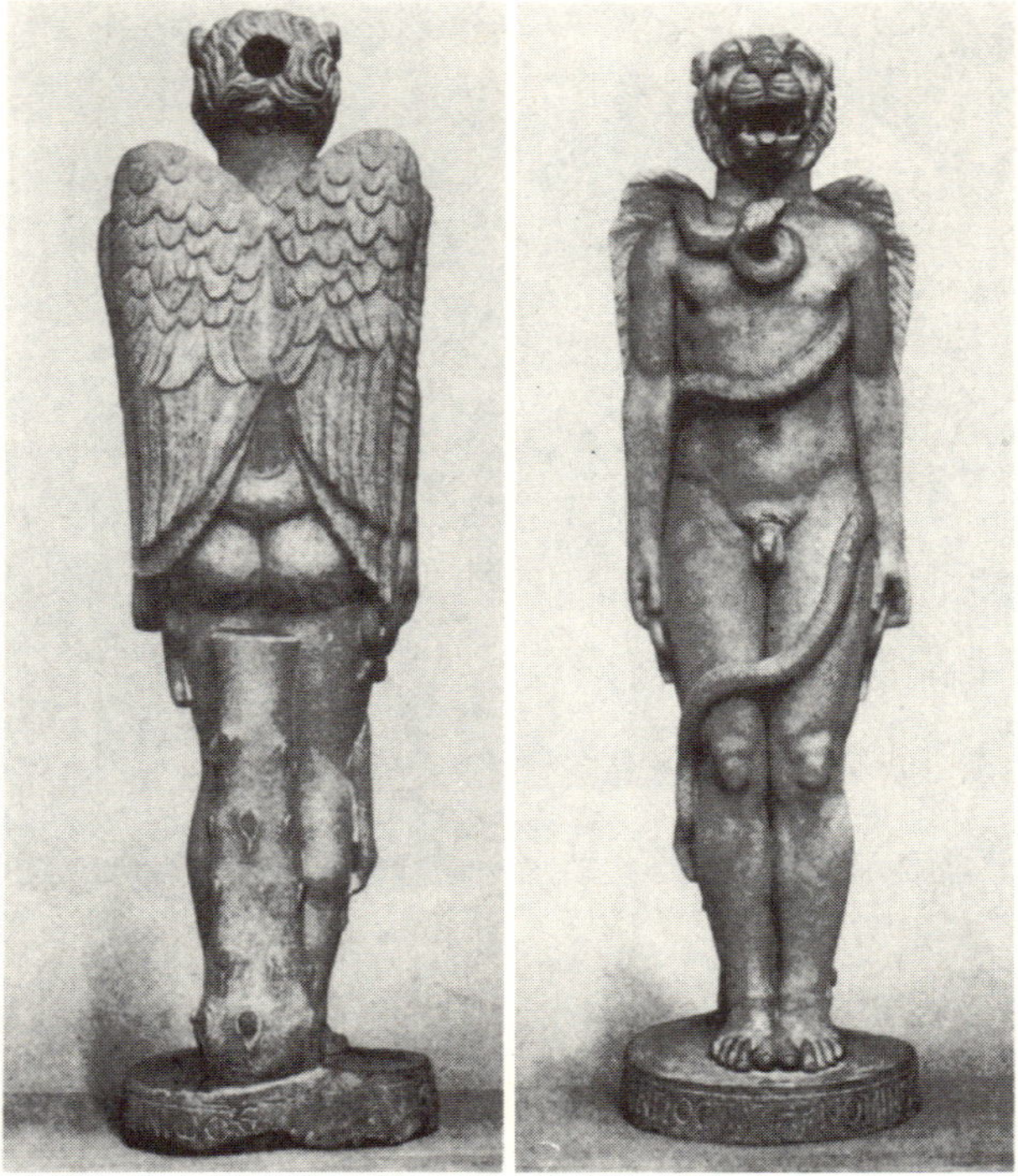

▲26・27　シドンのミトラ神殿出土の獅子頭クロノス像。私がこの像をド・クレール氏から見せられた時、彼は私に大理石製の栓を示した。それは後頭部の穴にぴったりはまり、それを塞いだ。しかし、その栓は後に紛失されてしまったようである。

第六章　ミトラとローマ帝国の諸宗教

オリエントのキリスト教殉教者の記録は、ササン朝ペルシアの国家神官の不寛容さについて雄弁に証言しているし、ペルシア帝国のマゴスたちは、たとえ他宗教の迫害者ではなかったにしても、少なくとも一つの排他的なカースト、おそらくは特権的部族をさえ形成していた。ミトラの神官たちは似たような不寛容さを決して示さなかった。アレクサンドリアのユダヤ教と同じように、小アジアのマズダー教はギリシア文明の影響の下に人間味のあるものとなった(1)。異国の土地に移されると、それは同地で支配的であった習慣や観念に従ったし、好意をもって迎え入れられたので、協調的な政策を保つよう余儀なくされた。ミトラの遍歴の中でこの神につき随ったイランの神々は、ギリシア語やラテン語の名前の下に西方で礼拝された(2)。アヴェスターのヤザタたちは、そこでオリュンポス山に鎮座する神々の外観を身にまとった。これらの事実は、オリエントの宗教がギリシア・ローマの古くからの信仰に対して敵意を示すどころか、少なくとも外観上はそれに順応しようと努めたことを示すに十分である。敬虔な信者は自分の信仰を棄てることなしに、ローマ市カピトリヌス丘の三神一座、すなわちユピテル、ユノ、ミネルウァに奉納文を贈ることができた[3]。信者はこれらの神々の名前を通常受け容れられているのとは異なった意味で用いただけであった。信者たちは他の密儀に参加することを禁じられていたというのはほんとうかもしれないが[4]、この古くからの禁忌はローマ帝政期諸宗派の諸神混淆的傾向に長い間逆らうことはできなかった。四世紀になると、ミトラ教の「父たちの父」の位階にある人々がきわめて多種の神殿で最高の聖職位に就いていることがわかる[5]。

宗門はそれが生きていかなければならない環境に、至るところで柔軟に適応することができた。ドナウ川の流域では、土着の宗教との長期にわたる接触を予期させるような影響を与えた[6]。ライン川地方では、ケルト人の神々がミトラ教の聖なる祠で、あるいは少なくとも隣合わせで崇められた[7]。ペルシアの神は住みついたすべての土地の異国人たちに寛仁であることを示し、その神殿はあらゆる宗派の神々の出会いの場となった。それゆえ、地域によってマズダー教の神学はさまざまな色調を帯びたが、その度合いは不完全にしか識別することができない。しかし、教義のニュアンスは宗門にとっては副次的な細部で変化しただけであり、基本的な統一性を危うくさせることはなかった。教義が柔軟であったがゆえの逸脱が異端を生んだという証拠はまったくない。宗門が認めた譲歩は純粋にかたちの上だけのことであり、実際にはミトラ教は完全に成熟して、ほとんど衰退期にさしかかるかという時に西方に到来したので、周りの宗教生活から諸要素を借用して吸収することはなかった。その性格を根本的に変えた影響のすべては、いまだ成長期にあった頃、オリエントの人々の中で受け容れたものであった。

西方の幾柱かの神々とミトラとを結びつけた緊密な関係は、ギリシア・ローマ宗教に対してオリエントからの移住民のすべてを結びつけた自然発生的な親しみやすさだけで説明できるものではない。エジプト人とペルシア人の古くからの宗教的対立は、ローマの皇帝たちの時代になっても存続したし、イランの密儀は長い間、あからさまな敵対関係とは言えないまでも厳しい対抗意識によってイシスの密儀と切り離されていたようであるが、(8)結局諸神混淆が勝利を収め、ミトラとセラピスを世界の唯一の主である太陽神の二つの同義語とみなすに至った。他方、それとは逆に、ミトラの密儀は共にオリエントからヨーロッパへと移動したシリアの宗教とはやすやすと結びついた。(9)カルデア人の理論にすっかり染まったミトラ教の教義はセム人の諸宗教の教義と大きな類似性を示した。ユピテル・ドリケヌス神はその故郷コマゲネでミトラと同時に早くから崇拝され、ミトラと同じようにとりわけ軍人の神であり続けたが、同神は西方のあらゆる地方でミトラの身近に見出される。パンノニアのカルヌントゥムやゲルマニアのシュトックシュタットでは、ミトラ神殿とドリケヌス神殿とは隣接しさえしていた。(10)天の主人とされたバアルは何の抵抗もなしに天神《カエルス》（ユピテル）とされたオロマスデスと同一視されたし、ミトラはやすやすとシリア人の太陽神と同じものとみなされた。(11)両派の典礼の儀式自体も類似点を見せなかったわけではない。(12)

コマゲネの場合と同じように、マズダー教はプリュギアでもまた、地域の宗教とも相互理解の場を求めた。ミトラとアナーヒターの習合の中に、土着の大神たちであるアッティスとキュベレの間に存在した関係に対応するものが認められた。(13) この二組の配偶神の間の協調関係はイタリアでも存続した。(14) 知られている限りで最古のミトラ神殿はオスティアのキュベレ神殿（太母《マグナ・マテル》神殿）に隣接していた。同様にザールブルクでは、両神殿は互いに数歩のところに位置した。(15) したがって、イランの神の崇拝とプリュギアの女神のそれとは、帝国の全版図で親密な結びつきのうちに行なわれていたと信じてまったくさしつかえなかろう。両者の性格は大幅に異なっていたにもかかわらず、政治的動機が双方を結びつけた。キュベレ（太母）の神官たちと一致協力することによって、ミトラの信奉者たちは公認された強力な聖職者集団の支持を獲得し、国家がそれに与えていた保護にある程度はあずかった。(16) おまけに、ペルシアの典礼の秘密の儀式に参加することができたのは男性だけであったので、(17) 女性も受け容れられた他の密儀は、ミトラの儀式に加わり、ある意味でそれを補完することになった。このように、太母はアナーヒターを継承し、ミトラが「父たち」という信者を持ったように、太母は「母たち」を持ったであろう。太母の信者たちは互いの間では「姉妹」という名で呼びあったが、それは彼女の同伴神の信者たちが「兄弟」という名を得ていたのと同じである。(18)

豊かな成果をもたらしたこの同盟は、とりわけローマに帰化したペッシヌスの古くからの宗門にとって有益であった。同地の女神の祭典の騒々しさ華々しさは教養の空虚さを隠しおおせず、もはや信奉者たちの願いを満たすには不十分であった。その粗野な神学は、マズダー教の幾つかの信仰箇条を採用した時、新しい高揚を見せた。アントニヌス朝時代にオリエントの神殿から太母の神殿へと移し植えられたタウロボリウムの儀礼は、ペルシアの神学からそれと結びついていた浄めと永生の観念を借用した。溝の中に身を横たえた信者に格子目の天井板の上で生贄とされた犠牲獣の血を滴らせるという野蛮な風習は、太古からオリエントで行なわれていたであろう。未開民族の間で非常に拡がった考え方によれば、血は生命力の源であり、それで体を浸し舌をしめらせた受洗者は犠牲動物の心身の力を自分の体に移しうると信じられていた。この聖なる沐浴は、カッパドキアやアルメニアでは、非常に多くの聖所、とりわけ土着の大女神マーやイラン系のアナーヒターの聖所で授けられていたようである。牡牛は両神につきものであったので、きわめて古い儀式に従って、この野獣が駆り立てられ、投げ縄を使って捕えられ（これがタウロボリウム〔タウロボリオン〕の原義と思われる）、次いで狩猟用の武器である矛を使って生贄とされた。しかし、来世についてのマズダー教信仰の影響の下に、血まみれの洗礼により深遠な意味づけがなされた。そうすることによって牡牛のマナを獲得するとはもはや考えられなかった。一時的にせよ生命を維持させる液体が伝達するものとされた物質的な力の更新ではなく、永世にわたるにせよ、霊魂の生まれ変わりが問題とされるようになったのである。(19)

帝政期にタウロボリウムがイタリアに導入された時、当初はその祭神であった女神にいかなるラテン名を与えるかは決まっていなかった。彼女の中に天のウェヌスを見出す者もいたし、[20]好戦的性格のゆえにミネルウァと同一視する者もいた。[21]しかし、キュベレの神官たちはこの異国の儀式を、明らかに当局の暗黙の了解の下に典礼の中に採り入れた。というのは、公認されていたキュベレの宗門の儀式では十五人神祇官の裁可なしにはいかなる修正も不可能であったからである。皇帝たちも自らの安寧のためにこのぞっとさせる生贄の儀式を執行した人々に特権を与えたことが知られるが、こういう特別の厚遇の動機ははっきりしない。[22]血まみれの浄めの儀式が持つとされた効験や期待された永生への生まれ変わりは、ミトラの入信者たちが神秘的な牡牛の殺害に込めていた願望と似ていた。[23]教義の類似は、まったく当然のことながらその起源が同一であるということによって説明がつく。オリエント宗教の多くの儀礼と同じように、タウロボリウムは未開時代の遺制であり、それが一つの純化された神学によって精神的目的に適合させられたのである。プリュギアの女神の神官団によって執行されたことがわかっているこの種の最初の犠牲式がオスティアで行なわれたことは、典型的な事実である。そこでは前述のように、[24]太母神殿がミトラの祠に隣接していた。

ミトラの密儀の象徴体系は確かに、太母神の中に〈天〉が毎年受胎させる豊かな〈大地〉を見ていた。同様に、ミトラ教が受け容れたギリシア・ローマの他の神々も、性格を変えてその教理体系に入ったに違いない。ある時は、彼らはマズダー教の英雄たちと同一視され、異国の伝説が次には神々が成し遂げた偉業を祝福することになった[25]。またある時は、彼らは自然界のあらゆる変化を生み出す働き手と考えられた。そうなると、もともとそうであったように自然崇拝のかたちをとった神々の社会の中央には、世界の至高の支配者としての太陽神が置かれた。

太陽神に対する崇敬は太陽が与える日毎の恩恵に対する感謝の念から生まれ、宇宙全体の中での太陽の広大な役割を観察することによって増大した。それは古代宗教の論理的帰結であった。他方、学問的思索が宗教的伝統を解明することに専心し、民衆の神々の中に自然の諸力や諸要素を認めるようになると、地球の存在自体までもが依存している太陽という天体に特別の地位が与えられたのは当然である。「神は絶対的かつ理想的なものとして、すなわち世界の外に置かれるべきであると宗教が宣言するに至る以前には、合理的で学問的な唯一の信仰は太陽神の崇拝であった[26]」。プラトンやアリストテレス以後、ギリシア哲学は天体を生ける神々とみなした。例えば、ストア主義はこういう見解を支える新しい論拠を提供したし、新ピュタゴラス主義や新プラトン主義は、叡知に輝く神の永遠のイメージとして、光を発する天体の精神的性格を、さらにいっそう強調した。哲人たちが支持したこういう信念は文学によって、とりわけ小説のような虚構の物語が実は神学的教訓であることを包み隠していた作品によって広く流布せしめられた[27]。

しかし、古代宗教の主神としての太陽の礼拝は、ギリシア人の哲学的思索に霊感を与えただけではない。それはオリエントの星占い神官たちを創始者として持つ特別の教義に基づいていた。彼らは古くから「カルデア人」と名づけられていた[28]。彼らの教義によれば、惑星の序列では第四番目を占めた太陽は、その中央にあって護衛の星たちに取り巻かれ〈〈王たる太陽〉バシレウス・ヘリオス〉、さまよい動く惑星たちの軌道はもちろん、天の運動そのものをさえ定めた[29]。太陽の白熱の球は引力と斥力という交互する力を与えられ、他の天体の進行を決定した。それは「世界の心（カルディア・トゥ・コスム）」であり、その熱によって巨大な全宇宙の機構に生命を与えた。

宇宙機構についてのこの理論には、万有引力の法則と太陽中心説を予感させるものがあるが、それが太陽を宇宙の至高神とみなさせるようになったのは当然である。実際、占星術師にとっては、物理的・精神的なすべての現象を決定する星辰の規則的な回転運動は、その星辰の影響力の錯綜した戯れを規制するものであり、太陽は運命の裁定者、自然界全体の支配者となる。すでにプリニウスはそれを〈自然界の首位者たる指導者にして神〉と宣言している[30]。

しかし、きわめてよく秩序づけられたこの〈万象〉は、前述の通り、一つの盲目の力によって牽引されているとは考えられなかった。叡知の光（ポス・ノエロン）である太陽は、世界の指導的な理性（キケロによれば、〈世界精神にして配剤者〉[31]）として理解されるし、この理性はめぐりめぐって、宇宙火から解き放たれた火花である人間の理性を造り出すであろう。燃えさかる星たる太陽は、それが惑星たちを遠ざけ、次いで自分の方へ引き寄せるのとちょうど同じように、人の誕生に際しては霊魂をそれが生かしている肉体へと送り込み、死に際しては自らの体内へと引き上げるものと信じられた(32)。「カルデア人たち」はこうして、古くからのセム人の信仰と結びついた星占いの理論から、あらゆる宗教的理論を導き出した。この占星術的多神教は確かにミトラの密儀の中で教えられた(33)。しかし、同時にそれは星占いの擁護者であった神学者たちの媒介によってローマ世界に広まった。最も有名な人物はアパメイアのポセイドニオスである。ローマ人によって次第に好意的に受け容れられた文学活動を通じての宣教は、オリエントの神官たちが説く信仰を受け容れるよう人々を馴らしておくことになる。哲学体系とオリエント宗教を結びつけた活動は、〈不敗の太陽〉の無比の支配力を揺るぎないものとさせる傾向があった。

太陽崇拝は当時の学問的理論と一致している一方で、それはまた負けず劣らず当時の政治的潮流とも合っていた。皇帝崇拝と「不敗の太陽」崇拝との間にいかなる結びつきがあったのかについては、前述した通りである(34)。三世紀の皇帝たちが天から地上に下された神々であると称した時、彼らの架空の権利の正当化は、一つの必然的結果として、自らをその顕現とした神の国教が確立するという事態をもたらした。ヘリオガバルス帝〔マルクス・アウレリウス〕は、エメサのバアル神のために古代宗教の神々すべてに対する覇権を手に入れようとしていた。[35]この性格異常者の奇行と粗暴さのゆえにこの企てはみじめな失敗に終わったが、企て自体は時代の要求に応ずるものであり、間もなく再び採り上げられてよりよい成功を収めた。アウレリアヌス帝はマルスの野の東、フラミニウス街道からほど遠くないところに、彼にシリアで勝利を与えてくれた守護神に巨大な建造物を建立した。[36]アウレリアヌスが制定した国教はミトラ教と混同されるべきではない。その壮大な神殿、豪勢な儀式、四年毎の競技会、公認の神官団などはオリエントの大規模な聖所を思い起こさせるが、ミトラの密儀が執行された薄暗い祠とは異なる。[37]それにもかかわらず、皇帝が前代未聞の華麗さで祀ることを望んだ〈不敗の太陽〉は、ミトラの信者たちによって自分たちの神として受け取られた可能性がある。

皇帝の政策は公認宗教の中では、君主がその顕現である太陽神に第一の地位を与えたが、それはミトラ教徒たちによって広められたカルデア人の思索の中では、王位にある星たる太陽が他の星たちを支配するというのと同じである。両者とも、宇宙を照らす輝く星たる太陽に唯一神、少なくとも唯一神の可視的な姿を認めようとする傾向さえあった。マクロビウスはその著『サトゥルナリア』の中で、すべての神々はさまざまな様相の下に考えられた一なる存在に帰するということ、そして神々がそれによって礼拝される無数の名前はヘリオス（太陽神）という名前と同等であるという旨を、学識をひけらかしながら述べている。この過激な諸神混淆を擁護した神学者ウェッティウス・アゴリウス・プラエテクスタトゥスは、帝国の最高級官僚の一人であったばかりでなく、ペルシアの密儀の最後の中心人物の一人でもあった(38)。

それゆえ、少なくとも四世紀には、ミトラ教はすべての神々とすべての神話を一つの広大な集合体の中で結び合わせることによって新宗教を興すことを狙っていた。それは支配的な哲学とも帝国の体制とも調和がとれたものになるはずであった。そうなれば、それはイランの古くからのマズダー教からもギリシア・ローマ宗教からも遠く隔てられるであろう。それらの宗教には天体の勢力にはほんの少しの地位しか残されていなかったからである。ある意味で、新宗教は偶像崇拝をその起源にまでさかのぼらせたであろうし、その理解を困難にさせていた神話の下に神格化された自然を見出したであろう(39)。新宗教は宗教の民族性というローマ的原則と絶縁することによって、〈不敗の太陽〉に同化されたミトラの世界制覇を確実なものとしたであろう。新宗教の信奉者たちはあらゆる信仰心を唯一の対象に集中することによって、ばらばらになった信仰に新しい統一性を与えることを望んでいた。太陽崇拝の汎神論は保守派の人々の最後の隠れ家であった。彼らは旧秩序に属することすべての絶滅を旨とする革命派の宣伝《プロパガンダ》によって脅かされていた。

こういう古代的一神教がローマで制覇に努めていた時代に、ミトラの密儀とキリスト教の間の闘争は早くから始まっていた。両宗派の流布はほとんど時を同じくしたし、両者の拡張は類似の条件で惹き起こされた。両者ともオリエント起源であり、帝国の政治的統一と精神的無秩序という同じ一般的原因のおかげで拡がった。両者の拡大は似たような急速さで行なわれたし、二世紀の終わり頃には、ローマ世界の最も遠隔の地にも信奉者たちが数えられた。ミトラ教徒たちは正当にも、テルトゥリアヌスの誇張された次の言葉にぴったりであったと言えよう。「我々はほんの昨日来たり、すでにあなたがたのものすべてを満たしてしまった」[40]。ペルシアの宗門が現在まで残したモニュメントの量を考慮するならば、セウェルス朝時代にはその信者数はキリスト教信奉者と同じくらいであったのではないかと思いたくなる。敵対する二つの宗派の間に見られるもう一つの類似点は、当初両者はとりわけ社会の下層階級に改宗者を作り出したことである。両派の布教は最初のうちは基本的には民衆に向けられていた。哲学諸派の教育とは異なり、布教は教養人にというより大衆に向けられ、そのため理性にというより感情に訴えかけた。

しかし、これらの類似点と並んで、敵対する両派の戦略の手段にはかなりな相違点も看取される。キリスト教の初期の征服活動はユダヤ人の離散《ディアスポラ》によって有利となった。すなわち、それは最初ユダヤ人入植民が住みついた地域に広まった。それゆえ、キリスト教社会が発展するのは、とりわけ地中海沿岸地方である。そういう社会は都市の外には働きかけの対象を拡げないし、数の増大はたいていの場合「諸民族教化」という明瞭な目的の下に企図された伝道活動のおかげであった。逆に、ミトラ教の拡大はとりわけ社会的・政治的要因が働いたおかげであった。例えば、奴隷の輸入、部隊の移動、官吏の異動などである。ミトラ教が最も多くの信奉者を数えたのは、公務員と軍隊の中であった。そこではキリスト教徒たちの数が国教に対する嫌悪のためにきわめて少なかった。イタリアの外では、ミトラ教は主として国境線沿いに流布し、都市でも田園地帯でも同時に拠点を確保する。すなわち、その最も強固な足がかりはドナウ川流域の属州やゲルマニアに見られるが、他方キリスト教会は最も急速な進出を小アジアとシリアで成し遂げる。(41) そういうわけで、二大宗教の勢力範囲は競合していなかったので(42)、かなり長い間相互に直接対決することなしに拡がる。両派が勢力を確立したローヌ川流域、アフリカ、とりわけローマ市では、三世紀になるとミトラ崇拝者の講社とキリスト教信奉者の社会の間の競合が特に活発になった。

張りあう二宗派の抗争は、性格が相似しているだけに根強かった。信者たちは同じように秘密の集会を催し、堅く団結し、構成員は互いに「兄弟」と呼びあった(43)。執り行なわれた儀式は多くの点で類似していた。例えば、ペルシアの神の信者たちはキリスト教徒と同じように洗礼によって自らを浄めたし、一種の堅信礼によって悪霊と戦う力を授けられ、聖餐式によって心身の救済を期した(44)。また両派とも日曜日を神聖視し、一二月二五日を祝日とした。その日はミトラ教では太陽の生誕の日であり、キリスト教では遅くとも四世紀以後はクリスマスであった(45)。両派は同じく厳格な道徳律を説き、禁欲と純潔とを功徳あるものとみなし、主要な徳目の中に無欲と自戒とを数えた(46)。世界と人間の運命についての考え方にも似たところがあり、上空遥かに置かれた善人の住む天と地下深く埋もれた悪魔の住む地獄との存在をそれぞれが認めていたし、歴史の始まりに大洪水を設定した。[48] また、伝統的教義の源泉として原初の啓示を認めていたし、最後に、霊魂の不滅、来世の報い、最後の審判、世界終末の大火災の中での死者の復活などを信じていた。[49]

前述のように、密儀の神学はミトラを「仲介者」としたが、これはキリスト教ではアレクサンドリア神学のロゴス概念に相当する。[50] ミトラと同じように、キリストは仲介者（メシテス）、すなわち天上の父と人間とをとりもつ存在であり、さらには両者共三位一体の一翼を担う。[51] こういう近縁関係で、ミトラ教徒の説教が両派の間に確立しようとしたものはこれだけではない。牛を殺す神の像は人類を創造し救済するために、[52] 心ならずもその牛を生贄として捧げようとするものであるが、それは確かに、世界の救済のために自らを犠牲とする贖罪者の姿と比較された。

他方、キリスト教会の著作家たちは、預言者マラキの隠喩を再び採り上げて、「正義の太陽」と「不敗の太陽」とを対置し、人間を照らす輝く天球の中に「世界の光」たるキリストのシンボルを見ることで一致している。一般のキリスト教徒は必ずしも神学者たちがつける微妙な区別を尊重せず、古代宗教の習慣に従って、正統信仰が神に捧げた崇敬の念を光り輝く天体に向けたとしても驚くに当たらない。五世紀のキリスト教界では、異端者ばかりでなく忠実な信者もまた、燃えるような円盤が地平線上に昇った瞬間にそれに頭を垂れ、「我らを憐れみ給え」という祈りの言葉をつぶやいた。[53]

敵対する二つの宗団の類似点は非常に多く、古代のすべての人々にさえ強い印象を与えるほどであった。二世紀以来、ギリシア哲学者たちはペルシアの密儀とキリスト教の比較対照を行なったが、それはすべて明らかに前者にとって有利なものとなった[54]。キリスト教の側では、護教論者たちが両宗派の類似点を強調し、それは自分たちの宗教の最も神聖な儀礼の悪魔的な模倣であると説明する[55]。もしミトラ教徒たちの論争的な著作が伝存していれば、そこには疑いもなく彼らの敵に対する同様な論駁が見られることであろう[56]。

現代の我々は当時の人々を二つに分け、疑いもなくいつまでも決着がつかなかった問題に明快な解答を与えることはできない。ローマ時代のマズダー教の教義や典礼についても、原始キリスト教の発展についてもあまりにわずかのことしかわかっていないので、どのような相互作用が両派の同時代的発展に働いていたのかを決定することはできない。しかし、類似は必ずしも模倣を意味しない。ミトラの教義とキリスト教信仰の間の多くの対応関係は、両者のオリエント起源という共通性によって説明される[57]。しかし、幾つかの観念や幾つかの儀式は一方の宗派から他方へと伝えられたものに違いなく、こういう借用についてははっきりと見分けられるというよりはむしろ、たいていの場合は推測するほかはない。

イランの英雄神ミトラの伝説をイエスの生涯と対をなすものとしようという企てがあったこと、マゴス神官たちの末裔が牧人たちの礼拝、聖餐、ミトラの昇天などを福音書のそれらと対比しようと試みたことはありうることである[58]。光の精ミトラを生んだ母なる岩は、教会がその上に建つというキリストのしるしとしての不動の岩と、そこで牡牛が抑えつけられたという洞窟はイエスが生まれたベツレヘムの岩屋と比較された[59]。しかし、こういう強引な比較は戯画的なもので終わるほかなかった[60]。神話的な贖罪者しか考えられないことは、マズダー教を不利な立場に立たせる重大な原因であった。十字架上で生贄となった神の教えと受難とが生み出した宗教的感動の汲めども尽きない泉は、ミトラの信者たちにはまったく湧き出なかった。

他方、正統的なものであれ異端的なものであれ、キリスト教の典礼は最初の数世紀の間に少しずつ確定されたものであるが、それはミトラの密儀の中にかなりなヒントを見出すことができた。というのも、あらゆる古代宗教の中で、それはキリスト教の制度に最も多くの近縁関係を提供したからである。キリスト教の秘蹟の儀礼とそれに付与された希望とは、ある程度までマズダー教の儀式と教義の影響を受けることがありえたかどうかはわからない[61]。毎日の夜明け、正午、夕方に三回太陽に祈願するという習慣は、キリスト教の日々の祈禱の中で真似されたであろうし[62]、キリスト生誕の記念祭は、不敗の太陽ミトラの再生である敗れざる神の生誕（ナタリス・インウィクティ）が冬至に祝われたので、一二月二五日に設定されたということは確かであるように思われる[63]。至るところで聖なる祭典によって画されていたこの日を採用することで、キリスト教の教会当事者たちは、ある意味で彼らが廃絶させることができなかった他宗派の風習を浄化したのである。

借用の範囲を詳しく確認できる唯一の分野は美術である。かなり早くから発展したミトラ教の彫刻は、キリスト教の初期大理石彫刻家たちに採用されたり、あるいは応用されたりした大量のモデルを提供した。そういうわけで、キリスト教徒はミトラが矢を射かけて命ある泉水を湧き出させる図像から霊感を得て、モーセがホレブ山〔シナイ山〕の岩を杖で打つ図像を作り出した。(64) 彼らは永年の伝統に従って、その新しい信仰が礼拝を禁じたはずの天や風というような宇宙神の像を模倣しさえする。石棺、細密画、果てはロマネスク様式の教会のポーチにまで、ミトラの聖なる祠を飾っていた立派な作品によって与えられた影響のしるしが見出される。(65)

しかし、こうした相似の価値を過大に評価してはならない。キリスト教とミトラ教は酷似しており、その主要な例は魂の浄めと至福なる復活の希望であったが、それに劣らず根本的な相違が両者を隔てていた。最も重要なのはローマの古代宗教との関係のコントラストであった。マズダー教の密儀は一連の順応と妥協によってそれを味方につけようとした。すなわち、多神教を尊重したままで一神教を確立しようと試みたのに対して、キリスト教側はたとえ行動面では常にそうであったとは限らないにしても、原則としては全偶像崇拝に対する容赦のない敵対者であった。ミトラ教の態度は外見上はより有利であった。それはこのペルシア宗教により大きな柔軟性と順応力を与え、古くからの伝統や同時代の社会との苦痛をともなう決裂を恐れるすべての人々を、牛を殺す神に惹きつけた。多くの者はより完全な純粋さとよりよい世界への彼らの願いを満たしてくれる教義を優先的に採用することになった。その場合、父祖たちの信仰や自ら市民として属している国家を嫌悪するようにならずに済んだ。キリスト教会が宗教迫害の最中で増大しつつあった時、こうした宥和的政策は最初のうちはミトラ教に大幅な寛容を、後には当局の好意を確保させた。しかし、それはまたミトラ教がその儀礼や神学を紛糾させた奇異で笑止な迷信から解放されるのを妨げたし、ミトラ教の厳格さにもかかわらず、アッティスの愛人〔キュベレ〕の狂躁の儀式といかがわしい同盟を組ませ、架空の、あるいは厭うべき過去のあらゆる重みをひきずっていかせた。もしこのようなローマ化したマズダー教が勝利を占めたとすると、それは古代的神秘主義のあらゆる逸脱ばかりでなく、その教義学が根拠とした誤った自然学までが存続するのを保証する結果となったであろう。自然崇拝と縁を切ったキリスト教の教義は、このような不純物のごたまぜを免れ続け、あらゆる妥協的なしがらみからの解放が巨大な優位を得させた。キリスト教の非妥協的な価値観、深く根づいた偏見に対する戦い、さらにはそれがもたらすことのできた積極的な希望が人々の心を捉えた。キリスト教は法や帝国の体制に反抗してまでも古代世界を制覇するという奇蹟を成し遂げたが、他方ミトラの密儀は国家の庇護が敵意に変わってからは急速に衰亡した。

ミトラ教は三世紀中葉に勢力の絶頂期に達し、束の間のことではあっても、世界はミトラ教のものとなりそうな勢いになった(66)。しかし、蛮族の最初の侵入、とりわけダキア属州の決定的喪失（二七五年）、その少し前に起こったアグリ・デクマテス（ライン川上流域）の喪失は、特にローマ世界の周辺部に勢力を伸ばしていたマズダー教の宗門に恐るべき打撃をもたらした。パンノニア属州全土、そしてウィルヌムは勿論、イタリアとの境界線までミトラ神殿は掠奪された[67]。帝国が蒙った災難のいずれもが「不敗の神」にとっても、その救済に対する信頼を失わせる敗北であった。逆に、キリスト教の急激な浸透によって脅威を感じたローマの当局は、それに対抗できる最も強大な敵であるミトラ教を次第に強力に応援した。至るところで衰退が見られる中で、軍隊は当てになる唯一の組織であったし、軍団によって推挙された皇帝たちはどうしても、とりわけ兵士たちによって信仰されていた宗教を頼りにせざるをえなかった。二七四年にはアウレリアヌス帝が牛を殺す神の密儀と並べて、〈不敗の太陽〉のための国家祭儀を創設した。それには高額の基金が与えられた[68]。ディオクレティアヌス帝の宮廷は複雑な階層組織、主君の面前での拝跪礼、多数の宦官などをともない、当時の人々の認めるところでは、ササン朝の宮廷を模倣していた。したがって当然のことながら彼は専制君主としての本能をくすぐるペルシア起源の教義を採り入れるばかりになった。皇帝と共同統治をする副帝たちとは三〇七年にカルヌントゥムに集まり、そこで再建された帝国の天上の守護者ミトラの神殿を復興させた[69]。キリスト教徒たちは見かけ上は根拠がなくもないことであったが、ミトラの神官団がガレリウス帝の大迫害の火つけ役であると思うほどになっていた[70]。イラン同様ローマ帝国でも、どことなく一神教的な太陽崇拝がもう少しで国教になろうとしているようであった。それは一枚岩的で不寛容なものとなったであろう。リキニウス帝の軍勢がコンスタンティヌス帝に対して進撃したのは、この太陽神ソルの保護の下にであった[71]。後者の勝利は先任者たちの政策がソルの礼拝者たちに抱かせた希望の火を消し去ろうとする。彼は皇族の中で継承され、自ら分かち持っていた[72]諸信仰を告発することはしなかったにせよ、それらが公認の祭儀を構成することはなくなり、寛容の対象としてのみ存在した。コンスタンティヌスの後任者たちは、伝統的宗教に対してはあからさまに敵対的であった。隠れた不信の念の次には公然たる迫害が来た。キリスト教からの攻撃は、もはやマズダー教の密儀の伝説や風習を嘲笑したり、ローマの不倶戴天の敵たちを開祖として持つという非難を浴びせたりすることにとどまらなかった。さらに、偶像崇拝の完全な破壊が声高に唱えられた[73]。キリスト教の側からの勧告は速やかに実行に移された[74]。ある修辞学者はコンスタンティウス帝の下ではもはや誰も日の出と日没に目を遣らなかったし、農民や水夫もまた天体を観察することをさし控え、震えながら両眼を大地に伏せていたと伝えている[75]が、こういう大袈裟な表現は、当時すべての非キリスト教信者の心を満たした恐怖の念が誇張して伝えられたものである。

　ユリアヌス帝の布告は突然思いがけない方向転換をもたらした。ガリア地方の軍隊によって玉座に就いたこの哲学者は、幼児から太陽神ヘリオスに密かな崇敬の念を抱いていた[76]。彼の信念によると、ヘリオスは青年時代を脅かした危機から自分を救ってくれた[77]という。

そして、ユリアヌスはヘリオスによって聖なる使命を授けられたと信じたし、自らをこの神の僕、あるいはむしろその精神的息子であるとみなした。[78] 彼はこの天界の「王者」に一つの論文を捧げているが、その中で熱烈な信仰心があるところでは冷静な神学的議論となり、あるところでは炎のような韻文となる。[79] 彼が崇拝した天体に対する献身的熱意は死の瞬間まで変わることがなかった。[80]

若い君主は超自然的なものに対する迷信的傾向によって、ことさらに密儀宗教の方に引き寄せられた。登位の前、おそらく青年時代にすでに、ユリアヌスはエペソスのマクシムスという哲学者によってミトラの宗団に秘密裡に入会した。[81] 入信儀式は彼の感情に強い印象を残した。彼はそれ以後、自分が現世においても彼岸においても、ミトラの保護下に置かれていると信じた。[82] 仮面を投げ棄て、天下に自分はキリスト教徒ではないと宣言するや否や、ユリアヌスはマクシムスを呼んで召し抱えたが、疑いもなくその時、キリスト教徒たちの洗礼と聖体拝領を受けることによって染まった穢れを拭い去るために特別の浄めと禊に頼った。[83] 帝位に就く（三六一年）とすぐに、彼は大急ぎでペルシアの宗門をコンスタンティノポリスに導入し、宮殿の中にさえ神殿を設け、そこでは「代わるがわる、入信した者が入信させる者となって」親しい人たちと一緒に秘密厳守の儀式に加わった。[84] ほとんど同時に、最初のタウロボリウムがアテナイで実施された。[85]

あらゆる場所でマゴス神官の宗門が頭をもたげた。アレクサンドリアでは、キリスト教の大司教ゲオルギオスがミトラ神殿の廃墟の上に教会を建立しようとしたが、そのことが流血の暴動を惹き起こした。彼は役人たちによって取り押さえられ、民衆によって牢屋から引き出され、三六一年一二月二四日、すなわち〈不敗の神の誕生日〉の前夜に惨殺された[86]。皇帝はこのセラピスの町に父親のような叱責の言葉を送っただけでほかに何もしなかった[87]。

しかし、間もなく背教者はペルシア人に対する遠征の際に死んだ。彼を同地に惹きつけた理由はおそらく、自分に信仰を与えてくれた地域を征服したいという秘められた願望、さらには自らの信仰心と敵たちの信仰心を比べて、己れの守護神は前者を選んでくれるという確信であった。こうして、この短期間の反動の試みは挫折し、最終的に勝者となったキリスト教はかくも強烈な混乱を招いた一つの誤りを根絶するよう努めた。皇帝たちが偶像崇拝の行為を禁ずるに至る前にも、占星術と魔術を禁ずる勅令はミトラの神官団や信者たちに打撃を与える間接的手段を提供した[88]。三七一年に、秘密の祭事に専心していた人々の多くが架空の陰謀事件に連坐し、処刑された[89]。密儀の導師マクシムス自身もこの種の告発の犠牲となって死んだ[90]。

間もなく、一連の帝国の法令が見棄てられた宗門を直接襲った。諸属州では民衆の蜂起がしばしば役人たちの行動に先んじた[91]。群集は神殿を掠奪し、当局の暗黙の了解の下に放火した[92]。ミトラ神殿の廃墟はこうした破壊的な無秩序と暴力とを証明している。三七七年にはローマでもまた、知事のグラックスは洗礼の許可を願って、自分の改宗が本物である証しとして、ミトラの祠とその中に安置されていたすべての彫像を「押し倒し、打ち壊し、ひっくり返した」(93)。神官たちはしばしば手つかずのまま残った自分たちの祠を掠奪から守るために、入口をふさいだり(94)、あるいは聖なる像を安全な隠し場所に避難させた(95)。彼らは、自分たちに襲いかかった嵐は一時的なものであり、試練の日々が過ぎれば自分たちの神は最終的勝利の日を得させてくれると確信していた。他方、キリスト教徒は死骸の存在によって穢された場所を永久に祭儀には不向きにしてしまうために、時として法規に従わない神官を処刑し、永遠に呪われた聖所の廃墟の中に埋めた(96)(図24)。

復興の希望は、とりわけ古代宗教諸派の首都としてとどまったローマで根強く維持された。祖先の伝統に忠実なままであった貴族階級は、そういう宗教を富と権威とによって支えた。貴族たちは「父の父」とか「不敗のミトラの聖なる伝令」などの称号で身を飾るのが好きであり、供物や基金を殖やした(97)。彼らはグラティアヌス帝が三八二年に神殿から財産を奪った時、ミトラのために寄付を倍増した。ある大貴族は上出来とは言えない詩の中で、いかにして自分がフラミニウス街道の近くに祖父が建立した豪華な祠を再建したかを物語っている。彼はどんな公の補助も必要とはしなかった(98)。エウゲニウスの帝位僭称は、一時的にではあれ期待されていたミトラ教の復興をもたらしてくれるのではないかと思わせた。親衛隊長のニコマクス・フラウィアヌスはタウロボリウムを厳粛に挙行し、聖なる洞窟で帝位僭称者の「同盟神（デウム・コミテム）」の密儀を復活させた。[99] しかし、テオドシウスの勝利（三九四年）は古代信仰の時代遅れの擁護者たちの希望を決定的に打ち砕くに至った。

幾つかの非合法化した集団はそれでもなお、宮殿の地下室で集会を開こうとした。[100] ペルシアの神の宗門は五世紀にも、アルプス山脈やヴォージュ山脈の幾つかの奥まった地方で生き残ることができた。[101] 例えば、ミトラの儀式への献身はアナウニ族の中で長い間存続した。彼らは一本の隘路が出入口を閉ざしている肥沃な一渓谷の支配者であった。[102] しかし、ローマ世界の最後の信者たちは一人また一人と、政治的ばかりでなく精神的にも衰退を運命づけられた宗教を見棄てた。この宗教はその本来の祖国であるオリエントでは、より多くの頑強さをもって存続する。帝国の他の版図からは追い払われて、自らが生まれた地域に隠れ家を見出し、そこでゆっくりと姿を消していくことになった。[103]

三世紀以上もの間にわたって、ミトラ教が帝国に拡げた観念だけは一緒に消え失せることにはならなかった。そのうちの幾つか、冥界、聖餐の効力、肉身の復活などに関するきわめて特殊なものでさえも敵の宗派によっても受け継がれたし、それらの観念を広めることによってミトラ教がなしたことと言えば、ひとえにそれらの全世界的な影響力を増大させることであった。ミトラ教の聖なる慣習の幾つかはまた、キリスト教の祭礼や民俗宗教の中に存続した。しかし、基本的な教義となると、それはキリスト教の正統信仰とは相容れるものではなく、その外側でのみ生き残ることができた。時には非難され、時には許容された、天体の運動についてのミトラ教の理論は、近代の初頭まで占星術によって伝えられた。しかし、ペルシアの密儀がキリスト教会への憎悪と共に、主要な観念や民衆への影響力を遺産として残すことになったのは、こういうまがいものの学問よりも強力な一宗教に対してであった。

すなわち、マニ教は一人の人間が編み出したものであり、長い発展の産物ではなかったが、幾つもの類似点によってミトラの密儀と結びついていた。伝承によれば、マニ教の初期の創設者たちはペルシアでミトラの神官たちと交渉があったが、[104]一見したところこの伝承は不正確なものに思えるかもしれないものの、根本では真実を述べている。両宗派は共にオリエントで、ペルシアの二元論とバビロニアの古くからの神話との結合により形成され、後にはギリシア的要素によって複雑な姿を採った。マニの宗派はとりわけ四世紀の間にローマ帝国に広まったが、その当時ミトラ教は死に絶えつつあり、その相続権を受け取るものと期待されていた。[105]キリスト教の攻撃が動揺はさせたが改宗させはしなかったすべての宗教人は、ゾロアスターとキリストを結びつけて同じように礼拝することを認める協調的信仰に魅力を感じた。カルデア人の星占いに染まったマズダー教的信仰が獲得した広範な流行は、人々を異端に走らせた。彼らには障害物が道から取り除かれたように見えた。異端が突然勢力を増した秘密はそこにある。このように更新されていったミトラの教義は何世紀もの間あらゆる迫害に耐え、中世の間に新しいかたちの下に再興し、新たに古くからのローマ世界を揺るがせることになるのである。

補遺一(1)

ミトラ教美術

ミトラ教のモニュメントはローマ帝国の西方属州、さらには東方属州においてさえも相当数発見されている。それらは一つの均質なグループを成しているが、ローマ美術の歴史にとってのその重要性を解明することが大切である。実際問題として、芸術としてのメリットはその史料的興味よりもかなり劣り、主たる価値は美術としてよりも宗教としての側面に認められる。これらの作品が誕生した古代後期には、そこに真の創造力の発現を見出すことも、独創的な発展の歴史を辿ることも無理である。しかし、狭義のアッティカ美術至上主義の影響を受けることによって、それらすべてをひとしなみに軽蔑の念とともに片づけてしまうのは正当とは言えないであろう。創造的な才能には欠けていても、古くからのモティーフの順応性に見られる器用さ、制作過程に見られる手際のよさ、時として示されるあらゆる技術上の資質などは、今日でも注目されるに十分である。一群の丸彫と浮彫の幾つかは、帝政期が後世に遺した彫刻群の中できわめて尊重すべき地位を占め、しばしの間、足をとどめてみるに値する。それに対して、今まで保存されている絵画とモザイクは数があまりに少なく、あまりに凡庸なので、それについて語ることはさし控えてもよかろう。(2)

牛を殺す神ミトラのすべての像の神聖な姿は、西方で密儀が流布する以前から確定されていたが、それはペルガモン派の一彫刻家が作り出した図像の多かれ少なかれ忠実な模刻であることが明らかにされている。(3) 彫刻家はペルガモンのアクロポリスにあったアテナ・ニケ神殿の欄干を飾っていた、生贄を捧げる勝利の女神像を模倣したのである。ローマとオスティアで発見され、(4) 疑いもなく二世紀初頭にまでさかのぼる幾つかの大理石像は、ヘレニズム時代のこの雄渾な作品の素晴らしさをなおも反映している。神は全力を挙げて追跡した末に、倒れ伏した牡牛を抑え込もうとする。片膝を牛の尻の上につき、片足を牛の一方の蹄の上に載せ、牛の上にのしかかって大地に押しつける。そして、片方の手で牛の鼻面を摑み、もう片方の手で短剣を脇腹に突き刺す。この動きに富んだ場面の激しさは、不敗の英雄神の敏捷さと力強さとを引き立たせる。他方、瀕死の状態で喘ぎ、臨終の痙攣がその四肢を硬直させている犠牲の獣の苦痛、殺す神の表情に交互して現われる歓喜と悔恨の特異な混合は、聖なるドラマの悲愴な側面を際立たせているし、信者たちが痛切に感じたに違いない感動を、今なお観者に伝えてくれる。

彫刻作品の比較的良好な断片が描くような神の表情(5)は、ほとんど女性的でさえある美貌の若者のものである。すなわち、額の上に盛り上がる豊かな巻髪が光輪のように頭を取り巻き、視線が天の方に向けられるために軽く頭部をのけぞらせている。眉と唇の歪みは顔つきに恐ろしい苦痛の表情を与えている。こういう特徴のすべては、ローマのカピトリーニ美術館の有名な彫像に見られる。そこには太陽神として神格化されたアレクサンドロス大王の理想化された肖像が表わされている。[6] もしそれと、現存するミトラの最も良く、かつ最も古いオスティア出土の頭部とを比較するならば、[7] 両作品を結びつける明白な近縁関係に驚かされる。時にはミトラの彫像は同じ作風のもう一つの作品といっそう近づけられる。それはウフィッツィ美術館のいわゆる死にゆくアレクサンドロスの像[8]である。これらの大理石像は共にディアドコイの時代の原作にまでさかのぼるし、後者はたぶんペルガモンの一彫刻家に帰されるであろう。私が言いたいのは、この流派においてこそ、十中八九この表現形式を牛を屠る神ミトラに適用することが思いつかれたということである。その作品全体の動きや悲愴感が示しているように、英雄の顔つきの苦痛に満ち、ほとんど病的な優美さが当時の小アジアの彫刻技法と精神の中には存在している。

松明捧持者、すなわちダドポロイ（図16）の伝統的形式は、同様な激しい情熱の表現には溺れなかった。それでも、最良の作例では芸術家が豊かなプリュギア風衣服から引き出すことのできた有利な効果に気がつくし、二人の若者の表情に看取されるさまざまな感情、例えば希望や悲しみを把握することができる。これらの対を成す神々の注目すべき作品の実例は、テーベレ川の近くで発見された二体の彫像であり、ゾエガはそれらをハドリアヌス帝時代のものとしている。おそらくオリエントからイタリアに輸入されたものであろう。(9)これらの二神は対を成すように定められているが、それぞれ左肩で外衣を留め、右方にそれを垂れさせるということから生ずる対照性の欠点を、制作者がいかにして回避することができたかを読み取れることであろう。

アントニヌス朝時代の作品を特徴づける細部に対する関心は、良かれ悪しかれそれよりやや後の作品の中に現われている。例えば、コンモドゥス帝の治世のものであるオスティア出土の一組、あるいはそれと同時代のものと思われるヴィッラ・アルバーニ出土の浮彫(10)を考察してみよう。芸術家は好んで衣服の襞を殖やしたり毛髪を縮らせたりして、自身が作り出した欠点を克服する技巧を示している。しかし、この奇妙なマニエリスムも、冷たいという全体的印象の埋め合わせをするには至っていない。こういう細部の処理は、規模の小さい断片ではもっと見事に成功を収めている。最近アクイレイアで発見された小型の大理石製品は、本書の口絵となっているが、この点で「技巧の幻惑的熟練」によって摺んで出ている。デリケイトな深彫を施された像は、ほんのわずかの支柱でしか据えつけられていない部厚い台座からはほとんど完全に切り離されている。これは一つの腕の見せどころであり、そこで彫刻家は名人芸を披露して、彫金師が可延性の金属で作り出すのと同じ効果を、脆い材料を使って達成している。(11)

しかし、こうしたかなりの水準の完成度を示す作品はイタリアや、とりわけ属州では稀であり、ミトラ教遺物の大部分は嘆かわしい凡庸さを示していることは確かである。石の職人、あるいは石工としか呼びようのない人々がこれらの作品を生み出したのであるが、彼らはしばしば、自分が描こうと思った場面を数回の鑿さばきでスケッチするだけにとどまった。次いで、粗略な色彩が幾つかの細部を際立たせた。仕事ぶりは時としてきわめて大ざっぱなので、絵文字のように輪郭だけが明示され、出来上がりは彫刻なのか素描なのかわからないほどである(12)。ほんとうは図像の粗削りで十分であったわけで、信者たちはその意味を知っていて、想像力を働かせて補っていたのである。また、我々の無知ゆえに不器用で曖昧な作品の不完全さがますます切実に感じられてしまう。さらに、幾つかの小型の浮彫はただの戯画にしかすぎず、登場人物はほとんどグロテスクと言ってよく、その醜悪さは縁日に売られる香辛料入りパンに描かれた人物像を思い起こさせる。

これらの浮彫板のなおざりな作られ方は、その用途を見れば納得される。ミトラの信者たちはそういうものを神殿に奉納するだけではなく、それらでもって自分たちの質素な住処の神棚を飾るという習慣を持っていた。家庭用ということが、この宗派が浸透した至るところで発見されてきた遺物の莫大な量を説明してくれる。信者たちの日常の需要に応えるために、彫刻家の工房は大急ぎで大量に制作しなければならなかった。こうした安物の制作者たちは、安い値段で信者たちという得意先を満足させればよかったのであり、そういう人たちの芸術感覚は大したものではなかった。古代の業者は牛を殺すミトラの何百もの類似品を作った(13)。ちょうど現代の工場が同じ磔刑像や処女マリア像を大量生産するのと同じである。それは流行品としての宗教画像であり、現代のものと同じように、芸術的価値は低かった。

業者は一種類だけの伝統的タイプのレプリカをいつまでも作り続ければよかったというのではなく、あらゆる好みやどんな値段にも応じられるように、品揃えを殖やすように努めた。ダキアのサルミゼゲトゥサのミトラ神殿で発掘された一連の奉納品を一瞥してみよう(14)。そこでは土地の工房が制作したあらゆる意匠の見本が発見されている。高浮彫は余りに難しく、費用がかさむというので除外されている。せいぜい、牛殺しの群像を浮き立たせる目的で、大理石の一部が透かし彫にされている程度である。しかし、聖所の壁に取りつけられたこれらの小型浮彫には、何と多くのバラエティがあることか。取るに足りない対価を払って、牛殺しだけを主題とする四角い石板が購入される。三つ、あるいは四つの小画面に区分された一種の祭壇装飾画だと値が張ることもあった。さらに、その構図は付属場面で飾られた石板上部の欄によって複雑化される。付属場面はたいてい石板の両側の部分を占めたり、中央の図像の四辺を取り囲んだりする。次いで、職人の空想が自由に発揮されると、彼は牛を殺す神を獣帯の記号で飾られた円の中や木の葉の冠の中に閉じ込めることを思いつく。あるいは枠を付け加えたり削除したりするかもしれないし、あるいは彫刻を施された石板に新しいかたちを与えようとして工夫を凝らすであろう。石板のかたちは、好みに応じて正方形、長方形、半円形、台形、あるいは円形となったりする。外観が完全に相似した作品は二つとない。

こういう商業ベースの作品は芸術とはきわめて遠い関係しかないとしても、古代の石材加工業についての有益な情報を提供しないではおかない。属州の諸都市用に作られた彫刻作品の相当な部分が、帝政期になるとローマ市で制作されたということについては多数の証拠がある。(15) フランスで発見されたミトラ教遺物の幾つか、さらにはロンドンのミトラ神殿を飾っていた作品のうち二つは、おそらくそれに該当する。(16) 逆に、首都ローマで発見された幾つかの彫像は、小アジアから同地へ輸入されたようである。(17) ウィルヌムの美しい浮彫は同様に外からローマへ、たぶんアクイレイア街道を通って運ばれた。(18) また、〈戴冠した四聖者〉の殉教録によって、三世紀パンノニアの採石場の重要性が知られる。(19) そこでは何百人もの石工が大理石を切り出すばかりでなく、加工もしていた。同地の工場はミトラ教奉納品制作の重要な中心地であったらしい。少なくとも、それら奉納品の多くは、ゲルマニアのミトラ神殿から出土したとはいっても、もとはドナウ川沿岸に由来している。(20) この事実は、キリスト教以前の時代における宗教建築装飾品の取引について興味深い光を投げかけるものである。

とはいえ、ミトラ教遺物の大多数は疑いもなく現地で制作された。平らにされた岩壁に彫られた作品――不幸にしてそういうものはほとんど破損している――については言わずもがなであるし、確かに現地の制作品であることが他の多くの例で、さらに使用された石材の性質によって判明する。(21)同様に、こうした断片の出来具合を見ると、それは一大芸術中心地にいる他所者の名人や、金と名誉をもたらしてくれる仕事を求めて諸国を遍歴して歩く流浪の彫刻師(22)の手に成るものではなく、近隣の町に住みついているほどほどの技量の石工が作ったものであることがはっきりとわかる。

相当大型の遺物もまた、現地産であることがきわめて明白である。なぜなら、そういうものの運搬は多大のリスクと共に途方もない費用を要したであろうからである。それゆえ、ミトラ教の大型浮彫作品群は、ローマ帝国の地方美術の研究にとってきわめて興味深いグループを成している。疑いもなく、大量の奉納用石板と同じくらい、信者の礼拝用として神殿後陣に展示されるための彫刻類は傑作ではない。しかし、それらは同じようにぞんざいに加工されたのではなく、作者たちは最善を尽くして没頭していたことが感じられる。主題の案出という点では独創性をまったく証明できないとしても、登場人物の配列で器用さを、材料の加工では熟練を示している。

さらに、これらの断片の評価に際しては、画家が彫刻家を助け、鑿が下ごしらえしただけのものを画筆が完成することになったということを忘れてはならない。むき出しの大理石、あるいは漆喰を塗られた石材の上にけばけばしい彩色が施された。緑、青、黄、黒、そしてあらゆる色合いの赤がけばけばしく塗り重ねられた。色の対比が主要な輪郭を際立たせ、副次的な部分を明瞭にさせた。しばしば、細部はタッチでのみ示された。最後に金箔が幾つかの付随的な部分を引き立たせた。地下の祠の薄暗がりの中では、浮彫は派手な色づけがなされなければほとんど見分けがつかないであろう。それはまたオリエント美術の伝統でもあった。ルキアノスはすでに、ギリシアの神々の単純で優美な姿とオリエントから導入されたけばけばしく豪華な姿とを対比させている(23)。

そういう作品の中でも最も注目すべきものが、フランス北部、もっと詳しく言えばライン川沿いの国境地帯で発見された。ノイエンハイム、オスターブルケン、ヘッデルンハイム、サールブールなどから出土した大型浮彫がそれである(24)。この遺物群全体は二、三世紀のベルギーで盛んであった彫刻の興味深い流派が作り出したに違いないし、その作品は南部の工房の作品よりも評判が高かった(25)。中でも最も完成されたオスターブルケンの浮彫に目を遣れば(26)、この大作の豪華さと調和のとれた構成とに必ずや心を奪われるであろう。登場人物や群像の寄せ集めがもたらす混乱した印象は、ミトラ教の遺物が当時の他の作品、とりわけ常に詰め込み過ぎの構図を持つ石棺の浮彫と共有している欠点なのであるが、この場合は区分線と枠の妥当な使用によって和らげられている。これらの作品すべてをその細部にわたって批判するとすれば、幾人かの人物の不釣合いな大きさ、幾つかの動きの不器用な表現、そして時には身振りや着衣のぎこちなさなどをたやすく非難できるであろう。

しかし、こうした弱点があるからといって脆い材料を加工するデリケイトな作業、とりわけ真に壮大な構想を作品化した見事な出来栄えを忘れてはならない。神々ばかりでなく、密儀の宇宙創世神話や牛を最後に殺すに至るミトラ神一代記のエピソードを石に刻みつけようとすることは、容易ならぬ企てであり、たとえ出来栄えが完全でなくても、それだけで称讃に値した。はるか以前から、とりわけ石棺の外面には、上下あるいは左右の欄に一つの出来事の連続した各場面を図示するという方式が適用されている[27]。しかし、それにもかかわらず、この点でミトラ教の大型浮彫に比肩しうるようなローマ帝政期の宗教遺物は見当たらないし、類似の試みを再び見出すためには、教会の壁面を飾るキリスト教モザイク制作者の長大な構図が現われるのを待たなくてはならない。

F・ドレクセル氏[28]は最近になって、ミトラ教遺物に伝えられたことがわかるタイプ別彫刻の発展と分布を、私がかつて行なった以上の厳密さで再構成しようと試みた。その結果、幾つかの発展段階を識別することが可能である。

Ⅰ　最も単純なグループはまったく付属人物のない牛を殺すミトラのそれであり、供犠をする勝利の女神像を模倣している。この最古の形は丸彫であり、ローマやその近郊で発見される一連の作例に踏襲されている。属州では決して見られない[29]。

Ⅱ　中間的段階であって、そこでは牛を殺す神の単純な像のほかに、それまでは中心的グループから切り離されていた松明捧持者[30]とか、太陽神と月神の胸像[31]とかが付け加えられたり、全体が岩山の中央に配置されたりする。[32]この段階は最も広く行なわれたタイプの浮彫を出現させた。それは岩窟の中で二名の松明捧持者にはさまれて牛を殺すミトラを示す。岩窟の上方には太陽と月の像が配されている（図9）。この構図はペルシアの神の崇拝が浸透したところにはどこでも、例えばエジプトやアフリカ、あるいは北方の諸地方でも見出される。最も一般的なこのタイプの浮彫群の中には、後述する[33]ライン・グループとドナウ・グループとの間にあって、イタリア、ノリクム、パンノニアの一部を含む一連の作品がある。ミトラ教はイタリアからアクイレイア街道を通って同地にもたらされた（六二一―六三頁）のであり、そのような起源は考古学的に解明されている。[34]

付け加えるならば、同じく比較的単純なこのタイプの亜種がある。それは太陽神としてのミトラが獣帯の記号、四方位の風や四季の胸像、すなわち宇宙のシンボルによってのみ取り巻かれているものである。この種類の最も注目すべき二つの遺物は、奇妙なことにローマ世界の両端、つまりフェニキアのシドン（図15）とロンドン（図7）で発見されている。しかし、それが中間の幾つかの地域にも分布していたことには疑いがない。[35]

Ⅲ　構図は付属場面の追加によって複雑化する。そういう場面は神々の一代記から借用されたもので、時にはそれが宇宙のシンボルに付け加えられる。付属場面はローマ市とイタリアではきわめて稀にしか姿を見せない。この遺物のカテゴリーでは二つのグループが識別される。すなわちドナウ・グループとライン・グループである。

ドナウ・グループの特徴は、牛を殺すミトラの伝統的な図柄の下にある祭壇装飾画の存在であり、それはアーチ形の枠の中に三つの場面、すなわちひざまずく太陽神の前のミトラ、次いで聖餐式、そして同盟関係を結んだ両神の昇天を含んでいる（図19）。最も古い構図はたぶん、これらの付属した群像が丸彫された牛を殺す神を支える台座に彫りつけられた一遺物の中に示されている。神々の偉大な業績を讃える浮彫を神像の台座とか玉座に描くことは、ギリシア美術の古くからの習慣である。それは早くからペルガモン派によってミトラの図像に適用されたのであろう。同派の彫刻家たちはミトラの図像を創造し（一八四頁）、さらに古典美術の幾つかの手法をしばしば模倣する。それがドナウ川沿岸地域に移っていくことになったのは、小アジアからである。この最初のタイプはやがて他の登場人物を、まず彫刻された石板の上部の縁に、次には牛を殺すミトラと松明捧持者の傍らと、浮彫の余白に付け加えることによって複雑化した(36)。

ライン・グループでは、遺物はまったく異なった方式で構成されている。祭壇装飾画はすっかり欠けている。逆に、主要な群像は一種の巨大な戸口の下に配置されている。その竪框《たてがまち》と楣《まぐさ》とは小型の長方形場面で飾られている（図5）。場面の選定と配列順序はドナウ・グループの浮彫の付属場面から大幅に逸れている。ドレクセル氏はこういう独自の配列を何らかのオリエント的伝統と結びつけているが、それは正しい。戸口の形をした遺物はしばしば小アジアのギリシア美術に見られる。二本の柱と軒桁で造られた建造物の下に神々の像が納められている。彼らは枠の中に囲われているように見える。[37] しかし、その戸口自体が神殿の入口であり、そこからは御本尊が覗き見られるのである。ミトラ教の美術では、牛が生贄にされたと伝えられる洞窟と、信者たちが神を礼拝した神聖な祠との同一視がなされていた。そこで人々は竪框と楣をあらゆる神聖な伝説の登場人物で装飾するが、当の物語は独立の彫刻作品によって神殿内でしばしば想起された。それゆえ、ライン・グループの大型浮彫はミトラ神殿の内部すべての縮図のようなものを提供している。

ドナウ・グループとライン・グループとは互いに無関係である。両者ともオリエントにあった原型にさかのぼり、それらはたぶん兵士たちによるミトラ崇拝の導入が起こった七〇年頃からパンノニアとゲルマニアで模倣されたようである。[38] ローマ市とイタリアでは、フランス南部と同様、この異国の宗教はオリエント系の奴隷や商人によって広められたが、辺境地帯とは独立した図像的発展が起こった。

ここでは、ミトラ教遺物に見られる種々な図像のそれぞれの起源を問題にすることは避けたい。しかし、多様性の中でも、そこには明確に区分された二つあるいは三つの種類が識別されることがわかる。相当数の図像はギリシア・ローマ美術の伝統的なタイプからそのまま借用された。例えば、アフラマズダーが彼に反抗した怪物どもを退治するのは、巨人族を雷《いかずち》で打ち滅ぼすギリシアのゼウスから来ている（図13）。ウルスラグナはヘラクレスに変えられている。太陽神はヘリオス、すなわち四輪の戦車に乗った長髪の若者である。

ネプトゥヌス、ウェヌス、ディアナ、メルクリウス、マルス、プルト、サトゥルヌスは昔から知られた衣装と持物と共に、おきまりの姿で表わされている。同様に、四方位の風、四季、惑星はミトラ教の流布のはるか前から擬人化されて表わされていたし、ミトラ教はお馴染みのモデルを神殿の中で再現しただけであった。

他方、少なくとも一登場人物はオリエントに原型を持つその変種である。それは獅子頭のクロノス(39)であり、同類の存在の多くのものと似て、動物の頭部を持つこの怪神は、オリエント的想像力の産物である。その系譜は疑いもなくアッシリアの彫刻にまでさかのぼる(40)。ただし、オリエントの芸術家たちはギリシアの神々の体系にとっては異質な神を表現したに違いなく、またいかなる特定の流派によっても拘束されなかったので、自分たちの空想を自由にはばたかせた。この像に彼らが施したさまざまな改変は、一方では宗教的配慮――多くの持物を付加することによって、この神格化された抽象観念の象徴的意味をますます複雑化させる傾向――によって、そして他方では美意識上の心懸け――この野蛮な登場人物の怪奇さを可能な限り和らげ、それを少しでも人間化しようとする願望――によって動機づけられている。結局、彼らはこの神の獅子頭をやめ、この動物を足でだけ表わしたり、胸にこの猛獣の顔面を配置することで満足する(41)。

永遠を表わす獅子頭の神はミトラ教美術の最も独自な創造物であり、たとえ愛らしさや優雅さにまったく欠けていても、その外観の奇抜さや持物の暗示に富む集積は、人々の好奇心をそそり、瞑想にいざなう。この時間神以外では、オリエント起源を証明することが確かにできるものとしては、例えば、杖の上にかぶさったプリュギア帽とか天界を象徴するための鷲が乗った球体など幾つかのシンボルがある。(42)牛を生贄として殺すミトラと同じように、この英雄神が登場者として現われる他の場面は、ほとんどの場合疑いもなくヘレニズム時代に広く行なわれたモティーフの翻案にすぎないのであるが、ローマ時代の大理石職人が模倣したオリジナル作品や自作の中で結びつけた諸要素を再発見することはできない。その上、こうした翻案物の芸術的価値は一般にきわめて乏しい。例えば、岩から生まれ出るミトラの生気のない像(43)とギリシアの壺絵に見られるようなエリクトニオスの誕生の躍動する画面を比較してみよう。そうすれば、より古いギリシアの陶工がどれほど多くのものを類似の主題から引き出すことができたかが知られるであろう。ミトラ教図像の提供する新味の乏しさはそれを喚び起こした宗教運動の重要性とは著しい対照を示している。ペルシアの密儀が帝国に広まった時代に、彫刻術が自らを更新する力をどれほど失っていたかは、あまねく知られているところである。ヘレニズム時代には、エジプトの神々についてはその性格に巧妙に適合した独創的な形態が案出されえたのに対して、ローマ帝政期になると、マズダー教の神々の大多数はきわめて独特な性格にもかかわらず、オリュンポス山の神々の姿と衣服をやむなく借用しなければならなかった。また、前例のない幾つかの主題に対しては新しいタイプが発明されるに至ったとしても、それは嘆かわしいほど陳腐であった。より古い世代から継承された豊かな遺産は、芸術の創造力を衰弱させるだけであったし、そこからの借り物で生きるのに馴れ親しんだ芸術は個性的な産出力をまったく発揮できなくなっていたのである。

しかし、ミトラ教の信者たちに彼らが後世に残そうとはまったく思ってもみなかったことを要求しても、それはないものねだりというものであろう。彼らが説いていた教えは美の宗教ではなかったし、造形的なものへの愛好は彼らにとって非難すべきものではなかったとしても、所詮は空しいものであったろう。彼らの目には宗教的感動だけが大切であり、それを覚醒させるために彼らは主として知性に訴えた。ミトラ教美術は、ギリシア彫刻が創造したいろいろなタイプの宝物庫から多くの借り物をしたにもかかわらず、本質的にはそれが表わしていたところの密儀と同じようにオリエントのものであった。その支配的な関心事は、美しいという印象を与えることではないし、人々を魅了することでもなく、物語り教育することを望んでいる。この点で、それは古代オリエントの伝統に忠実であった。幾つかの浮彫にひしめいている登場人物や群像の寄せ集め[44]や、永遠を表わすクロノスを覆い尽くさんばかりの持物の錯綜[45]は、何らかの新しい理想が新しい宗教形態と共に生まれたことを示している。これらの醜く冷たいシンボルはミトラ教遺物によって執拗に使われたことがわかっているが、優美さとか高貴さによって人を惹きつけるものではなかった。それらは人々の精神を未知なるものの困惑させるような魅力によって惹きつけ、魂の中におごそかな神秘に対する畏敬の念を喚び起こさせるものだったのである。

そういうわけで、その不完全さにもかかわらず、非常に洗練されているミトラ教美術は永続的な影響力を行使することになった。それは質的な類似性のゆえにキリスト教美術と結びついたし、西方で広く行なわれるようになったその象徴体系はミトラ教を越えて生き延びた。ペルシアの神の信者たちがにぎにぎしく複製を作って広めた宇宙循環の比喩的図像は、ほんとうはキリスト教の精神に抵触するものであったにもかかわらず、キリスト教によって採り入れられた。なぜなら、ミトラ教徒にとっても自然全体は神聖であったからである。例えば、天、地、海、太陽、月、惑星、獣帯の記号、四方位の風、四季、四大元素などがそういうものであり、キリスト教徒の石棺、モザイク画、細密画などにも頻出する(46)。

当時の美術家たちがミトラ神一代記のいろいろな場面のために思いついた凡庸な構図は、キリスト教時代にも模倣するに値すると思われた。なぜなら、後者もまた先行したミトラ教以上に工房に伝えられた伝統から解放されるにはあまりに無力であったからである。キリスト教会が勝利を収めた後、彫刻家たちはそれまで手つかずであった主題に直面し、石材の上に聖書の登場人物や物語を描くという困惑すべき任務にあたって、幸いなことにペルシアの密儀が広めておいてくれた図像からヒントを得ることができた。衣服や姿を少し変更すれば、異教的場面がキリスト教的場面になった。例えば、岩に向かって矢を射るミトラは、ホレブ山から水を湧き出させるモーセになるし、(47) 海の上に同盟者ミトラを引き揚げる太陽は、火の戦車に乗ったエリヤの昇天を表わすのに役立つ。(48) そして、中世の中頃まで牛を殺す神の図像は、ライオンを八つ裂きにするサムソンの像として存続した。(49)

補遺二　文献目録

ここには一九〇〇年以降〔一九一三年までに〕刊行された、ミトラの密儀に関する主要な著作が挙げられている。

全体に関わる著作

Grill, *Die persische Mysterienreligion und das Christentum*, 1903.

Röese, *Über Mithrasdienst*, Stralsund, 1905.

Dill, *Roman Society from Nero to Marcus Aurelius*, London, 1905, p. 584-626.

S. Reinach, *La morale du mithraïsme* (*Cultes, mythes et religions*, II, 1906, p. 220 ss.).

G. Wolff, *Über Mithrasdienst und Mithräen*, Frankfurt, 1909.

Glaser, *Über die Religion des Mithras*, Neue kirchl. Zeitschr., XIX, 1908, p. 1062-1070.

Martindale, *The religion of Mithra* (*Lectures on the History of Religion*, II, London, 1910).

Kluge, *Der Mithraskult*, 1911 (cf. Loisy, *Rev. hist. lit. relig.*, 1912, p. 392).

Harnack, *Ausbreitung des Christentums*, II^{2}, p. 270（第六章註41）には、ミトラ教の流布について重要な補遺が付けられ、キリスト教の流布と比較されている。他の類似した著作には以下のようなものがある。

A. d'Alès, Mithriacisme et christianisme, *Revue pratique d'Apologétique*, Paris, 1907, p. 314 ss.（第五章註59参照）; Blotzer, *Das heidnische Mysterienwesen und die Hellenisierung des Christentums*, *Stimmen aus Maria Laach*, 1906-1907; Wieland, *Anklänge der christlichen Tauflehre an die mithraische Mystagogie*, *Festgabe Aloïs Knöpfer zur Vollendung des 60 Lebensjahres gewidmet*, p. 329-348, München, 1907; Clemen, *Religionsgesch. Erklärung des Neuen Testaments*, p. 190 ほか。Henri Westphal, *Mithra et le Christ en présence du monde romain*（カオール大学プロテスタント神学部提出論文）, Paris, 1911.

本書第五章註1で、Dieterich, *Eine Mithrasliturgie*, 2e éd., Wünsch, 1910 について言及した。彼の論文 *Die Religion des Mithras* は *Kleine Schriften*, p. 252 ss. に収録されている。浩瀚な著作、Eisler, *Weltenmantel und Himmelszelt*, München, 1910 は、幾つかのミトラ教図像の解釈や密儀の教義とオルペウス教宇宙創世論との奇妙な関係についての新しい試みを含んでいる（例えば、p. 406 ss.）。第四章註4および第四章註7参照。

J. Toutain, *Les cultes païens dans l'empire romain*, 1re partie, t. II, p. 121-177 は、一章を割いてミトラ崇拝、とりわけその流布を論じている。第二章註1参照。

W. J. Phytian-Adams, *The Problem of the Mithraic Grades* (*Journal of Roman Studies*, II, 1912, p. 52 ss.) この著者は七位階のうち六位階しかその存在を認めず、兵士位を除外する。しかし、兵士《ミレス》はヒエロニュムス、テルトゥリアヌス、コンモディアヌスが挙げているばかりでなく、*CIL.*, XIII, 7570-1 にも出てくる。第一章註65参照。

新遺物

私はここに、一九〇〇年以降発見された碑文の一覧表を掲げたりはしない。ラテン語碑文は *CIL* 〔Corpus Inscriptionum Latinarum〕 に収録されているし、事前にカニャの *Année épigraphique* 誌上に登録される。幾つかの興味深いギリシア語碑文(ファラシャ、アマシアなど)は本書の註に記されている。第一章註35、第一章註65、第一章註67。

しかし、この十年来描写されてきたミトラ教の主要遺物の目録を提供することは有益なことと思われる。この一覧表は拙著 *TM.*, t. I, p. 363 ss. のリストを補完するものである。

小アジア

カッパドキアのロダンドス(ファラシャ)——ギリシア語・アラム語二語碑文。ミトラ神殿があったか。Grégoire, *Comptes rendus Academ. Inscr.*, 1908, p. 434 ss.

トラペズス（トレビゾンド）——教会に転用されたミトラ神殿。Cumont, *Studia Pontica*, p. 368.

バリス（イスパルタ）——私はガートルード・ベル女史からピシディアのイスパルタで発見された浮彫の写真を入手した。

エミール・ガジ（リュカオニア）——ミトラの「獅子」の彫像か。Ramsay, *Diary in Turkey*, 1909, p. 308 ss. 私はオリジナルをオクスフォードで見たが、贋作である。

シドン（サイダー）——サイダーのミトラ神殿の遺物（*TM.*, n°4）は de Ridder, *Marbres de la collection de Clercq.*, Paris, 1906, p. 52 ss. 図15、図26参照。

ギリシア

パトラス——第二章註2参照。

アンドロス——T. Sauciuc, *Neue Inschrift des Mithraskultes auf Andros* (Römische Mitt., XXV), 1910, p. 263 ss. 一九一〇年にパライオポリスで発見された遺物の碑文「大元帥、カエサルにして皇帝陛下ルキウス・セプティミウス・セウェルスと皇帝陛下M・アウレリウス・アントニヌス、ならびにカエサルのP・セプティミウス・ゲタの安泰を願って、我らの皇帝陛下の古参兵M・アウレリウス・ルフィヌスが皇帝直属親衛隊員フロルス・カリヌス・アエリウス・メッシウスとアウレリウス・ユリアヌスと共に、聖なる不敗の神に祠を建立した」。年代は二〇二―二〇九年。

ローマ市

親衛隊陣営で発見された牛を殺すミトラの浮彫はマンハイムにある。Cumont, *Revue archéol.*, 1902, I, p. 12.

牛を殺すミトラの絵画については、*Bulletino communale*, 1895, p. 178 ss. また、*Römische Mitt.*, XI, p. 218 参照。この絵はすでに公刊されているが、多少とも不正確である。Turnbull, *A Curious Collection of Ancient Paintings*, London, 1741, pl. 9（ここにドレクセル氏の註記あり）。

牛を殺すミトラの青銅製群像は大英博物館にある。Walters, *Catalogue of the Bronzes in the Br. M.*, 1899, p. 184, n°. 1017.

知られる限りで最大の重要なミトラ神殿が、一九一二年にカラカラ帝の浴場の地下でアレッシオ・ヴァッレ氏によって行なわれた発掘で発見された。そこからはミトラ・セラピスへの奇妙な奉納碑文が見出された（第六章註8参照）。フェルトンによる予備的報告は *Giornale d'Italia*, 1912（八月二九日号）, p. 3 に出ている。

コンスタンティヌス帝の凱旋門の向かい側、ウィア・サクラの特異な家屋で発見された一碑文。それはこの場所にミトラ神殿が存在したことを証明している。Hülsen, *Klio*,

Beiträge zur alten Geschichte, II, 1902, p. 237=Cagnat, *Année épigraphique*, 1903, n. 6.

イタリア

オスティア――新しいミトラ神殿について、*Notizie degli Scavi*, 1909, p. 17; cf. *Comptes rendus Acad. Inscr.*, 1909, p. 185.

レギウム（レッジョ）――モーデナ美術館蔵の、獣帯の中にミトラ教のクロノスの浮彫がある作品。レギウム出土か。Cumont, *Revue archéol.*, 1902, I, p. 1 ss. また、Eisler, *op. cit.*, p. 408 および本書、図12参照。

アナウニ――*TM.*, mon. n° 114bis; cf. Luigi Campi, Il culto di Mitra nella Naunia, *Archivio Trentino*, XXIV, 1909.

ドナウ川沿岸地方

ドナウ川沿岸地方の考古学的発掘調査は、ひき続きミトラ教の新遺物の発見をもたらしている。それらのうち、とりわけブカレストのものは未公刊である。次に記す報告はルーマニアやセルビアについては不完全である。

トラキア（バルカン半島北東部）――G. Kazarow, *Nouveaux monuments de Mithra en Bulgarie, Bulletin de la Société archéol. bulgare*, II, 1911, p. 46-69 には次の浮彫が報告さ

れている。

トルヴァリチャヴォ（クステンディル＝パンタリア郡）で発見された大理石製浮彫（高さ〇・九七メートル、幅〇・九五メートル）。

カディン・モスト（クステンディル郡）の近郊で発見された大理石製浮彫（高さ〇・一三メートル、幅〇・一〇メートル、奥行き〇・〇一メートル）。

ヤルロヴツィ（トルン郡）出土の大理石製浮彫（高さ〇・二四メートル、幅〇・二〇メートル）。

モエシア（セルビアとブルガリア北部）

トゥルチャ（アエギッスス）の近郊、アクプナルで一九〇九年に発見された小浮彫はブカレスト美術館にある。洞窟の中の牛を殺すミトラ、また左上と右上には太陽《ソル》と月《ルナ》（ドレクセル氏の註記）。

Dobrusky, *Matériaux d'archéologie en Bulgarie*, Sbornik za Narodni, etc., XVI, Sofia, 1899, pp. 36-45 はギーゲン（オエスクス）発見の三つの浮彫を挙げている。*CIL.*, III, 14411-14412. また、アルムムの近くの（ロム郡）クレ・マハラでは四つの浮彫が発見されたという。

G・カザロフ（前掲書）は次の作品を公刊した。

凝灰岩製浮彫（高さ〇・六一メートル、幅〇・七二メートル）。ギーゲン（オエスクス）出土。右半分は Kalinka, *Antike Denkmäler in Bulgarien*, Wien, 1906, p. 136 に掲載されている。ギーゲン出土の五つ目の作品である。

大理石製浮彫、ルスチュク（プリスタ）出土。*Revue archéol.*, 1911, II, p. 73 ss. 参照。

大理石製浮彫（高さ〇・一一五メートル、幅〇・一一メートル）。スキン・ドル（セヴリエヴォ郡）の近郊で発見された。

大理石製浮彫（高さ〇・六七メートル、幅〇・六八メートル）。プレヴェン出土。

大理石製浮彫断片（高さ〇・二〇メートル、幅〇・二三メートル）。ステクレン（ノウァエ）出土。

大理石製浮彫（高さ〇・二四メートル、幅〇・二六メートル）。出土地不明。ソフィア美術館蔵。

浮彫断片（高さ〇・三一メートル、幅〇・三六メートル）。アルチャル（ラティアリア）出土。

大理石製彫像断片（高さ〇・一二メートル、幅〇・一一メートル）。アルチャル（ラティアリア）出土。

石灰岩製浮彫断片（高さ〇・三六メートル、幅〇・二七メートル）。ニコポル近くのウトゥム出土。

ウィミナキウム——浮彫（*TM.*, n° 132）。*Jahresh. Inst. Wien, Beibl.*, 1903, p. 22 および VIII, 1905, p. 6; cf. *CIL.*, III, 14217^{4}（神殿の復原）。

アクアエ（ネゴティン）——浮彫。*Jahresh. Inst. Wien, Beibl.*, IV, 1901, p. 75.

ダルマティア（旧ユーゴスラヴィア西部）

特に重要なのはコナイカのミトラ神殿である。Patsch, *Wissensch. Mitt. aus Bosnien und der Hercegovina*, VI, 1898, p. 34 ss. また、*CIL.*, III, 14222^{1}, 14617 および本書、図21参照。

サロナ——二つの新しい浮彫がスプリト美術館にもち込まれた。cf. *Jahresh. Oesterr. Instit.*, XIV, 1911, Beiblatt, p. 82.

チトラック（アエクム）とザラ（ヤデル）の浮彫。Patsch, *Glasnik Zemaljskog Muzeja*, Serajevo, 1899, p. 48 ss. 第二の浮彫は *Führer durch das K. K. Staatsmuseum in San Donato in Zara*, Wien, 1912, n° 154 および p. 43.

シナッチ——牛を殺すミトラの浮彫。Patsch, *Die Lika in römischer Zeit*, p. 88. また、アグラムの *Vjesnik*, VIII, 1905, p. 65（*TM.*, t. I, p. 365）に掲載されている。

ダルマティア属州全般の状況は、Patsch, *Archäol. epigraph. Untersuch. zur Gesch. der Provinz Dalmatien*, VI, 1904（第二章註118）。

ダキア（ルーマニアとその隣接地方）

アプルム――カールスブルク（ジウラ・フェヘルヴァル）美術館長アルベルト・チェルニ教授は、ご親切にも同館で保管されているミトラ教彫刻の写真を私に送って下さった。そこに移されてきた遺物（*TM.*, n°s 192bis, 193, 199, 200）のほかに、この美術館は実は牛を殺すミトラの四つめの浮彫を所蔵している。それは不幸にもひどく損壊しているが、マロス・ポルトの一家屋で腰掛けとして利用されていたためである。また、前記n^{o} 200に似た、蛇がからみついた岩の丸い塊も所蔵されているが、ミトラの姿はない。

ヘルマンシュタットのブルッケンタール美術館には、（a）一九〇七年に同所で発見された三箇の断片があり（n°s 1557, 1558）、それらは疑いもなく牛を殺すミトラの一小浮彫のものであった。（b）もう一つは損傷のはなはだしい浮彫で、これもまたおそらくは牛を殺すミトラであった（n° 1559）［ドレクセル氏の註記］。

パンノニア（ハンガリアと旧ユーゴスラヴィア北部）

アグラム出土、ミトラ教のアイオンと称されるもの。これについては、Reinach, *Rép. de la statuaire*, t. II, p. 477, n° 5. 実はこれはイカロスの像であり、この地域ではこの英雄像がしばしば墳墓上に置かれた。*Vjesnik*, VII, 1903, p. 229, n° 33参照［ドレクセル氏の註記］。

アグラムのミトラ教遺物は、以下に公刊されている。*Vjesnik*, VIII, 1905, p. 60 ss.［ドレクセル氏の註記〕。

ポエトヴィオ（ペッタウ）――グルリット氏はそこで、次々に二つのミトラ神殿を発見した。*TM.*, II, p. 365, nº 22bis; *CIL.*, III, 14345$^{25-34}$ および 15184$^{3-24}$ 参照。アブラミチ氏はこの新発見の重要遺物の報告書を間もなく公刊する予定である。また、Abramich, Ein Mithrasrelief in Faal bei Marburg, *Jahresh. für A lterumskunde*, I, 1907 参照。

アクインクム（ブダペスト）――一九八年より古いミトラ神殿。そこからは五基の祭壇のほか、さまざまな彫刻を含むもう一つの祭壇が出土した。*Jahresh. Inst. Wien*, 1899, *Beiblatt*, p. 55 ss. p. 58 s. また、同誌、p. 54, nº 5（森の中の一洞窟で発見された浮彫）および *CIL.*, III, 14343$^{1-7}$ 参照。

チャクヴァル（アクインクム近郊）――トラキア系かとも思われる一家族の墓碑銘を有する墓石（*CIL.*, III, 15154）、ブダペスト美術館蔵。故人の胸像と碑文の間に饗宴の場面がある。その両脇にそれぞれ「弔いのアッティス」がいて、松明を下に向けている。両者の間には料理（パン、魚など）を載せた三脚付きの卓があり、その近くに二人の人物が立っている。この遺物はミトラ教のものではないが、それが表現している信仰は少なくとも密儀の信仰に非常に近いものである。第五章註45参照。文献は Kuzsinszky, *Archeol. Ertesitö*, 1903, p. 234; cf. p. 229; また、Hampel, *Annuaire Musée National hongrois*, 1905, pl. V, n. 9〔ハンペル氏のご教示による〕. ローマの一石膏複製については、*Catalogo della mostra archeologica nelle Terme di Diocleziano*, 1911, p. 68.

ゲルマニア

最近の発掘調査、とりわけリメスのローマ軍駐屯地の組織的調査は、すでに相当なものになっていたミトラのドイツ領遺物の集成をさらに豊富なものにした。ここでは主要な文献だけを挙げるにとどめたい。碑文は *CIL.*, XIII に入っている。

ヴュルテンベルクの遺物は Sixt, *Die römischen Inschriften und Bildwerke Württembergs*, Stuttgart, 1900 によって再刊された。バーデン大公国（マンハイム、ノイエンハイム、オスターブルケンなど）の遺物は新たに *Fundstätten und Funde im Grossherzogtum Baden*, Tübingen, 1911（*TM.*, t. II, pp. 239, 278, 440 など）に掲げられている。他の遺物は一九〇〇年以降の分冊刊行物 *Obergermanisch-Raetische Limes* の中で研究されている。例えば、ムールハルトの碑文（*TM.*, inscr. n° 428 = *CIL.*, XIII, 6530; cf. *Limes*, I, n° 44, p. 11）、ベッキンゲン（またはハイルブロン）の碑文（*TM.*, inscr. n° 423; cf. *Limes*, X, n° 56, p. 13）、ベジヒハイムの浮彫（*TM.*, mon. 242; suppl. n° 242bis; cf. *Limes*, *Kastell Wahlheim*, VIII, n° 56, p. 8 ss.）、オスターブルケンのミトラ神殿（*TM.*, mon. 246; cf. *Limes*, II, p. 21 ss.）、オーバーフロルシュタットのミトラ神殿（*TM.*, mon. 250; cf. *Limes*, XVII, p. 7 ss., p. 21 ss.）、グロース・クロッツエンブルクのミトラ神殿（*TM.*, mon. 247, 247bis; cf. *Limes*, XX, n° 23, p. 13 ss., p. 29 ss.）。

ツァーツェンハウゼン――*TM.*, mon. 309. 浮彫については、Sixt, *Fundberichte aus Schwaben*, VII, 1900, p. 40.

シュトックシュタット――きわめて重要なミトラ神殿があり、それは疑いもなく二一〇年に建立された。Drexel, *Kastell Stockstadt*, *Obergerman. Raetische Limes*, XXXIII, 1910.

ハースロホ・バイ・グロース・ゲーラウ――ミトラ教のアイオン像断片。Anthes, *Quartalblätter des histor. Vereins f. Hessen*, 1899, II, p. 8.

ザールブルク――現地に復原されたミトラ神殿。カステル・ザールブルクの写真は *Limes* 誌上にいまだ載せられていない。予備的に次の刊行物を参照。Jacobi, *Korrespdbl. West. d. Zeitschr.*, XXII, 1903, p. 140; cf. *Berl. Philol. Wochenschrift*, 1904, p. 593 など、*Saalburgwerk*, pl. XXII ss.

ブッツバハ――Kofler, *Kastell Butzbach*, 1894（*Obergerman. Raetische Limes*, I, n° 14, p. 20, n. 5).

アルテブルク・ヘフトリヒ――ミトラ神殿の遺構。Jacobi, *Kastell Alteburg-Heftrich*（*Obergerman.-Raetische Limes*, XXIII, n° 9), 1904, p. 4.

ヴィースバーデン（アクアエ・マッティアカエ）――ミトラ神殿の遺構。Ritterling, *Mitteilungen des Vereins f. Nassau. Altertümer*, 1902-1903, p. 14 s. また、Ritterling, *Kastell Wiesbaden*（*Obergerman.-Raetische Limes*, XXXI, n° 31）1909, p. 76; *CIL.*, XIII, 6755 ss. 参照。

ケーニヒスホーフェン——古代のウィクス・カナバルム。シュトラースブルクの東三キロメートル。重要な彫刻や碑文が出土した一ミトラ神殿が発見され、シュトラースブルクのアルザス古代美術館に移された。予報は R. Forrer, *Strasburger Post*, 14 décembre 1911; Keune, *Römisch-german. Korrespdblatt*, 1912, p. 26, n° 16.

私は碑文付き（「不敗の神ミトラに一〇箇の容器を［捧ぐ］云々」Deo invicto Mythrae vassa decem...）のラインツァーベルン出土土器の信憑性を疑った（*TM.*, mon. 259; cf. *Westd. Zeitschr. Korrespdblatt*, 1905, p. 213）が、それは誤りであった。シュトックシュタットのミトラ神殿では、まさにそれと類似の器形を持った一二箇の土器の破片が発見された（Drexel, *Kastell Stockstadt*, pl. X, B, 1, 8）。それらはたぶん聖餐式に使われたのであろう（ドレクセル氏の註記）。

クサンテン（ウェテラ）——一八七七年にクサンテンで発見されたミトラ神殿（*TM.*, mon. 266）については、その後の文献として、Paul Steiner, *Xanten*（*Kataloge Westdeutscher Altertumssammlungen*, I）, Frankfurt, 1911, p. 74 ss.

イギリス

ロンドン（ロンディニウム）——*TM.*, mon. n° 267. Haverfield, *On a Mithraic Relief Found in London*（*Archaeologia*, LX, p. 43 ss.）, 1906; cf. *Journal of Roman Studies*, I（1911）,

p. 163, pl. XXII-XXIV. ロンドンで発見された「アッティス」像（ibid., p. 167, fig. 28）はおそらくミトラ教の松明捧持者である。

ボルコウィクム——*TM.*, mon. 273; Bosanquet, *The Roman Camp at Housesteads* (*Archaeologia Aeliana*, XXV Newcastle upon Tyne, 1904, p. 225 ss.). イギリスで発見された遺物は、Burton, *The Roman Fort at Manchester*, 1909, p. 34 ss. において、ヒックスによってまとめられている。

フランス

TM., inscr. 511（*CIL.*, XIII, 379）の碑文は贋作であったので、その結果、「新たな事態に至るまで、ミトラはピレネー山脈に到来しなかった」ことになる（Jullian, *Revue des études anciennes*, 1911, p. 30）。

アントラン（ニエーヴル、インタラヌム）——ミトラ神殿と彫刻（*Bull. soc. antiquaires France*, 1904, p. 290; Espérandieu, *Bas-reliefs de la Gaule*, t. III, nos 2273-9, 2282, 2287）。

アレシア——牛を殺すミトラの像を付けた鉢形土器。Espérandieu, *Comptes-Rendus Acad.inscr.*, 1907, p. 288; *Pro Alesia*, II, p. 203, pl. XXVIII.

以前から知られていた遺物（Espérandieu, *Le Receuil des bas-reliefs de la Gaule romaine*, nn° 325, ディ＝*TM.*, mon. n° 280; Espérandieu, *op. cit.*, n° 422, ブール・サンタンデオル＝*TM.*, mon. n° 279; Espérandieu, *op. cit.*, n° 142, アルル＝*TM.*, mon. n° 281; Espérandieu, *op. cit.*, n° 340, ヴィエンヌ＝*TM.*, mon. n° 277）および前記のアントランの遺物のほかに、エスペランデュの本にはミトラ教のものと思われる相当数の彫刻が掲載されている。例えば、ナルボンヌ（624; cf. 627 ss.）の一松明捧持者、トゥールーズ（1028; cf. 938）のミトラの頭部と思われるもの。アルル（2534）のミトラの頭部と思われるもの。より重要なものは損壊した石碑（2737）であって、そこにはミトラの生誕が描かれている。それはこの宗派の遺物がまったく認められていない地域にあるサントーバン（アンドル）で発見されたと言われている。

スペイン

メリダ（エメリタ）——メリダで発見されたミトラ神殿については、Cagnat, *Comptes-Rendus Acad.inscr.*, nov., 1904; Paris, *Bulletin hispanique*, 1904, p. 347; cf. Deubner, *Archiv für Religionsw.*, 1906, p. 147. ミトラ教クロノスの二つの彫像の石膏複製（メリダ出土か）はローマで展示されている（*Cotalogo della mostra archeologica nelle Terme di Diocleziano*, 1911, p. 106）。そのうち一つの胸の上には獅子の頭部が付いている。

アフリカ

ティムガード（タムガディ）——ティムガードで発見された松明捧持者像については、

Cumont, *Bull. soc. ant. de France*, 1905, p. 255.

トリポリ（オエア）——トリポリで発見された「牡獅子」と「牝獅子」の二墳墓については、Clermont-Ganneau, *Comptes rendus acad. inscr.*, 1903, p. 357. また、第五章註103参照。

新文献史料

TM., t. I, p. 361 ss. に引かれている、ミトラ崇拝に関するギリシア語とラテン語の一連の文献を補完するために、一九〇〇年以降刊行されるか、それ以前に見落とされていた若干の新文献史料を追補しておく。

（一） Ambrosiaster, *Comm. in epist. ad Ephes.*, V, 8 (Migne, *PL.*, XVII, col. 396 A).
異教徒たちが暗い祠の中で密儀を祝うというこの文章は、*TM.*, t. II, p. 7 に再録されたPseudo-Augustinus, *Quaestiones veteris et novi testamenti* の文章と類似している。ステールが一九〇八年に公刊したこの *Quaestiones* は、パウロ書簡の註釈と同じ著者の手に成る。それはすでに *TM.* で引用した一文（éd. Souter, pp. 308, 18 ss.）のほかに、暗い祠の中に隠れて恥ずべきことをしているという、ミトラの密儀に対する別の言及を含む。

（二） コンモディアヌス（cf. *TM.*, t. II, p. 9）。また、ミトラ教の位階〈兵士〉に対する言及がある（II, 11, 9）。この点について、Harnack, *Militia Christi*, p. 42.

（三） Dracontius, *Romulea*, X, v. 537 ss.（p. 194, Vollmer）。ここでは、ペルシアの太陽

神ミトラがルナ、フリアエ、プロセルピナ、プルトと共に挙げられている。また、同書 v. 503 参照。さらに、第六章註32参照。

(四) フィルミクス・マテルヌス（第四章註22および第四章註96参照)。

(五) ユリアヌス (*TM.*, t. II, p. 19)。Asmus, *Wochenschrift für klassische Philologie*, 1904, p. 233 ss. に、ミトラの密儀の影響が現われているユリアヌス帝の一連の文章が集成されている。

(六) Libanius, *Or.*, XVIII, Epitaphios Juliani, §127 (II, p. 290, Förster).
この文献については、前述一七七頁参照。

(七) Menandros, *Peri epideiktikōn*, c. 17 (Walz, *Rhetores graeci*, IX, p. 330).
このラオディケイアの雄弁家は三世紀の人であった。彼はアポロンの呼称をいろいろ数え上げた後、ペルシアではミトラと言われていると述べている。この史料については、Reitzenstein, *Poimandres*, p. 281; Cumont, *Theologie solaire*, p. 454, n. 1 参照。

(八) プセロス（一〇一八—七八/九年）は、ミトラの密儀を何度も引き合いに出している。(a) *Bibliotheca graeca Medii Aevi* V, p. 322, Sathas ではエレウシスの密儀と共にミトラの密儀が挙げられている。(b) ミカエル・ケルラリオスに反論する小冊子（一〇五九年）の中で、キオス島の修道士たちが異教の密儀を再興したと非難している (Bréhier, *Rev.ét.gr.*, XVI, 1903, p. 387, c. 6)。

（九）　プトレマイオス。*TM.*, I, p. 36 に引用した一文は正しい。「（オリエントの人々は）イシスの名の下に金星を、ミトラス・ヘリオスとして木星を崇める」。また、Boll, *Sphaera*, p. 313, n. 3 参照。その文はプロクルス（*TM.*, t. II, p. 43）によってばかりでなく、プトレマイオスの『テトラビブリオス』の逸名註釈家（éd. 1559, p. 61）によっても註釈を付されている。「ペルシア人は彼らがミトラと呼ぶヘリオスを崇拝する」。

（一〇）　Rufinus, *Hist. eccl.*, XI, 22（p. 1025, éd. Mommsen）. この文章は一ミトラス神殿について語る Socrates, V, 16（*TM.*, t. I, p. 362）と同じ出来事を述べている。ビデ氏はこの問題について私宛の手紙で次のように述べている。「ソクラテスはその知識を二人の師、アンモニオスとヘラディオス（共に新プラトン学派か）から得ている。彼はこの二人の名を第九節で出している。ルフィヌスはたぶん、ミトラの密儀をその名前を挙げることなく念頭に置いている。ルフィヌスはソゾメノス（VII, 15）の最も重要な典拠である。ソゾメノスは彼の習慣に従ってソクラテスとルフィヌスを結びつけ、第三の資料、おそらくエウナピオスから（ディオニュソス神殿などについての）補足的な細部を引き出している。テオドレトス（V, 22）の要約は部分的にはソゾメノスから採られている」。

（一一）　ゼノビオス。*TM.*, t. I, p. 362 に再録された一文は、スミュルナのテオン（p. 105, éd. Hiller）が引用するオルペウス教の詩句と比較されるべきである。また、そこに出てくるミトラン（*Μίθραν*）はヘメラン（*Ἡμέραν* = 昼）と修正されるべきである。実際、クルージウス氏のご教示によると、アトスの箴言蒐集家手稿では、ミトランではなくヘメランとなっている。

（一二）　逸名著者。（a）*TM.*, t. II, p. 55 ss. に引用されたパリのパピルス文書については、第五章註1参照。（b）*Carmen adversus Flavianum* はオットー・バルコフスキによって最近註釈を付けられた（Diss. Königsberg 1912）。彼は v. 46 ss. をセラピスとプリアポスに対する言及と解する。しかし、「地下で捜し求められる太陽」はミトラでしかありえないように思われる。ちょうど〈仲間の神〉がソル（太陽神）であるのと同じである（前述八七—八八頁および第四章註100参照）。（c）三九二年と四五〇年の間に書かれた異端についての一断片は、手稿本ではヘゲモニオスの *Acta Archelai* に続くものである（*TM.*, t. I, p. 45, n. 1）が、そこにはケルドン、マルキオン、ウァレンティノスらの異端としてバシレイデスが現われ、ミトラが言及されている。ヒエロニュムス（*TM.*, t. II, p. 19）は同じ教義をバシレイデスに帰している。

原註

第一章

（1）ペルシアとインドのミトラ崇拝に関する文献はかなり豊富である。アヴェスターの現代語訳、とりわけ註釈付きの J. Darmesteter, *Le Zend Avesta*, 3 vol., Paris, 1892-3 のほかに、特に次のものを挙げなければならない。Windischmann, *Mithra* (Abhand. der deutschen morgenl. Gesellschaft), Leipzig, 1857; Spiegel, *Eran. Altertumskunde*, II, p. 77 s.; Hillebrandt, *Varuna und Mithra*, Breslau, 1877; Darmesteter, *Ormuzd et Ahriman*, Paris, 1877, p. 62 ss.; Oldenberg, *Die Religion des Veda*, Berlin, 1894, p. 185.

（2）M. Meillet, *Journal Asiatique*, 1907, II, p. 143 によると、インド・イラン人の神ミトラは単に神格化された〈契約〉、協約の神秘的で人格化された力にすぎなかった。しかし、このような抽象観念が未開社会にあったということは、まったくありえないことである。

（3）Oldenberg, *Die Religion des Veda*, 1894, p. 185 および *Z. D. M. G.*, t. L (1896), p. 43 ss. また、Barth, *Journal des Savants*, 1896, p. 390 ss.; E. Meyer, *Geschichte des Altertums*, I², p. 821, §581, Anm. 参照。

（4）E. Meyer, *Das erste Auftreten der Arier in der Geschichte* (Sitzb. Akad. Berlin), 1908, p. 14 ss.; *Kuhn's Zeitschrift f. vergl. Sprachu.*, XLII. また、*Gesch. des Altertums*, I², zweite Hälfte, pp. 579, 829,

837 参照。

(5) このことはすでに Windischmann, *Mithra*, p. 52 ss. が認めている。以下はアヴェスター、特にミトラに捧げられた第一〇ヤシュトから要約されている。

(6) 第一〇ヤシュト、三九以下、一九。また、八、一一、三二―三四参照。

(7) F. Cumont, *Textes et monuments figurés relatifs aux mystères de Mithra* (以下においては *TM* と略す), t. I, p. 37. また、N. Söderblom, *La vie future suivant le mazdéisme*, Paris, 1901, p. 96, pass.

(8) 第一〇ヤシュト、一一九。四足獣や鳥類の供犠は西方でも見られる。本書第五章参照。

(9) 第一〇ヤシュト、一二〇、一二二。また、八八、一三七参照。

(10) 第一〇ヤシュト、一〇三。また、八九、一二三を参照。古くからの観念のこのような痕跡については、Darmesteter, *Ormuzd et Ahriman*, p. 65 ss.

(11) Plut., *De Iside et Osiride*, 46-47 = *TM*, t. II, p. 33.

(12) ブンダヒシュン一、一一―四 (West, *Pahlavi texts*, I = *Sacred Books of the East*, V, 1880, p. 3 ss.)。

(13) Weissbach und Bang, *Die altpersischen Keilinschriften*, 1893 (*TM*, t. II, p. 87 ss.).

(14) ミトラはすでにミタンニ人との条約の中で祈願されている (前掲註1)。ペルシア王のミトラの名による誓約の例は、Plut., *Vit. Artax.*, 4; *Vit. Alex.*, 3; Xenoph., *Oecon*, 4, §24; *Cyrop.*, VII, 5, §43 ほか。

(15) Curt., *Hist. Alex.*, IV, 13, §48.

(16) 神名を含む人名は、*TM.*, t. II, pp. 75, 464 に集められている。

(17) ミトラの月と日については、*TM.*, t. II, p. 6; Darmesteter, *Avesta*, I, p. 34 ss; II, pp. 301, 327.

(18) Ctesias ap. Athenaeus, X, 45（*TM.*, t. II, p. 10）.

(19) Strab., X, 14, §9, p. 530 C（*TM.*, t. II, p. 49）. アモリオンの碑文については、*Rev. ét. gr.*, II, p. 18（*TM.*, t. II, p. 91, n° 4）; Talmud, *Aboda Zara*, 11ᵇ（*TM.*, t. II, p. 457）. また、Hübschmann, *Armen. Etymologie*, p. 194; Hyde, *Rel. vet. Pers.*, p. 245; Darmesteter, *Avesta*, t. II, p. 443.

(20) Herod., I, 131; Xenoph.（前掲）; Ctesias（前掲）. ギリシア人は、通常はペルシアの神名をそれに相当するギリシアの神名によって訳しているが、ミトラの名前だけはそのままとされた。

(21) Berosus ap. Clem. Alex., *Protrept.*, c. 5（p. 50, 2 Stählin）.

(22) Curt., V, 1, 22. また、*TM.*, t. I, p. 8, n. 5 参照。

(23) ミトラはアッシュールバニパルの図書館の楔形文字資料で、すでにシャマシュと同一視されている（R. III, 69, n° 5, 1. 72）。Jensen, *Zeitschrift für Assyriol.*, II, p. 195 参照。

(24) Jastrow, *Religion Babyloniens*, p. 427 et pass; Knudtzon, *Gebete an den Sonnengott*, 1893, p. 79 et pass.

(25) *TM.*, t. I, p. 9.

(26) Ptolem., *Tetrabiblios*, II, 2; Procl., *Paraphr. in Ptol.*, p. 93, ed. Allatius.

(27) Strab., XV, 3, 15, p. 733 C.; XI, 512 C.; XII, 559 C.

(28) Bardesanes apud Euseb., *Praep. Evang.*, VI, 10, 16.

(29) Pausan., V, 27, 3.

(30) Basil., *Epist. 358 ad Epiphanium*; Epiphan., *Adv. haeres.*, III, 13; Priscus, *fr.* 31（I, p. 342, *Hist. min.*,

Dindorf). 私はこのイラン系〈ディアスポラ〉について論じておいた。*TM.*, t. I, p. 9 以下、p. 16 以下および *Religions orientales dans le paganisme romain*, 2ᵉ éd., p. 213 ss. 参照。

(31) ギリシア語のマグサイオイ（*Μαγουσαῖοι*）はシリア語の「マグシァイエ」にぴったり当てはまる。*TM.*, t. I, 9, n. 5 参照。

(32) このことは、カッパドキアとアルメニアにおけるギリシア語とアラム語の二語碑文の発見が証明している。Lidzbarski, *Ephemeris für sem. Epigr.*, I, p. 60 s., III, p. 65 ss., Cumont, *C.-R. Acad. Inscr.*, 1905, p. 99 ss, p. 14, n. 2 参照。

(33) Daremberg-Saglio-Pottier, *Diction.*, s. v. Satrapa.

(34) これらの神々のリストは作製しておいた。*TM.*, t. I, p. 130 s. 参照。

(35) カッパドキアのファラシャ（ロダンドス）のギリシア語・アラム語二語碑文（Grégoire, *C.-R. Acad. Inscr.*, 1908, p. 434 ss.）は、ペルシア語の名前を持つ一ストラテゴス（知事）が「ミトラのためにマゴスの儀式をした」（*ἐμάγευσε Μίθρῃ*）ことを想起させる。

(36) Michel, *Recueil inscr. gr.*, n° 735; Dittenberger, *Orient. Inscr.*, n° 383 また、*TM.*, t. II, p. 89, n° 1 参照。

(37) Basil.（前掲）

(38) 本書第四章冒頭参照。

(39) Gelzer, *Zur armenischen Götterlehre*（Sitzungsb. Gesellsch. Wiss., Leipzig), 1896, 特に一一八頁。アルメニアのアナイティス崇拝については、Cumont, *Revue archéol.*, 1905, I, p. 25 ss. 参照。

(40) Agathangel., *Hist. de Tiridate*, c. 5（*TM.*, t. II, p. 4, n. 3; t. I, p. 160, n. 10).

(41) Elisée Vartabed apud Langlois, *Historiens arm.*, t. II, pp. 224, 237（*TM.*, t. II, p. 5）.

(42) Eznig von Kolb, *Wider die Sekten*, übers. von Schmid, Vienna, 1900, p. 109（*TM.*, t. II, p. 3）.

(43) Élisée Vartabed, *l. c.*, p. 194（*TM.*, t. II, p. 5）.

(44) Ps. Plutarch., *De fluviis*, c. 23.

(45) トラペズスの貨幣については、Babelon et Reinach, *Recueil général des monnaies d'Asie Mineure*, t. I, p. 109 ss. および pl. XV-XVI. また、*TM.*, t. II, p. 189, n° 3bis et t. I, p. 213.

(46) ミトラ・アッティスについては、ロシア南部で発見された陶製土偶を参照。*TM.*, t. II, p. 191, n° 5. また、Derewitski et von Stem, *Museum der Odessa Gesellsch. für Gesch. und Altertumskunde*, t. II, 1898, pl. V et p. 10.

(47) クラの奉納碑文については、Sal. Reinach, *Chron. d'Orient* I, 1891, p. 157. ペルガモンの奇妙な一碑文（Michel, *Recueil*, n° 46 [IV, 50]; Dittenberger, *Orient. inscr.*, n° 331）は、二世紀初頭に女王ストラトニケがカッパドキアのゼウス・サバジオス崇拝を同地に移したということを示す。それゆえ、ここではトラキア・プリュギア系の神が問題になっているのではない。ナマ・セベシオの表現については、本書第五章一二二頁参照。

(48) J. Réville, *Études de théologie et d'histoire publ. en hommage à la faculté de Montauban*, Paris, 1901, p. 336 によると、ミトラ教の形成に当たっては小アジアの諸宗教が非常に大きな役割を演じたと考えられるが、現在の研究段階ではその役割を決定することは不可能である。

(49) 拙著 *Religions orientales*（前掲）, p. 200 ss. で、この点を詳論しておいた。

（50）私はこうした同化の一覧表を作製しておいた（*TM.*, t. I, p. 130 ss.）。

（51）Pauly-Wissowa, *Realencyclopedie*, s. v. Anaïtis.

（52）補遺参照。

（53）Dio Chrys., *Or.* XXXVI, §39 ss.（*TM.*, t. II, p. 60 また、t. I, pp. 33, 85 n. 3, 108, 169 ほか参照）。オリエントの宗教観念に対するストア思想の働きかけは、すでに指摘されている。とりわけ、Dieterich, *Abraxas*, p. 48, 特に p. 93 および Kroll, *De orac. Chaldaïcis*, p. 68, n. 3 を参照。他方、アジア系の開祖をもつこの哲学がどの程度までオリエントの神学から影響を受けたかも問題となろう。確かに、ストア思想はカルデア人の占星術を受容した。拙著 *Astrology and Religion*, 1912, p. 69, 82 sq. 93 参照。

（54）アテナイ出土のクリュシッポスの胸像の下部には、次のような奉納碑文が読まれる。「アクリオスがクリュシッポスの像をミトレスに捧ぐ（*Τὸν Χρύσιππον Ἀκρίσιος Μίθρῃ*）」（von Prott, *Athen, Mitt.*, XXVIII, p. 278）. しかし、ここに出てくる「ミトレス」は明らかに人名である。

（55）Strab., XV, 3, 15, p. 733 C. リュディアのアナーヒター神殿で行なわれた儀式（Pausan., V, 27, 5）とミトリダテスがペルシア王を真似て行なった供犠（Appian., *Mithrid.*, 66. また、拙著 *Studia Pontica*, pp. 176, 182）とを比較されたい。

（56）前掲註36参照。

（57）前掲註17参照。

（58）Lucian., *Menipp.*, c. 6 ss.（*TM.*, t. II, p. 22）

（59）Lucian., *Deor. conc.*, c. 9; *Iup. Trag.*, c. 8, c. 13（*TM.* 前掲）.

（60） Basil., *Epist. 238 ad Epiphan.* また、前掲註30参照。

（61） 本書第五章参照。

（62） 前述二五頁参照。

（63） 典礼書の存在はリュディアのアナーヒター諸神殿によって確認されている（Pausan., V, 27, 5）。逆に、聖バシレイオス（前掲）はカッパドキアの「マグサイオイ」は聖典を持たず、宗教伝承を口頭で伝えたということを肯定している。西方においては儀式書の使用は確かである。本書第五章一二一頁以下参照。

（64） Porphyr., *De Abstin.*, IV, 16（*TM.*, t. II, p. 42）.

（65） こういう入信式の有名な例は、アルメニア王ティリダテスによるネロのそれである（Plinius, *H.N.*, XXX, 1, §6「彼は魔法の食事によって入信した」）。オリエントにおける「密儀」の存在について私が集めた資料（*TM.*, t. I, p. 239）に、ファラシャの碑文という証拠を付け加えることができよう。そこでは、〈エマゲウセ・ミトレ（*ἐμάγευσε Μίθρῃ*）〉という句が出てくるが、それは明らかにアオリスト形の頻繁な意味合いに従って「ミトラのマゴス神官となった」と訳されるべきである。したがって、その奉納碑文は入信儀式の際になされたのであろう。アマシアの一碑文（*Rec. des inscr. du Pont*, n° 108）は〈敬虔な兵士（*στρατιώτης εὐσεβής*）〉を挙げているが、彼はたぶん〈兵士〉位の一信者であろう。ただし、この碑文はローマ帝政期のものである。

（66） これらの儀式については、本書第五章一二二頁以下、伝説については、同第四章一〇九頁以下。

（67） この地域における「マグサイオイ」の定着を証明する一般的資料のほかに、特定の場所におけるミトラ崇拝の存在を証拠づける一連の個別的資料がある。小アジアとコマゲネの場合は次の通りである。

（a）アルメニアではパカイアリジの神殿（Agathangelos, *Hist. Tirid.*, c. 10; *TM.*, t. II, p. 4）。（b）コマゲネではネムルート・ダーの神殿（前述二七頁）。（c）カッパドキアではファラシャ（ロダンドス）の碑文（前掲註35）、カイサレイアの碑文（*CIL.*, III, 12135）、テュアナの碑文（*TM.*, t. II, p. 91, n. 3）。（d）ポントスではトラペズスの貨幣（前掲註45）と旧ミトラ神殿（同上）、アマシアの碑文（前掲註65）。（e）プリュギアではアモリオンの碑文（前掲註19）。（f）ピシディアではイスパルタの浮彫（補遺参照）、アルタナダとデルベ（?）の碑文（*TM.*, t. II, p. 172, n°s 549-550）、また後掲第二章註10参照。（g）キリキアではタルソスのメダル（次註）。

（68）ゴルディアヌス三世の青銅製メダル（*TM.*, t. II, p. 189, n° 3. ナポリの出土品の意匠）。同じものがHill, *Greek Coins in the British Museum, Lycaonia, Cilicia*, 1900, p. 213, n° 258, pl. XXXVIII, 4 に複製されている。

第二章

（1）ローマ帝国におけるミトラ教流布の歴史は、とりわけ多数の碑文に依存している。それらはしばしば正確な年月日と共に、ペルシアの神が礼拝された場所と信者たちの身分を明らかにしてくれる。碑文資料を補うものは考古遺物——神殿と彫刻——であり、それらはローマや幾つかの属州で大量に発見される。この小著の中で何百もの碑文資料や考古資料を引用したり検討したりすることは考えられない。こうした細部にわたる証拠はより大部な前著に廻すべきである。ここでは特に重要な、あるいは新たに発見された若干の資料を挙げるにとどめよう。本書の補遺では、一九〇〇年以後公けにされた主要な考古遺物の一覧表がまとめられている。トゥータン氏は最近、西方属州におけるミトラ崇拝の流布について詳細にわたりきわめて正確に検討した。しかし、氏は研究範囲からローマ市とイタリアを除外した。その結果、不十分な概観になったと思われる。私見では氏の消極的な結論は不当であり、私は *Revue hist. des religions*, t. LXVI, 1912, p. 125 ss. において、なぜそれは認め難いかを明らかにしようと試みた。

（2）ペイライエウスについては、*TM.*, t. II, p. 469, n° 220a, またアテナイについては前掲第一章註54参照。アヴズ氏はパトラスで最近発見されたが未公刊の一ミトラ遺物の写真を送って下さった。氏は、ミトラ崇拝はオリエントからこの植民市へ、ポンペイウスがその近くのデュメに入植させたキリキアの海賊たちによって導入されたとしているが、それはありえないことではない（後述四二頁）。アッティス崇拝についても同様であった。

（3）後掲、補遺参照。

（4）アラドスについては、Renan, *Miss. de Phénicie*, p. 103; *TM.*, t. II, inscr. 5 また、シドンのミトラ神殿については補遺参照。アレクサンドリアについては Socrates, *Hist. eccl.*, III, 2; V, 16; Sozom., V, 7（補遺参照）; Damascius（Suidas, s. v. Epiphanios）. P. Berger, *Le culte de Mithra à Carthage*, Revue de l'histoire des religions, LXV, 1912, p. 1 ss. によると、カルタゴ語碑文の「ミトラハスタルニ」という複合語には、ミトラとアストロノエという二つの名前が見出されるというが、私見ではこのような解釈にはまったく説得力がない。

（5）*TM.*, t. II, p. 520, n° 285.

（6）私はこれらの神名付き人名をまとめておいた。*TM.*, t. II, p. 83 ss., p. 466.

(7) これらすべての外来宗教については、拙著 *Religions orientales*（前掲）参照。

(8) Marquardt, *Staatsveru.*, I^2, pp. 380 ss., 365, 360, 399, 369.

(9) Kan, *De Iovis Dolicheni cultu*, Groningen, 1901. また、拙著 *Religions orientales*（前掲）, pp. 167 s., 217 s.

(10) Plut., *Vit. Pomp.*, 24（*TM.*, t. II, p. 35d）. ミトラの密儀がキリキアの海賊たちが占拠していた領土の近隣地域に事実上浸透していたことは、イスパルタ（バリス）における浮彫の注目すべき発見が証明している（補遺参照）。ミトラの密儀をリュカオニアの幾つかの碑文（*TM.*, t. II, 172, n° 549 ss.）と結びつけたローデの見解はこの点について新しい可能性を与えるものであるが、他方 Ramsay, *Studies in the Eastern Roman Provinces*, Aberdeen, 1906, p. 278 はこれらの碑文に対して異なった解釈を施している。すなわち、碑文中の獅子と鷲はミトラ教の位階としての「獅子」と「鷲」を表わすのではなく、墳墓の上やその記念碑の正面に置かれた像だという。

(11) Schürer, *Geschichte des Jüdischen Volkes im Zeitalter J. C.*, t. III^3, 1898, p. 30.

(12) Statius, *Thebais*, I, 717「ミトラはペルセスの岩だらけの洞窟の下で憤りつつも従わされる両角を引きつけ……(Persei sub rupibus antri Indignata sequi torquentem cornua Mithram)」。

(13) Plut.（前掲）

(14) *CIL.*, VI, 732. *TM.*, t. II, p. 468, n° 67 参照。

(15) *CIL.*, VI, 30728. *TM.*, t. II, p. 228, n° 65; I, p. 245, n° 3; Smith, *Catalogue of Sculpture Brit. Mus.*, t. III (1904), n° 1721.

(16) *CIL.*, IX, 4110. また、同 4109 (*TM.*, inscr. 152–153) 参照。
(17) 後述四七頁以下参照。
(18) Dessau, *Inscr. selectae*, 4191; *TM.*, inscr. 423.
(19) *TM.*, t. II, p. 523, mon. 295 および inscr. 160 d, e; p. 240, mon. 83; p. 238, mon. 79–81; p. 240. mon. 82.
(20) Jung, *Fasten der Provinz Dacien*, 1894, p. XIV. また、Cagnat, *L'armée romaine d'Afrique*, 1892, p. 193 参照。
(21) Mommsen, *Die Conscriptionsordnung der Römischen Kaiserzeit*, *Hermes*, XIX, 1884, p. 215 ss. = *Historische Schriften*, t. II, p. 98 ss.
(22) Pauly–Wissowa, *Realenc.*, s. v. 《Cohors》 および 《Ala》 (Cichorius).
(23) *CIL.*, III, 142174.
(24) モエシアとトラキアにおけるミトラ教の流布については、*TM.*, t. I, p. 248-9 のほかに、本書補遺中に引用された遺物を参照。また、ナイスス (ニシュ) の一碑文 (*CIL.*, III, 14562) 参照。
(25) Pauly–Wissowa, *Realenc.*, s. v. 《Classis》 col. 2647 (Fiebiger).
(26) Eutropius, VIII, 6.
(27) Jung, *Römer und Romanen in den Donauländern*, 2e éd., 1887, p. 112 ss.
(28) *TM.*, inscr. 232-308; mon. 136-212 の刊行以来、ダキアのトランシルヴァニアではさらに幾つかの興味深い発見が行なわれた。本書補遺および *CIL.*, III, 14466.
(29) *TM.*, inscr. 320 ss. および mon. 220 ss. において、パンノニアの遺物がまとめられている。さらに、

CIL., III, 15138, 15138^{1}（リッティウム）および 14359^{28}（ウィンドボナ）参照。

（30） ローマ軍が駐在していなかったこれらの都市については、後述六七頁参照。

（31） アクインクムの一奉納碑文（*CIL.*, III, 3479）はマルクス・アウレリウス帝時代にまでさかのぼる。ミトラ神殿のうちの一つは一九八年よりも前に建てられた（補遺）。他のものの年代については、*TM.*, t.I, p. 251, n.6 参照。

（32） Gündel, *De legione II Adiutrice*, Leipzig, 1895.

（33） Jünemann, *De legione I Adiutrice*, Leipzig, 1894.

（34） Ruggiero, *Dizionario epigraf.*, I, p. 514 ss.（Vaglieri）. Pfitzner, *Geschichte der Kaiserlegionen*, p. 259 ss.

（35） *CIL.*, III, 4413. また、*TM.*, t. I, p. 253, n. 2 参照。

（36） *TM.*, t. II, p. 327, mon. 225. また、t. I, p. 253, n. 3 参照。

（37） *TM.*, t. II, p. 500, mon. 228ter.

（38） *TM.*, t. II, p. 492, mon. 228bis. より大きなものは一九一二年にローマのカラカラ浴場で発見された祠だけである。

（39） *CIL.*, III, 4413（*TM.*, t. II, p. 491, n° 227 参照）= Dessau, *Inscr. selectae* 659. この祭壇は図19に出ている。

（40） *CIL.*, III, 4538 ss. *TM.*, mon. 229.

（41） *CIL.*, III, 4236. また、*TM.*, mon. 223 参照。

(42) *CIL.*, III, 4543. また、*TM.*, mon. 231 参照。

(43) *CIL.*, III, 14359[28].

(44) *CIL.*, VIII, 2675. また、*TM.*, t. I, p. 254, n. 5.

(45) *TM.*, mon. 238.

(46) *CIL.*, III, 4803.

(47) 第二章註18参照。

(48) ライン川沿岸とドナウ川沿岸のミトラ神殿の関係は、前者で発見された小浮彫群によって確認される。それらは確かにパンノニアやモエシアからもたらされたものである。*TM.*, t. I, p. 216, n. 13. また、本書補遺のミトラ美術論、およびDrexel（前掲）, p. 78 参照。

(49) ドレクセル氏（*Das Kastell Stockstadt*, 1910, p. 77 ss.）はライン川地方のミトラ教遺物とドナウ川地方のそれとが構図やモティーフにおいて示す明確な相違に基づいて、このような見解に反対し、「その道はガリア南部を経てゲルマニアに通じていた」（pp. 78, 80）と主張している。しかし、それは不可能であるように思われる。なぜなら、ガリアの南部ではミトラ教の拡大は兵士ではなく、商人のおかげであったからであり、ローヌ川流域の浮彫はライン川沿岸のそれとはいかなる類似点も示さない。ゲルマニアは疑いもなく一世紀末以来、ローマ市を仲介者とすることなく、一方では本書で述べるようにオリエント系の補助軍によって、他方では第八軍団アウグスタによって（*MT.*, t. I, p. 256, n. 2）、ペルシアの宗教を受け容れた。最初の信者共同体は必然的に典礼に従って祭儀を執行することのできるマズダー教神官たちを招き寄せた（後述一二一―一二二頁）し、彼らはオリエントから聖なる図像群をもたらした。それらは両河水源地帯やドナウ川沿岸でさまざまに解釈され、発展し、両地方で発見される二、三世紀の浮彫の構成要素を決定づけた。

(50) ミトラ教美術についての本書補遺参照。

(51) ミトラ教遺物はネッカー川の全流域にわたって、その水源からほど遠からぬロッテンブルク（スメロケンナ）からマンハイムにある同川の〔ライン川との〕合流点までにおいて、他方ではヴュルテンベルク州〔バーデン＝ヴュルテンベルク州〕のローマ帝国辺境防衛線の城砦（ミュルハルト、オスターブルケンなど）において発見されてきた。補遺参照。

(52) *TM.*, mon. 251, 254, 311.

(53) *TM.*, mon. 248-9. また、*Westdeutsche Zeitschrift*, XVI, 1897, Korrespdbl., p. 226 参照。

(54) *TM.*, mon. 247, 247bis, 250. また、本書補遺参照。

(55) *TM.*, t. I, p. 257, n° 3. また、本書補遺参照。

(56) *CIL.*, XII, 2587.

(57) *TM.*, mon. 273ter.

(58) *TM.*, mon. 258.

(59) *TM.*, mon. 273bis. また、疑問点のある mon. 321 ss. および *CIL.*, XIII, 3663 参照。

(60) *TM.*, mon. 274. また、274bis 参照。

(61) *TM.*, mon. 267. また、本書補遺参照。

(62) *TM.*, mon. 274.

（63） *CIL.*, VII, 99; *TM.*, mon. 268-9.

（64） *TM.*, mon. 272（ウィンドバラ）; mon. 273（ボルコウィキウム、補遺参照）; *CIL.*, VII, 831 = *TM.*, inscr. 489（アンボグランナ）; *CIL.*, VII, 889 = *TM.*, inscr. 485; 490（ペトリアナエ）; *TM.*, inscr. suppl. 458 a（ルグヴァリウム）など。

（65） 前述五三頁以下参照。

（66） アフリカのミトラ教遺物のほとんどすべては中央部で発見されている。そこではヌミディアやとりわけランバエシス、さらにはタムガディ、マスクラ、ディアナなどにローマ軍が駐屯していた（補遺参照）。マウレタニアでは、一浮彫がティムジウイン村で発見された（*TM.*, mon. 282）。この国境線地帯の外では、二つの中心地、キルタ（コンスタンティーヌ）とセティフ、そしてルシカデ（フィリップヴィル）やイコシウム（アルジェ）のような港町などでミトラ教の痕跡が確認されている。これらについては、本書六三頁に後述されている。

（67） メリダのミトラ神殿については、本書補遺および *CIL.*, II, 464 参照。タラゴナの奉納碑文については、*CIL.*, II, 4086.

（68） *CIL.*, II, Suppl. 5635, 5728.

（69） *CIL.*, XIII, 1771-72; *TM.*, mon. 276.

（70） 図7参照。

（71） *CIL.*, XIII, 542.

（72） ユダヤ人のディアスポラにも比すべきこのシリア人のディアスポラについては、Mommsen, *Röm.*

Gesch., t. V², p. 467 ss. および Friedländer, *Sittengeschichte Roms*, t. II⁸, p. 80 sq. 参照。コンスタンティヌス帝以後の時代については、Scheffer-Boichorst, Zur Gesch. der Syrer im Abendlande, *Mitt. des Instituts für österreichische Geschichtsforschung*, VI, 1883; Bréhier, Les colonies d'Orientaux en Occident, *Byzant. Zeitschrift*, XII, 1903, p. 1 ss; Wolfram, *Lothr. Jahrbuch für Altertumskunde*, XVII, 1905, p. 318 ss. *TM.*, t. I, p. 262 ss. には幾つかの史料が収められている。その数は最近になって増大しつつある。

(73) 拙著 *Religions orientales*, 2ᵉ éd., p. 463 ss. 参照。

(74) Nöldeke, *Hermes*, 1871, p. 443 sqq. 参照。

(75) Athenaeus, I, 36, p. 20b. また、*TM.*, t. I, p. 264, n. 2 参照。

(76) Josephus, *B. Iud.*, VI, 9, 3. また、Wallon, *Hist. de l'esclavage*, t. II, 1847, p. 37 sq. 参照。

(77) 拙著 *Religions orientales*, 2ᵉ éd., p. 156 ss. 参照。

(78) 前述三九—四〇頁参照。

(79) *CIL.*, X, 159（ミトラ教のものかどうか不明）; Kaibel, *Inscr. Sic. et Ital.*, 891; *TM.*, mon. 91, 95.

(80) Kaibel, *Inscr. Sic. et Ital.*, 830; *Inscr, res Rom. perti.*, I, 421.

(81) *TM.*, mon. 83. また、mon. 79, 85 参照。

(82) *TM.*, mon. 295. また、*TM.*, Suppl. p. 523 参照。

(83) *TM.*, mon. 87.

(84) *TM.*, mon. 99, 100.

(85) *TM.*, mon. 116-7; *CIL.*, V, 763 ss. = *TM.*, inscr. 165, 177, 205, 207.
(86) *TM.*, t. I, p. 266, n. 4 に史料が集めてある。
(87) *TM.*, mon. 119-121.
(88) テルトゥリアヌスが二世紀末にミトラの密儀を知ったのは、おそらくカルタゴにおいてである（第二章註135参照）。オエア（トリポリ）については、本書補遺を参照。ルシカデについては、*TM.*, mon. 284. イコシウムについては、*CIL.*, VIII, 9256. カイサレイアについては、*CIL.*, VIII, 9322-3.
(89) *CIL.*, II, 515, 519.
(90) *TM.*, t. I, p. 365, n° 281 bis.
(91) *CIL.*, XII, 4118 et 503; *TM.*, mon. 325; Espérandieu, *Bas-reliefs de la Gaule*, I, 1907, n° 94.
(92) *TM.*, mon. 281; Espérandieu, *op. cit.*, t. I, n° 142. また、*CIL.*, XII, 504（グラヌム）.
(93) *TM.*, mon. 279; Espérandieu, t. I, n° 422.
(94) ヴェゾン（ヴァシオ）の碑文は *CIL.*, XII, 1324.
(95) *TM.*, mon. 277-8; Espérandieu, t. I, n° 340.
(96) *TM.*, mon. 275.
(97) *CIL.*, XII, 2587.
(98) *Bull. soc. antiqu. France*, 1896, p. 123.
(99) アントランのミトラ神殿については補遺参照、また *CIL.*, XIII, 1906. サントーバンとアレシアのミトラ神殿については、補遺参照。

(100) ラバティ（モンス・セレウクス）については、*TM.*, mon. 280; Espérandieu, *op.cit.*, n° 325. リュセについては、*CIL.*, XII, 2441. ヴュ（ウェネトニマグス）については、*CIL.*, XIII, 2906; *TM.*, mon. 397.

(101) *CIL.*, IX, 4109–10.

(102) Kaibel, *Inscr. Sic. et Ital.*, 688; cf. *CIL.*, IX, 425.

(103) *CIL.*, X, 204.

(104) *CIL.*, IX, 3608.

(105) インテラムナについて、*TM.*, mon. 86. センティヌムについて、*TM.*, mon. 98; *CIL.*, XI, 5736-7. スポレティウムについて、*TM.*, mon.97; *CIL.*, XI, 4774.

(106) ストリウムについて、*CIL.*, XI, 5735; *TM.*, mon, 158. ウォルシニイについて、*TM.*, mon. 104. アレティウムについて、*CIL.*, XI, 1821. フロレンティアについて、*TM.*, mon. 101-103（しかし、その出所は不確かである）。

(107) ボノニアについて、*TM.*, mon. 106-7. ムティナについて、*TM.*, mon.108. レギウム・レピディについては補遺参照。

(108) メディオラヌムについて、*CIL.*, V, 5659, 5795-6, 5893, cf. 5465, 5477; *TM.*, mon. 109-110.

(109) *CIL.*, V, 7362, 7474, 8997.

(110) *CIL.*, V, 5204, 4935, cf.4948.

(111) トレントについて、*CIL.*, V, 5019, 5020. サン・ゼーノについて、*TM.*, mon. 114. トゥエンノについて、*TM.*, mon. 114; cf. Luigi Campi, *Il culto di Mitra nella Naunia* (Archivio Trentino, XXIV), 1909. アイ

ザック川流域について、*CIL.*, V, 5082. マウルスについて、*TM.*, mon. 239.

(112) *CIL.*, III, 4736, cf. 4771.

(113) *TM.*, mon. 235-7.

(114) 前述六〇―六一頁参照。

(115) これら諸都市の碑文は、*TM.*, inscr. 239bis, 349 ss., 385 ss., 410 にまとめられている。Cf. *TM.*, mon. 220, 221, 232, 236bis, 304. ポエトヴィオ（ペッタウ）の二つの新発見のミトラ神殿については、補遺参照。

(116) *TM.*, t. I, p. 271, n. 1 にまとめられた資料のほかに、*CIL.*, III, 15184^4 sqq. 参照。

(117) *CIL.*, III, 12135.

(118) ダルマティア内陸部の遺物の数はここ一〇年間で増加した。*CIL.*, III, 15085, 15087（アルピウム）および本書補遺参照。しかし、全体としてはパッチュ氏の意見に従うべきであろう（*Archäol.-epigr. Unters. zur Geschichte der Provinz Dalmatien*, 1896, p. 11）「当地方でミトラに捧げられた碑文の数はイリュリクムの他の部分と比較して……ものの数ではない。同様に、ダルマティアでは他のオリエント神もまったく散発的にしか現われない。それとは対照的に、土着の信仰に対するより長期にわたる、より強い固執が看取される。私の信ずるところでは、このような現象を軍事的状況と関係づけて大過ないであろう。つまり、ダルマティアはウェスパシアヌス帝以来いかなる強力な軍団駐屯も受けず、現地徴兵の補助部隊が何百年もその土地にとどまっていた」。

(119) *CIL.*, III, 1437, 7729, Suppl. 7938, 11152, VIII, 2228, cf. 19088.

(120) 前述五八頁参照。

(121) Tacitus, *Hist.*, III, 24; cf. Herodianus, IV, 15.

(122) Lampridius, *Alex. Sev.*, c. 61; cf. Capitolinus, *Vita Maximin.*, c. 11.

(123) 拙著 *Religions orientales*, 2e éd., p. 154 ss. 参照。

(124) Catullus, *De Agric.*, V, 4. また、Pauly-Wissowa,《Astrologia》(Riess) col. 1816 参照。

(125) Juvenalis, VI, 550.

(126) この地域、とりわけプリュギアにおけるキリスト教の急速な発展は、ペルシアの密儀の発展にとって障害となった。後述第六章参照。

(127) ローマ市のミトラ教碑文の大部分は個人か皇帝の奴隷あるいは解放奴隷を奉納者として持つ。首都における東方出身のこうした奴隷については、Friedländer, *Sittengeschichte*, I^{8}, p. 398, III^{8}, p. 142 ss. 参照。

(128) 同前、I^{8}, p. 28 sq. および p. 397 sq.

(129) オスロエネのアブガルについては、*CIL.*, VI, 1797. アルメニアのアルタバゾスについては、同前、1798. ティリダテス王はネロを入信させた（Plinius, *H. N.*, XXX, 1, §6）。

(130) *TM.*, t. I, p. 353 s. に、ローマのさまざまな地域で判明しているミトラ神殿の一覧表が掲げられている。また、本書補遺参照。

(131) *TM.*, mon. 6.

(132) 最も古い遺物はフラウィウス朝時代（六九―九六年）にまでさかのぼる（*TM.*, mon.n° 66. また、前述四一頁参照）。*CIL.*, VI, 30818 の碑文の年代は一〇二年である。二世紀になると資料が増加する。年代の判明している碑文の一覧表は、*TM.*, II. p. 540 s. 参照。

(133) Lucianus, *Menipp.*, c. 6 ss. また、*Deor., concil*, c. 9; *Iup. Trag.*, c. 8, 13; *TM.*, t. II, p. 22 参照。

(134) Origenes, *Contr. Cels.*, I, 9（*TM.*, t. II, p. 30）.

(135) Justinus Mart., *Apol.*, I, 66; *Dial. cum Tryph.*, 70, 78. やや遅れて、Tertullianus, *De bapt.*, 5; *De corona*, 15; *Adv. Marc.*, I, 13; *De praescr. haeret.*, 40.

(136) Porphyrius, *De Antr. Nymph.*, c. 5; *De Abst.*, II, 56; IV, 16（*TM.*, t. II, p. 39 ss. および t. I, p. 26 ss. 参照）。ここに出るエウブロスはPorphyrius, *Vit. Plot.*, 15, 20 によって言及されているプラトン学派の哲学者である公算が大である。彼は占星術にかぶれていたが、後にはその教説を論駁しようと試みた。

(137) センティヌムのミトラ教集団の名簿（*CIL.*, XI, 5737; *TM.*, inscr. 167）には、自由民の名前の間に、神殿の信者たちの庇護者として一人の奴隷と二人の解放奴隷官吏の名前が挙げられている。スティクス・ノイジードルのミトラ神殿では、六人神祇官の奉納と並んで奴隷たちの奉納も見出された（*CIL.*, III, 4538 ss., *TM.*, inscr. 379 ss.）。

(138) 前述四三頁参照。

(139) Lampridius, *Vita Commod.*, c. 9（*TM.*, t. II, p. 21）

(140) 後述第三章七九頁参照。

第三章

(1) Marquardt, *Staatsverwaltung*, III^{2}, p. 93; Bouché-Leclercq, *L'astrologie grecque*, p. 560 sq.

(2) 拙著 *Religions orientales*, 2e éd., pp. 84, 126 など。

（3） Plinius, *H. N.*, XXX, 1 §6; Dio Cassius., LXIII, 5（p. 70 Boissevain）.

（4） Waltzing, *Corporations professionelles chez les Romains*, I, p. 141 ss., また p. 44 参照。ミトラ教の〈結社《ソダリキア》〉が葬祭用のものであったかどうかについては、第五章（一三六―一三七頁）で再論する。

（5） 太母崇拝とミトラ崇拝の関係については、後述第六章一六〇頁以下参照。

（6） ミトラへの奉納は常に個人によってであり、地方自治体の名の下には行なわれない。ミトラ神殿は「個人単独で」（in solo privato）建立される。一例のみであるが、ミラノ（*CIL.*, V, 5796）では、「十人委員会の命令により設けられた場所」（loco dato decreto decurionum）が見出されるが、別の碑文（同上、5795）では逆に、「彼は自分自身の出費によってミラノ市から得られた用地に再建した」（comparata area a republica Mediolanensi pecunia sua restituit）と記されている。

（7） 前述七五頁参照。

（8） *CIL.*, VI, 2271「皇帝陛下の宮殿の敗れざるミトラの祭司」（Sacerdos invicti Mithrae domus Augustanae）。カラカラ帝はミトラ教徒たちに、彼がローマで建設させた浴場の地下室を提供したらしい（本書補遺参照）が、これはコンモドゥス帝がオスティアの浴場でしたことに倣ったのであろう（*CIL.*, XIV, 66＝*TM.*, inscr. 139）。また、*TM.*, t. II, p. 242（mon 83）参照。

（9） 後述第六章一六四―一六五頁参照。

（10） 前述五一―五二頁参照。

（11） 後述第六章末尾参照。

（12） ミトラ教のペルシア起源についてはフィルミクス・マテルヌス（*De err. prof. relig.*, c. 4, また、

Origenes, *Contra Cels.*, IV, 22（Koetschau, p. 93, 1.2 ss.）参照。マニ教も同じような主張の対象となっていた。ディオクレティアヌス帝の有名な勅令、「ローマ人の慣習と法の集成」15, 3 §4:「我が国民に進攻する敵国のペルシア軍について」（De Persica adversaria nobis gente progressa）参照。

（13）Mommsen, *Staatsrecht*, II^2, p. 749 ss.

（14）パプラゴニア人のアウグストゥス帝に対する誓約に付けた私の註釈（*Recueil des inscriptions du Pont*, p. 82 sq.）参照。

（15）拙著 *Religions orientales*, 2e éd., p. 6 sq. 参照。

（16）Moret, *Le caractère religieux de la royauté pharaonique*, 1902（cf. Maspero, *Rev. critique*, 1903, p. 101）.

（17）Lombroso, *L'Egitto dei Greci e dei Romani*, 1895, p. 7 ss.

（18）拙著 *Religions orientales*, p. 126 s.

（19）Mommsen, *Staatsrecht*, II^3, p. 759; Jullian, *Revue de philologie*, 1893, p. 131 s. ドミティアヌス帝は自ら「主にして神」と名乗ったが、国事に関してではなかった（Gsell, *Règne de Domitien*, 1893, p. 52）。この称号については、後述九〇頁参照。

（20）Beurlier, *Le culte impérial*, 1891, p. 37 ss.

（21）Ammianus Marcellinus, XV, 1, 3.

（22）フラワシ。フラワシ崇拝については、Darmesteter, *Le Zend Avesta*, II, p. 500 sq. 参照。ギリシア人はこの語をダイモン（*δαίμων*＝霊）と訳した。〈王のダイモン（*δαίμων τοῦ βασιλέως*）〉という表現は、

Plutarchus, *Artax.*, 75; Athenaeus, VI, 60, p. 252 B に見られる。

(23) Spiegel, *Eran. Altertumskunde*, II, p. 42 ss. Darmesteter, *Zend Avesta*, I, p. 7; II, p. 644 s. など。

(24) Herzog-Hauck, *Realenc. f. prof. Theologie*[3], s. v.《Gad》(Baudissin); Pauly-Wissowa, *Realencycl.*, s. v.《Gad》.

(25) Strabon, XII, 557 C; Dio Cassius, LXIII, 5（p. 70 Boissevain）など。

(26) CIG., 3137, 1, 61（=Michel, *Recueil*, 19=Dittenberger, *Or, inscr.*, 229）勝利をもたらす守護女神については、Babelon, *Rois de Syrie, d'Arménie*, 1890, p. 248, s.v.《Fortune》. パルティアの貨幣は、アルサケス朝の王たちがテュケ（守護女神）の手で王冠を授けられているところを示す。Wroth, *Gr. coins Br. Mus., Parthia*, p. 263.

(27) Humann und Puchstein, *Reise in Nord Syrien*, p. 338 s.

(28) Herodianus, III, 64, 65; Plutarch., *Vit. Alex.*, 30.

(29) 拙著 *Théologie solaire*, Paris, 1909, p. 6 [452] ss.

(30) Wissowa, *Religion der Römer*, 1902, p. 210.

(31) Plutarch., *De fort. Roman.*, 4, p. 317 F.

(32) Roscher, *Lexikon*, I, col. 1524 ss.（Drexler）.

(33) Dio Cassius, XLIV, 6, 1; Origenes, *Contra Cels.*, VIII, 65（p. 281; Koetschau）など。

(34) Capitolinus, *Antoninus Pius*, 12; *Marcus Anton.*, 7; Spartianus, *Sever.*, 23; cf. Ammianus Marcellin., XXV, 2, 4; XXX, 5, 8.

(35) Dio Cassius, LXXII, 15, 5; Lampridius, *V. Commodi*, 10; Dessau, *Inscr. sel.*, 400.

(36) ネムルット・ダーの碑文の中で、コマゲネのアンティオコス王はすでに、己れの信仰心がその治世の安寧の源泉であることを認めている（Michel, *Recueil*, 735, 1, 11–13）。

(37) Firmicus Mat., *Mathes.*, IV, 17, 10; Lampridius, *Vita Heliogab.*, 34; Mamertinus, *Paneg. Max.*, 10–11 など。

(38) *TM.*, t. I, p. 6 ss; Usener, *Sol Invictus*（Rhein. Mus., LX）, 1905, p. 466 s. = *Weinachtfest*, 2e éd., 1911, p. 351 ss.

(39) Usener 前掲書。

(40) 前述七九頁参照。

(41) Cumont, *L'éternité des empereurs*（*Revue d'Hist. et de litt. relig.* t. I）1896, p. 435 ss.

(42) 同書 p. 441 ss.

(43) Stephani, *Nimbus und Strahlenkranz*（Mém. Acad. St-Pétersbourg）, 1859, p. 114 [474] ss.; Beurlier, *Culte impérial*. p. 48 ss.

(44) Cf. Herodianus, I, 7, 5; Mamertinus, *Paneg. Maxim.*, c. 3「このようにして光が神の頭部を輝く輪で覆う（Illa lux divinum verticem claro orbe complectens）」など。

(45) Ammianus Marcellinus, XXIII, 6, 2.

(46) Dittenberger, *Sylloge*^{2}, n° 365, 1, 4; Trebellius Pollio, *Gallienus*, 18; cf. Maas, *Analecta sacra*, 1901, p. 11; Th. Preger, *Konstantinos Helios*（Hermes, XXXVI, 1902）, p. 457.

(47) Dio Cassius, LXIII, 5.

(48) Plutarch., *Ad princ. erud.*, 3, p. 780 F; Themistius, p. 178, éd. Dindorf; Origenes *Contra Cels.*, V, 63 など。

(49) 後述第四章一一五頁以下参照。

(50) 前述八四—八五頁以下。Vettius Val., p. 1, l. 6 éd. Kroll; Julianus, *Or.* IV, p. 145 c.; *Epist* 76 etc. また、王の魂について、*Hermes Trismegistus* を参照（Stobaeus, *Ecl.*, I, 49, p. 407 および p. 466, Wachsm.）。

(51) この称号はまずアウレリアヌス帝の貨幣に現われるが、公式のものとなる前に同表現は慣用化していたに違いない。*TM.*, t. I, p. 295, n. 5 参照。

(52) 作者不詳のマクシミヌス、コンスタンティヌス両帝の称讃演説、14（p. 159, 19, Baehrens）。コンスタンティウス・クロルスの昇天は大英博物館蔵の象牙製二連板の上に描かれている。拙稿 *Aigle funéraire des Syriens et l'apothéose*（*Revue hist. des religions* XLII), 1910, p. 159 ss. および Deubner, *Mitt. Inst. Rom.*, XXVII, 1912, p. 8 s. 参照。ミトラの昇天については、後述第四章一〇二頁参照。

第四章

(1) 本章は大部分がミトラ教遺物の考古学的解釈に依存している。ここでは遺物が主要な情報源である。それゆえ、私の前著（*TM.*）で遺物のさまざまな図像について行なった詳細な研究を参照してもらうほかないことが多々ある。図像の意味は一般的には正確に定められたと思うが、幾つかの説明は、にもかかわらず多かれ少なかれ仮説にとどまっている。とりわけミトラ神一代記の一連の出来事はそうである。後述一〇八—一〇九頁参照。

(2) にもかかわらず、後述一五七—一五八頁以下参照。

(3) 前述二九頁参照。

(4) Damascius, *De principiis*, §125 bis (p. 322 Ruelle) のエウデモス。このズルヴァーン主義的体系については、*TM.*, t. I, p. 18 ss. 参照。最近になって、アイスラー氏 (*Weltenmantel und Himmelszelt*, München, 1910) はこの神学が前六世紀以後オルペウスの密儀とイオニア哲学に影響を及ぼしたことを証明しようとしたが、それはバビロニアでさえもペルシア時代以前には発展しなかったように思われる。

(5) *TM.*, t. I, p. 76 ss.

(6) 後述一九六頁(ミトラ教美術についての補遺)参照。

(7) 図11 (*TM.*, t. II, mon. 101, fig. 96) 参照。これと本書図26に掲載されているシドン出土の彫像を比較すること。モーデナ博物館蔵のイタリア出土の重要な浮彫は獣帯記号によって取り巻かれたミトラ教のクロノスを表わしているが、私はそれを *Revue archéol.*, 1902, p. 1 ss. および pl.I (本書図12) で公けにした。この作品はアイスラー氏(前掲書、p. 400 ss.)によっても採用された。氏はこれがオルペウス教の神パネスを表わし、後になって一ミトラ神殿に安置されたということを証明しようとした。このような推測は私には認め難いが、幾つかのオルペウス教教義がミトラ教の密儀に入り込み、このきわめて特殊な浮彫作品の構図に影響を及ぼしたということはありえなくもない。

(8) これらの点については、*TM.*, t. I, p. 78 ss.

(9) Photius, *Bibl.*, 81 (I, p. 63, Bekker); cf. *TM.*, t. I, p. 86 s. (モプスエスティアのテオドロス)。

(10) *TM.*, t. I, p. 155 ss. 海神は鬚を生やし、岩の上に横坐りした姿で表わされている。図13参照。

(11) *TM.*, t. I, p. 137 s. および p. 142.

(12) 特に、オスターブルケンの例（*TM.*, mon. 249e, 4^{II}）とノイエンハイムの例（*TM.*, mon. 245d, 3^{0}）。

(13) *TM.*, t. I, p. 151 ss.

(14) これらすべての神々についての詳細は、*TM.*, I, p. 142 s.

(15) 特に、オスターブルケン（*TM.*, mon. 246c）とサールブール（*TM.*, mon. 273ter 1^{0}）の浮彫。

(16) ズルヴァーン主義的な全体系の中で、時間神はオルマズドとアフリマンを生む。モプスエスティアのテオドロス（前出）および Eznik, *Wider die Sekten*, übers. Schmid, 1900, p. 90 s. 参照。

(17) *TM.*, t. I, p. 140 s.

(18) *TM.*, t. I, p. 157 s. このミトラ教の巨人退治は、例えば、オスターブルケンの浮彫（*TM.*, mon. 246e, 5^{0}）とウィルヌムの浮彫（*TM.*, mon. 235b, 1^{0}, 本書図13）に表わされている。

(19) 私はペルシアの二元論の表現であるこのデモノロジーの性格を強調してきた（*Religions orientales*, 2e éd., p. 224 ss.）。〈反神〉（アンティテオイ）については、同書、p. 386, n. 36 を参照。〈神的な天使たち〉（ディイス・アンゲリス）に対する奉納品は最近ウィミナキウムで発見された（*Jahresh. Instit. Wien*, 1905, *Beiblatt*, p. 6）が、これはたぶんミトラ教のものであろう。なぜなら、〈神的な天使たち〉はマゴス神官たちの神学で重要な地位を占めていたことが知られるからである（拙著 *Religions orientales*, p. 388, n. 38）。

(20) *TM.*, t. I, p. 141 ss.

（21） とりわけサールブールの浮彫（*TM.*, mon. 273ter e, 3^0）に表わされている。*TM.*, t. I, pp. 80, 146 参照。

（22） Strabo, XV, 3, §15, p. 733 C; cf. *TM.*, t. I, p. 103 ss. 参照。ツィーグラー氏（*Archiv für Religion swiss.*, XIII, 1910, p. 247 ss.）はフィルミクス・マテルヌスの改竄された一文（*De err. prof. rel.*, c. 5）を再構成することによって、この著作家によれば、ミトラと同化された男性的火と並んで、ミトラ教徒たちは火の女性的力を抱懐していたということを示した。その力はおそらくヘカテと呼ばれ、三柱の女神、アテナ、アルテミス、アプロディテとから成っていた。これらの女神は魂の三部分、頭に位置する理性（メンス）、心臓の中にある怒り（イラ）、肝臓の中の欲望（リビド）と結びつけられた。これはプラトンの古くからある区分、ヌース、テュモス、エピテュミアが移植されたものであり、ツィーグラー氏はこの錯綜した体系と新プラトン学派の思索やカルデア人の神託のいう活力源の三神一座（トリアス・ゾオゴノス）との関係を証明した。この教義がほんとうに密儀のものであり、フィルミクスがミトラ教信仰の新プラトン主義的註釈家（イアンブリコスのような）から借用しただけのものでないならば、晩期のギリシア哲学の神学あるいは神智学が及ぼした四世紀のペルシア宗教への影響の注目すべき証拠がここにあることになる。

（23） 海神オケアノスはヘッデルンハイムの石板（*TM.*, mon. 253 j, 4^0）やその他の箇所（*TM.*, t. I, 98 s.）に表わされている。例えば、ネプトゥヌスはサールブールの浮彫に出る（*TM.*, mon. suppl. 273ter, c, 7^0; cf. *TM.*, t. I, p. 142 s.）。水の崇拝については、同書、p. 105 ss.

（24） これは多くの発見例が示すところである（*TM.*, t. I, p. 55, n. 3）。

（25） *CIL.*, III, 10463; 15184^{24}; cf. 13276; 2328^{172}.

(26) *TM.*, t. I, pp. 106, 166.

(27) *TM.*, t. I, p. 102 ss., p. 137 s.

(28) 風神の胸像はしばしば、とりわけドイツでは浮彫の四隅を占めている（Heddernheim, *TM.*, mon. 251 d, 1°, 253 j）。前掲図5、図12参照。

(29) 風神崇拝については、*TM.*, t. I, pp. 91-97.

(30) クラテル〔攪拌用鉢形土器〕の象徴的意義はポルピュリオス（*De antro Nymph.*, 18）によって、獅子のそれはテルトゥリアヌス（*Adv. Marcion.*, I, 13; cf. Porphyrius, *De antro Nymph.*, 15）によってはっきりする。ディーテリヒ（*Kleine Schriften*, 1911, p. 260）はパピルスに書かれた一讃歌を発見した（*Abraxas*, pp. 51, 97）が、その冒頭は次のように復元されるべきである。「龍よ喜べ、獅子よ強くあれ、火の根元力よ、また白い水よ喜べ」。蛇とクラテルについては、F. Drexel, *Das Kastell Faimingen*, 1911, p. 94を参照。

(31) クラテル、獅子、蛇という画題群がドイツの遺物の特徴である（本書図5）。ドナウ川流域地方では、獅子とクラテルの群だけが見られる（図19）。そして、動物は上下さかさまに描かれているが、それは火が他のものとは逆に下から上へと上昇する性質を持つということを想起させるためである。最近オルデンブルクの近くで発見された浮彫付きの墓石の構図はオリエント的終末論の観念によって影響を受けているが、そこには上・中・下三欄があり、上から風神の胸像、水を表わす海神トリトンと海豚、火を表わす獅子たちを示している。*Jahresh. Instit. Wien*, XII, 1909, *Beiblatt*, p. 194 参照。四大元素のグループと崇拝については、*TM.*, t. I, p. 100 ss. および拙著 *Religions orientales*, 2e éd., p. 305; p. 410, n. 14

参照。

(32) Dio Chrysost, *Or*, XXXVI, §39 ss.（*TM.*, t. II, p. 60 ss.）.

(33) *TM.*, t. I, p. 126, n. 1; p. 128.

(34) *CIL.*, VI, 556, cf. 734 = 30822（Orienti）. また、Philostratus, *V. Apollon.*, V, 25 および Roscher, *Lexikon*, s. v.《Oriens》参照。

(35) 月神ルナはしばしばこの組合わせと共に表わされる。例えば、オスターブルケンの浮彫がそれである（*TM.*, mon. 246）。こういうタイプが拡がるのは二世紀になってから占星術的・天体崇拝的観念の影響下においてである。*TM.*, t. I, p. 126 s. 参照。さらに、Heliodorus, *Aeth.*, X, 6; Olympiodorus, *Schol. in Gorg. Platonis*, éd. Jahn., p. 533（190 P）および Roscher, *Lexikon*, s. v.《Planeten》col. 2534, n. 1（Boll）参照。

(36) 前述二四—二五頁参照。

(37) *TM.*, t. I, pp. 73, 198 ss.

(38) 同前、t. I, pp. 117, 120; cf. Roscher, *Lexikon*, s. v.《Planeten》, col. 2831 ss. 惑星に捧げられた崇拝については、後述第五章一三二—一三三頁参照。

(39) 後述一一六頁以下参照。

(40) 諸シンボル（各七つの祭壇、短剣、プリュギア帽、木）については、*TM.*, mon. 13, 95, 135, 193 a; cf. t. I, p. 115 s. 例えば、ブローニュの浮彫には七惑星神胸像が見られる（同前、mon. 106）。オスティアの一ミトラ神殿のモザイク画（同前、mon. 84）やスポレートのフレスコ画（同前、mon. 97）では立ち姿の同じ神々が描かれている。

(41) 前述二五頁参照。

(42) ゲルマニアでは、獣帯は一般に牛を殺すミトラの上方に配置され、穹窿が恒星界のシンボルとして考えられた岩窟のアーチ形の縁に沿っている。図5（*TM.*, mon. 246b, 247b, 248e, 251d, cf. 253b, note および97, 5^{0}）参照。他の例では、獣帯は牛を殺す場面を完全に取り巻いている。本書図7および図15（*TM.*, mon. 220, 267a）参照。イギリス出土の一遺物（同前、273d）では例外的に、獣帯は石から生まれるミトラの周囲の楕円形の欄を成している。また、ローマ出土の一浮彫では獅子頭のクロノスの周りに見られる。時として、一二のシンボルはその全体または一部が同じようなクロノスの体で蛇のうねうねした動きの間に彫りつけられている。*TM.*, t. I, p. 109 ss. 参照。

(43) これらの神々を描く遺物は比較的稀である。最も注目すべきものはカルヌントゥム出土の祭壇であり、そこでは一年の四部分が高浮彫による人物立像で表わされている（同前、mon. 228bis c = 本書図14）。四季はシドンの浮彫（本書図15）では、さまざまな持物を帯びて、小児の四つの頭部や若者の四つの胸像によって表わされている。ヘッデルンハイムの浮彫でも同様である（本書図5）。それらの持物はオスティアの場合、獅子頭のクロノスの翼を飾っている（*TM.*, mon. 80）。同前、t. I, p. 91 ss. 参照。

(44) 時間の下位区分の崇拝については、拙著 *Religions orientales*, 2e éd., pp. 260, 397, n. 35; 同 *Astrology and Religion*, 1912, p. 107 ss. 参照。

(45) *TM.*, t. I, p. 201.

(46) ディオスクロイはヴィエンヌ出土の浮彫では獅子頭のクロノスの両側に（*TM.*, mon. 277, fig. 320）、オーバーフロルシュタットの断片では単独で（同前、mon. 250h, fig. 247）現われる。彼らの占星術的意義については、Philo, *De decem orac.*, 12（II, 189 M）; Julianus, *Or.* IV, p. 147 A; Lydus, *De mensibus,* IV, 17 (p. 78, Wünsch); cf. *TM.*, t. I, p. 85.

（47） アトラスはオスターブルケンの浮彫板の一つに天球を持つ姿で表わされている（*TM.*, mon. 246e, 2^{0}）。ノイエンハイムの浮彫では円盤を持ち、オリエント風の着衣をまとっている（同前、mon. 245d, 1^{0}）。カルヌントゥムの祭壇上では高浮彫で現われる（同前、mon. 228bis c = 本書図14）。同前、t. I, p. 90 参照。古代アッシリアにまでさかのぼるこの人物の起源については、拙著 *Recherches sur le manichéisme,* 1908, p. 69 ss. 参照。

（48） ミラノでは、「占星術の研究に励む、不敗の太陽神ミトラの神官（sacerdos d(ei) S(olis) I(nvicti) M(ithrae) studiosus astrologiae）」という墓碑銘が発見された（*CIL.*, V, 5796）。

（49） 拙著 *Religions orientales*, 2e éd., pp. 243, 251 ss.

（50） *TM.*, t. I, p. 301, n. 4. 二元論的デモノロジーの帰結たるペルシア系の呪術については、拙著 *Religions orientales*, 2e éd., p. 279 ss.

（51） 同前、p. 267 ss. 参照。惑星崇拝については、本書第五章一三二―一三三頁参照。

（52） Moses Khoren., I, 31; Agathangelos, p. 71, l. 47, de Lagarde; Eusebius, *Chron.*, éd. Schöne, p. 54（Castor）また、*TM.*, t. I, pp. 143, 157 参照。モーセス（前出）によれば、「彼らは詩歌のかたちで、ヴァハグンは龍と闘い、勝った、と物語った。彼らは彼についてヘラクレスの英雄的行為に非常に似た歌を歌った」（cf. Gelzer, *Zur armenischen Götterlehre*, p. 108）。最近シュトックシュタットで発見された一浮

彫は、ミトラ教のヘラクレスのこれらの立派な功業の一つを見せてくれる。すなわちケルベロス犬の馴化である（Drexel, *Kastell Stockstadt*, p. 87, n. 18; pl. XIII, fig. 9）。同じ場面がゲルマニアの浮彫付き墓碑に見られるので、ウルスラグナ・ヘラクレスの伝説とマズダー教の伝統とが結びついていたように思われる。後者によれば、霊魂が通過しなければならないチンワト橋は犬たちによって護られている（*Vendidad*, Farg. 13, 9; cf. 19, 30）。

(53) マンハイム出土の浮彫（*TM.*, mon. 244; cf. *TM.*, t. I, p. 143）。

(54) 前述一八頁以下、および二三頁参照。

(55) Plutarchus, *De Iside et Osiride*, c. 46.

(56) 前述二三―二四頁参照。

(57) 前述二五頁参照。

(58) 拙著 *Théologie solaire*, p. 6 [452] ss.

(59) トゥルファンの新しいマニ教断片はなおもその称号でミトラに呼びかける。「ミトラスは偉大なる……神の使者、選ばれた者たちの宗教の仲介者」（F. W. K. Müller, *Handschriftenreste aus Turfân*, II, Berlin, 1904, p. 77）。

(60) *TM.*, t. I, p. 303 および拙著 *Théologie solaire*, p. 21 [467] 参照。

(61) 碑文は彼を効験ある、あるいは最も効験ある神と呼んでいる（*CIL.*, XIV, 3567; VII, 481）。*CIG.*, 2635, 5 にも、最も効験ある神ヘリオスが出る。

(62) 碑文は松明を掲げる精霊をカウテスと呼び、松明を下に向けて携える精霊をカウトパテスと呼ぶ

(*CIL*., III, 10461-2, 14354[31-32]; Drexel, *Kastell Stockstadt*, p. 83)。しかし、これらの語の語源や意味は不明である。*TM*., t. I, p. 207 ss. 参照。

(63) Dionysius Areop., *Epist.* 7:「三重のミトラの……(*τοῦ τριπλασίου Μίθρου*…)」。

(64) 幾つかの彫像では、カウテスが牛の尾を、カウトパテスが蠍を握っている(*TM*., mon. 140, 191 など。また、t. I, p. 210 参照)。

(65) Porphyrius, *De antro Nymph*., 24; Lactantius Placidus, *In Thebaid*. I, 717 ss. また、*TM*., t. I, p. 200 ss. 参照。

(66) ここで図像付き遺物に従って行なおうとする復元の試みは、そのあらゆる部分で等しく確かであるとは言えない。復原の試みが依存している、多かれ少なかれしっかりした論拠は、*TM*., t. I, p. 159 ss. において詳述されている。

(67) Firmicus Matern., *De err. prof. rel*., c. 20; cf. Justinus Martyr., *Dial. cum Tryph*., 70; Commodianus, I, 13「岩から生まれた不敗なる者」(Invictus de petra natus); Lydus, *De mensib*., IV, 30「岩から生まれたミトラ」(*τόν πετρογενῆ Μίθραν*). ペッタウで最近発見された遺物(*CIL*., III, 14354[29])には、岩から姿を現わすミトラの像の下に、確かに「神の生誕に」と訳されるべきナトゥラエ・デイ(Naturae dei. ゲニトゥラ、フェトゥラを参照)という奉納碑文が記されている。この神話の解釈を提案したのはマイオニカ(*Mithras Felsengeburt*, Arch.-epigr. Mitt. Oesterr., II, 1878; cf. *TM*., t. I, p. 160)である。しかし、この伝説はようやく小アジアで生まれたのであり、原始的な岩石崇拝に由来するのかもしれない。岩から生まれる神または英雄についての物語は、アグディスティス崇拝の中で見られ、カフカス地方の伝承の中に残存している。A. von Löwis, *Archiv für Religionswiss.*, XIII, 1910, p. 509 ss. Eisler,（前出）, XV, 1912, p. 305 ss. 参照。

(68)「生み出す岩に（Petrae genetrici）」という奉納碑文については、*TM.*, t. II, p. 533, col. a. さらに、*CIL.*, III, 14354[30].

(69) ドナウ川流域の浮彫にしばしば表わされる一場面の解釈については、*TM.*, t. I, p. 162 参照。

(70) 岩から姿を現わすミトラを描いた遺物はきわめて数が多い（*TM.*, t. I, p. 161, n. 4 ss.）。それは特に、本書図13および図19に見られる。

(71) これらの個々のエピソードは明確には理解し難い。*TM.*, t. I, p. 163 ss. 参照。ミトラが木の中に姿を隠す場面の別の説明は、デュソー氏によって与えられている（*Notes de mythologie Syrienne*, 1903, p. 62）。氏はそこに神の生誕を認めている。トゥータン氏はそこにポルピュリオス（*De antro Nymph.* 15）が述べている「果実の守護者（*φύλαξ καρπῶν*）」を見ている（*Rev. hist. des religions*, 1902, p. 47）。これらの解釈は臆測の域を出ない。

(72) ミトラとヘリオスの伝説のさまざまな場面はきわめて多くの遺物に現われる。しかし、その細部になると今なお不明のことが多い。*TM.*, t. I, p. 172 ss. 参照。この点で有益な所見がトゥータン（*Rev. hist. des religions*, 1902, p. 47 ss.）とディーテリヒ（*Kleine Schriften*, 1911, p. 261 s.）によって示された。ディーテリヒ（*Mithrasliturgie*, 2e éd. Wünsch, pp. 76, 225）は、ミトラがその王権授与の場面で拝受する謎の物体は牛の肩甲骨であると主張した。これは古代エジプトでは熊座のシンボルであった。私見ではこのような説明はきわめて疑わしい。この謎めいた場面の独立した浮彫がシュトックシュタットで発見されている（Drexler, *Kastell Stockstadt*, p. 84, n° 8. Pl. XIII, 4)。

(73) *TM.*, I, p. 169 ss. 参照。さらに、Dieterich, *Bonner Jahrbücher*, CVIII, 1902, p. 34 = *Kleine Schriften*, p. 262.

(74) 図19参照。

(75) Commodianus, *Instr.*, 1, 13:「そして、彼はカクスのように他人の牡牛を常に洞窟で抑えつけた（Vertebatque boves alienos semper in antris, sicut Cacus）」。Porphyrius, *De antro Nymph.*, 18:「牛泥棒神（*Βουκλόπος θεός*）」。Firmicus Matern., *De err. prof. rel.*, 5:「牛盗みの入信者（*Μύστα βοοκλοπίης*）」。

(76)「神の牛運び（Transitus dei）」: *CIL.*, III, 14354 [27, 28].

(77) ミトラと牡牛の伝説を表わしたさまざまな画面の意味は、かなりよく解明されているが、この点だけは不詳である。牡牛の生贄がどのように伝説の先行するエピソードと関わっているのかははっきりとは知りえない。*TM.*, t. I, p. 186 参照。

(78) 太陽の使者である烏（*TM.*, t. I, p. 192)。

(79) 牛を殺すミトラとそれを取り巻く動物たちの意味については詳細に論じてある（*TM.*, t. I, pp. 187–198)。この神話は他の理由から儀式に由来している。牛はたぶんペルシアでは、他の多くの地方の場合のように、麦の生育を確保するために毎年生贄として捧げられた。この「麦の牛」が神話的置換えと学問的解釈とによって宇宙創世論の動物となった。それゆえ、浮彫では三本の麦の穂がなおも尾の先端に見られる。Dieterich, *Kleine Schriften*, p. 262 参照。牛は常にミトラに生贄として捧げられたらしい（*TM.*, t. I, p. 18, n° 64)。タウロボリウムで彼の同伴者である母神に牛が捧げられたのと同様である。

(80) 図17および図19参照。射手の場面は最もしばしば図示されるものの一つである。*TM.*, t. I, p. 165以下参照。

(81) 「舟と家畜小屋の場面」についてのこの解釈は留保条件付きである。*TM.*, t. I, p. 166 s. 参照。

(82) 後述第五章一二七頁以下。

(83) 饗宴と昇天の場面は通常、ドナウ川流域の遺物の下辺の縁に描かれている(図19)。それらはドイツでは他のところに位置づけられている(オスタープルケンやサールブールの饗宴、ノイエンハイム、オスタープルケン、ヘッデルンハイムの昇天など。図5参照)。ウィルヌムでも同様である(図17)。

(84) 前述一〇六―一〇七頁参照。

(85) 〈全能のミトラ(Omnipotenti Mithrae)〉の奉納碑文は*CIL.*, X, 1479; III, 7779; III, 14080 (p. 2328[33]). オリエントの神々の全能については、拙著*Religions orientales*, 2e éd., pp. 190, 331, n. 30参照。

(86) Julianus, *Caesares*, p. 336 C:「(ミトラの)戒律(τὰς ἐντολὰς (Μίθρου))」。

(87) 後述第五章一二六頁参照。

(88) Porphyrius, *De abstin*, IV, 16; Tertullianus, *De praescript. haeret.* 40. ミトラの忠実な奉信者ユリアヌス帝の宗教的禁欲は独特なものである。私はいっそう詳しく、いかにしてミトラ教二元論がより純粋でより有効な倫理に根底から役立ったかを示そうと試みた(拙著*Religions orientales*, 2e éd., p. 228 ss.)。

(89) Julianus, 前出「(ミトラは)丈夫な綱にして鎖(πεῖσμα καὶ ὅρμον ἀσφαλῆ (Μίθραν))」。ミトラは「同盟者(socius)」(*CIL.*, VII, 1039; cf. III, 3384)。ミトラは「仲間(comes)」(*Carmen adv. paganos*, v. 49)。「仲間の太陽神(Sol comes)」(前述八七―八八頁参照)。

(90) テュアナの碑文「正義の神ミトラに（*θεῷ δικαίῳ Μίθρᾳ*）」は *TM.*, t. II, p. 91, n°. 3.「神聖な（sanctus）」ミトラは *CIL.*, VI, 82, 737（＝30824）, 3726（＝31044）など。

(91)「損なわれることのない若者（Iuvenis incorruptus）」は *CIL.*, XIV, 66.「見出されることのない神（Indeprenensibilis deus）」は *CIL.*, XIV, 64. また、前述一九頁参照。

(92)「ナバルゼ（Nabarze＝勝利に輝く）」については、後述第五章一二一―一二二頁。

(93)「征服し難い（Insuperabilis）」（ローマ、*Ephemeris Ep.*, IV, 866.「アニケトス」、「インウィクトゥス」はありふれている。

(94) Julianus, 前出。「健全な（salutaris）」ミトラは *CIL.*, XIV, 3568.

(95) ミトラ教徒の終末論的信仰については、*TM.*, t. I, p. 36 ss. で詳論した。呪術を記したパピルスの中で展開された終末論は、ディーテリヒ氏によればミトラの密儀のものである。後述第五章一二一―一二二頁参照。

(96) フィルミクス・マテルヌス（*De err.prof.rel.*, c. 5）は改竄された一文の中で、ミトラの奉信者たちは霊魂を三つの部分に分け、プラトンに倣って第一の部分を頭に、第二の部分を心臓に、第三の部分を肝臓に置いた。ツィーグラーによる最近の校訂版（一九〇七年）、p. XXXV および本書第四章、註22参照。この三区分は、Hippolytus, *Philos.* V, 1, §7 によれば、「アッシリア人の密儀（*Ἀσσυρίων τελεταί*）」の中でも教えられていた。この場合、最も上位の部分、すなわち理性のみが永生を得るに至るであろう。拙著 *Théologie solaire*, p. 17［463］s.; p. 27［473］s.; および *Rev.hist.et litt.relig.*, 1912, p. 536, n. 1 参照。

(97) 霊魂の輪廻について、Porphyrius, *De abstin.*, IV, 16; cf. *TM.*, t. I, p. 40.

(98) Origenes, *Contra Cels.*, VI, 21 (p. 92 Koetschau). 七つの門はオスティアの一ミトラ神殿の床面に描かれている。*TM.*, t. I, p. 118.

(99) このミトラ教教義はブセット氏によって他の類似した信仰と比較され、詳しく研究されている (Himmelsreise der Seele, *Archiv für Religionswiss.*, t. IV, 1901, p. 160 ss.)。拙著 *Religions orientales*, 2e éd., pp. 187, 369, n. 64, 415, n. 25 でも言及されている。

(100) Julianus, *Caes.*, p. 339 C. 輪廻を司る神たる太陽については、拙著 *Religions orientales*, 2e éd., p. 368, n. 63; Dussaud, *Notes de mythol. syrienne*, p. 23 ss. 参照。一九一〇年に、シュトックシュタットの第二ミトラ神殿から幼児としてのバックス〔バッコス＝ディオニュソス〕神を抱くメルクリウス像が発見されたが、その奉納碑文は「不敗の神ミトラ・メルクリウス（あるいはミトラとメルクリウス）に」であった。アプト（ヴォクリューズ）で以前に発見された別の奉納碑文は「メルクリウス・ミトラ神に」捧げられている。これらの碑文はネムルット・ダーの大碑文によって以前からわかっていたこと、すなわちミトラとヘルメスの同一視（*TM.*, t. I, p. 145）を確証している。しかし、現在ではこの同定は例外的なものでもないし、単に占星術の理論に支えられたものでもないことが判明している（Bouché Leclercq, *Astrol. grecque*, p. 100, n. 5; cf. p. 439）。ミトラがヘルメスと混同されたのは、彼が霊魂の導き手であるからである。後述の彫像では、葡萄の房を持つバックスとミトラが結びつけられることがわかる（また、Drexel, *Das Kastell Stockstadt*, 1910, p. 80, n° 14 参照）。葡萄酒は結局不老不死の飲料である（後述第五章一二七―一二八頁。および *TM.*, t. I, p. 146）。人間にそれを与えてくれる神は、彼に天の道を開いてくれる神と似ている。遺物の図像はまた、これまで意味のわからなかった古文（「ミトラは神々の導き手であり、バックスの教育者であるという（dicens (Mithram) esse deum comitem, Bacchique magistrum)」*TM.*, t. I, p. 146）をも説明する。

（101） Tertullianus, *De praescr. haeret.*, 40：「ミトラは……復活のまがいものをもたらす（Mithra ... imaginem resurrectionis inducit)」。*TM.*, t. I, p. 187 s. 参照。

（102） Plutarchus, *De Iside et Osiride*, 47（*TM.*, t. II, p. 35). マズダー教によれば世界の終末を画すことになる出来事は、ブンダヒシュン（第三〇章）で物語られている。また、ヴィンディシュマン（*Zoroastrische Studien*, p. 231 s.）はこの終末物語の古さを論証した。密儀に受け容れられた伝承は、ミトラとサオシュヤントの入れ替えとストア学派の世界焼尽との幾つかの類似点を除けば、それと同じものであった。

（103） *Revue d'histoire et de littér. relig.*, nouv. série, t. III, 1912, p. 526 ss. 参照。

（104） 拙著 *Religions orientales*, 2e éd., p. 47 ss., p. 263. 同、*Astrology and Religion*, 1912, p. 110 s. 参照。

第五章

（1） もし、ディーテリヒが言う通りに、パリにある呪術パピルス文書中に挿入された神秘主義の一断片がミトラ教典礼のものであることを認めるならば、このような断定は誤りと言えよう。私見では、この断片は典礼書ではないし、ミトラ教のものでもない。私は *Revue de l'instruction publique en Belgique*, t. XLVII, 1904, p. 1 ss. に、疑問点とその理由を論じておいた。また、拙著 *Religions orientales*, 2e éd., p. 379 参照。この問題について私は長々と書く必要はない。なぜなら、ヴュンシュ氏が *Mithrasliturgie*,

1909, 22e éd., p. 227 ss. でディーテリヒの主張を要約しているからである。私は彼の次のような結論に進んで賛成する。「我々が明確に判断しうるには、エジプトにおける諸神混淆の歴史がいっそうよく解明されなければならない」。

（2） Firmicus Maternus, *De err. prof. relig.*, 5「高貴な父との握手によって、牛盗みの入信者となった（*Μύστα βοοκλοπίης συνδέξιε πατρὸς ἀγαυοῦ*）」。

（3） 前述三五頁。

（4） これらの蛮族の単語について、拙著 *Religions orientales*, p. 345, n. 66 参照。

（5） ナバルゼまたはナヴァルゼについては、*CIL.*, VI, 742; III, 348 1, 7938 など。また、*TM.*, t. II, p. 533 参照。この語はペルシア語のナバルザ（「勇気ある」、「勝利の」）に由来する。

（6） ナマの例は、*CIL.*, VI, 731. ナマ・セベシオは *CIL.*, VI, 719＝30189. ナマ・クンクティスは *CIL.*, XIV, 3567. これらの語に与えられた意味については、*TM.*, t. I, p. 314. n. 2 参照。

（7） 前述三四頁参照。

（8） Firmicus Matern., *De err. Prof. relig.*, 5:「ペルシアの儀式によって（ritu persico）」。また、Claudianus, *De consul.Stilich.*, I, 60; Porphyrius, *De antro Nymph.*, 5. ミトラの密儀はしばしば「ペルシアの密儀（*περσικὰ μυστήρια*）」と言われている。（Origenes, *Contra Celsum.*, VI, 21; Proclus, *Comment. in P. Platonis*, II, 345, éd Kroll など）。最近シュトックシュタットのミトラ神殿で発見された、外見上はこれということのない出土物（Drexel, *Das Kastell Stockstadt*, 1910, p. 93, n° 56）は、私見では摺鉢の残骸である（また、*TM.*, t. II, p. 517, mon. 273ter 参照）が、それは古代ペルシアの儀礼の

存続に関する新資料を提供していると思われる。Plutarchus, *De Iside et Osiride*, 33（*TM.*, t. I, p. 34）は、マゴス神官たちの供犠を描く際に、彼らは擂鉢の中で「オモミ（ὄμωμι）という植物を碾く」と言う。また、ハオマを碾いて酒にする擂鉢であるハワナはマズダー教の典礼の中で大きな役割を演じている（Darmesteter, *Zend Avesta*, t. I, p. LXIII, pp. 98, 190 s., III, p. 145 ss）。ゲルマニアではハオマの代わりに葡萄をつぶしたのであろう（第五章註39参照）。プルタルコスの前記の文において、ラガルドはオモミをモリュ（μῶλυ＝ホメロスに出てくる薬草、野生大蒜の一種）に改めた。そして、カッパドキアのマゴス神官たちはハオマに代えて、同地方のこの植物を使ったと結論した。しかし、良好な状態にあるすべての写本はオモミとしていて、それはおそらく「ハオマ」の変形したものであるので、モリュへの訂正は成り立たない。Loisy, *Revue d'hist. et litt. relig.*, 1912, p. 363参照。

（9） Hieronymus, *Epist. ad Laetam*, 107. 私は碑文中の証拠を集成しておいた（*TM.*, t. II, p. 535）。アマシアの碑文では一人の〈敬虔な兵士（στρατιώτης εὐσεβής）〉が言及されている（第一章註65参照）。たぶんオリエントでは他の称号が使われたであろう。Porphyrius, *De abstin.*, IV, 16は〈鷲と鷹（ἀετοὶ καὶ ἱέρακες）〉に言及している。Dieterich, *Bonner Jahrb.*, 1902, pp. 37, 35参照。また、後述第五章註103参照。

（10） 図21。また、Porphyrius, *De abstin.*, IX, 16参照。

（11） Ps. Augustinus, *Quaest. vet. et novi Test.*, 114（*TM.*, t. II, p. 8）. 本書補遺（新発見の文書）参照。

（12） Porphyrius, *De abstin.*, IV, 16.

（13） *TM.*, t. I, p. 315, n. 6.

（14） Robertson Smith, *Religion of the Semites*, 2nd ed., p. 86 ss., p. 436 ss. この数年、トーテミズムに関し

て動物仮装が大いに論じられている。例えば、Salomon Reinach, *Cultes, Mythes et Religions* I, p. 20 ss.; Achelis, *Moderne Völkerkunde*, 1896, p. 436 s.; Frazer, *Totemism and Exogamy*, t. I, p. 26, t. III, p. 275, 312 など。

(15) 前述一一六頁以下。

(16) 「彼らはクリュフィウス〔隠れたる者〕たちを引き出す」(*CIL.*, VI, 751a)。

(17) Harnack, *Militia Christi*, 1905 および拙著 *Religions orientales*, p. XIV ss.; Reitzenstein, *Hellenistische Mysterienreligionen*, 1910, p. 66.

(18) Dieterich, *Mithrasliturgie*², p. 151:「ペルサイという名称はペルシアの信仰集団の古くからのミトラス崇拝内部の呼び方のなごりである。彼らはユダヤ人たちが改宗者たちをユダヤ人と呼んだのと同じように、入信した異邦人をペルシア人になぞらえた」。

(19) Dieterich(前出)および拙著 *Catalogue des monum. lapid. du Cinquantenaire*, 2ᵉ éd., 1913, nº 136 参照。

(20) Dieterich(前出), p. 146 s. 参照。

(21) Porphyrius, *De abstin.*, IV, 16.

(22) 前述一一〇頁参照。

(23) *CIL.*, VI, 749 ss.; XIV, 403; XIII, 2906 など。*TM.*, t. II, p. 535.

(24) *CIL.*, V, 5795. しかし、II, 5728 も参照。

(25) *CIL.*, VI, 727; III, 3384, 3415, 3959 など。第六章註43参照。〈兄弟(*'Αδελφός*)〉は〈至高なる神〉を崇

拝する異教的ユダヤ人社会でも使われた（Schürer, *Sitzungsb. Akad. Berlin*, XIII, 1897, p. 207. [8]; *Bull corr. hell*, XIII, p. 304, n° 7; cf. Dieterich, *op. cit*., p. 149）。

（26） *CIL*., VI, 751b.

（27） *CIL*., VI, 749 ss.

（28） Tertullianus, *De corona*, 15; cf. *Adv.Marcionem*, I, 13. Apuleius, *Metamorph*., XI, 15 は入信者に対してイシスの祭司に同じようなことを言わせている。「汝がたった今誓約で結ばれたこの神聖な軍隊に名を加えよ（Da nomen sanctae huic militiae cuius non olim sacramento etiam rogaberis）」。密儀における〈秘蹟（サクラメントゥム）〉という語の用法について、Reitzenstein, op. cit., p. 66 s. 参照。

（29） テルトゥリアヌス（前出）によると、「ミトラは彼の王冠であるという（Dicens Mithram esse coronam suam）」。これは確かに儀式用の成句である。同じような隠喩は例えば、最近発見された「ソロモン頌歌」に見出される（Harnack, *Ein jüdisch-christliches Psalmbuch aus dem ersten Jahrhundert*, Leipzig, 1910, I「主は花冠のように私の頭上にあり、私はそれを退けない」; 17, 1:「私は私の神によって冠を戴く。私の生ける花冠は彼である」; 5, 1:「主は冠のように私の頭上にある」。

（30） Tertullianus, *De corona*, 15; cf. *De praescr. haeret*., 40.

（31） Tertullianus, *De praescr. haeret*., 40:「彼は罪の償いに沐浴によって応える（Expiationem delictorum de lavacro repromittit）」; *De baptismo*, 5. ――泉水が神殿の中を流れていた（前述九八頁参照）。そこにはまた各種の泉水盤があった（*TM*., t. I, p. 63, 67 参照）。

（32） Tertullianus, *De praescr. haeret*., 40:「ミトラが彼の兵士たちの額にしるしをつけるであろう（Mithra signat in frontibus milites suos)」。

（33） Gregorius Naz., *Adversus Iul.*, I, 70:〈密儀の火焔（καύσεις μυστικάς）〉。また、Anrich, *Das antike Mysterienwesen*, p. 123, n. 4 参照。Walter Dennison, *American Journal of Archaeology*, IX, 1905, p. 37 にはこうした宗教的入墨の多数の実例が蒐められている。さらに、Bousset, *Hauptprobleme der Gnosis*, p. 286 ss.; Perdrizet, *Revue des études anciennes*, t. XII, 1910, p. 236 ss., Dölger, *Sphragis*, 1911, p. 44 ss. 参照。

（34） 第四章註10参照。

（35） Porphyrius, *De antro Nymph.*, 15. M. Allard, *Julian l'Apostat*, t. II, p. 220 によると、ユリアヌス帝はキリスト教を棄てた後、聖餐式で捧げられたパンに触れた自分の両手を浄めたという。Gregorius, Naz., *Or.*, IV, 52:「彼は両手を浄めた（τὰς χεῖρας ἀψαγνίζεται）」。また、第六章註83参照。

（36） Porphyrius, *De antro Nymph.*, c. 15（*TM.*, t. II, p. 40）.

（37） 蜂蜜の典礼上の用法は最近 Usener, *Milch und Honig*, Hermes, LVII, 1902, p. 177 s. によって解明された。また、Dessau, *Inscr. sel.*, 4343; *TM.*, t. I, p. 320, n. 4 の碑文を参照。

（38） Darmesteter, *Le Zend Avesta*, t. I, p. LXV, LXXVI, LXXVIII など参照。

（39） *TM.*, t. I, p. 146 ss. また、前述第四章註100および第五章註8参照。

（40） Justinus, *Apol.*, 166; Tertullianus, *De praescr. haeret.*, 40「（ミトラは）パンの捧げ物を祝福する（Celebrat（Mithra）panis oblationem）」。

（41） 前述一二四頁参照。

(42) Bousset, *Hauptprobleme der Gnosis*, p. 307, n. 1 参照。すでにペルシアではパン（ドラオナ）を裂いていた。Darmesteter, *Zend Avesta*, t. I, p. 77 参照。

(43) 前述一一二頁参照。密儀の中の典礼としての食事について、*Religions orientales* 2e éd., p. 64, 326, n. 33 など参照。

(44) これこそがマズダー教徒たちがハオマに与えていた効能である。Avesta, *Yasna*, IX, 16 (48) ss. (I, p. 90 ss., Darmesteter); Spiegel, *Eranische Altert.*, II, p. 115 参照。また、Anrich, *Mysterienwesen*, p. 181; Clemen, *Religionsgesch. Erklärung des Neuen Testaments*, 1909, p. 199 ss. も参照。

(45) 聖餐に期待されたこれらの効力のゆえに、それはブダペスト博物館に収蔵されている、チャクヴァルの奇妙な墓石に描かれている（本書補遺参照）。本章註8、註97参照。

(46) Ps. Augustinus, *Quaest. vet. et novi Testam.*, CXIV, 1, 1 (p. 308, Souter).

(47) Lampridius, *V. Commodi*, c. 9; cf. *TM.*, t. I, p. 69.

(48) Zacharias Scholasticus, *Vie de Sévère d'Antioche*, éd. Kugener, Paris, 1903, p. 42; cf. *TM.*, t. I, p. 361.

(49) Nonnus Mythograph., c. 47 (*TM.*, t. II, p. 27, fr. b):「彼自ら神聖にして不動の心を持つことを示す（*ὁσιῶσαι αὐτὸν ὅσιον καὶ ἀπαθῆ*）」。

(50) Gregorius Naz., *Or.*, IV, c. 70 (*PG.*, XXXV, p. 592); Nonnus Mythograph., 前出。

(51) *TM.*, t. I, p. 69 ss.

(52) 後述一三五頁以下。

(53) *TM.*, t. I, p. 81. この奇蹟については、Ps. Augustinus, *Quaest. vet. et novi Test.*, CXIII, 26 (p. 315,

10, Souter).:「かろうじて見分けのつく祠の中で、心を奪う欺きによって礼拝する（In speleo ubi aliud est quam cernitur, operante illecebrosa fallacia)」。

(54) Gregorius Naz., *Or.* IV, 55.

(55) Apuleius, *Metam.*, XI, 23 末尾（イシス入信者について）。

(56) 前述一一一―一一二頁参照。

(57) 祭司たちの任命に関わる一連の碑文は *TM.*, t. II, p. 535 s. にまとめてある。また、Cagnat, *Année epigr.*, 1903, n° 6 参照。

(58) ラテン語でオルド・サケルドトゥム（*CIL.*, VI, 2151）。

(59) テルトゥリアヌスの一文（*De praescr. haeret.*, 40）に、「どうしてなのか。というのは、彼は最高神官にも一夫一婦制の結婚生活をさせたではないか。彼は処女たちや童貞たちも連れている（Quid! quod et summum pontificem unius nuptiis statuit? Habet et virgines, habet et continentes)」とあり、これは一種のミトラ教修道院制の存在を認めるに至らせてきたが、独身生活に付された価値はゾロアスター教の精神に反するだけにますます注目された。しかし、アデマル・ダレス氏はこの護教論者の別の文章と結びつけることによって次のことを論証した（*Revue pratique d'Apologétique*, III, 1907, p. 520）。すなわち、テルトゥリアヌスはミトラのではなく、ローマの祭司職（フラメン・ディアリス、ウェスタの巫女たち）のことを語っているのであり、この句の主語〔彼〕は〈ミトラ〉ではなく、〈悪魔（ディアボルス）〉であると。

(60) 碑文は *TM.*, t. II, p. 536, col. a および col. b にまとめてある「父の司式により（prosedente patre)」

または「祭司の司式により（prosedente sacerdote）」。

（61）マゴス神官の「消えずの火」については前述三四頁と九八頁参照。天体、特に太陽を崇拝するための燃える火については、Porphyrius, *De abstin.*, II, 36.

（62）*TM.*, t. I, p. 128 s. また、Ps. Apuleius, *Asclep.*, c. 41.

（63）前述三四頁参照。

（64）生贄に捧げられた多数の動物の骨がミトラ神殿で発見されている。*TM.*, t. I, p. 68 ss.; p. 63, n. 3; p. 227, n. 9 参照。

（65）灌奠用の壺が発見されている。*TM.*, t. I, p. 63 参照。聖なる束桿（バルスマン）が使われたと思われる点については、前述三四頁参照。

（66）これは Porphyrius, *De abstin.*, II, 36 の一文に由来するように思われる。拙著 *Religions orientales*, 2e éd., p. 389 参照。野獣（野猪、狐、狼）の骨も発見されているが、それらは悪の精霊たちに捧げられたとしか思われない（*TM.*, t. I, p. 69）。

（67）アフリマンに対する奉納碑文がある。*TM.*, t. I, p. 139; Loisy, *Revue d'hist. et de litt. religieuse*, 1912, p. 393.

（68）Lucianus, *Necyom.*, c. 6; cf. Catullus, 90, 5:「マゴス神官はしかるべき讃歌で神々を礼拝し、その間に供物の脂身を炎にくべて溶かす（(Magus) Navos ut accepto veneretur carmine divos, omentum in flamma pingue liquefaciens)」。讃歌については、前述一二一頁参照。

（69）*TM.*, t. I, p. 68. シュトックシュタットで発見された銀の浮彫では、ミトラ神殿の天井から鐘が吊り下げられている（Drexel, *Kastell Stockstadt*, p. 94）。

（70）ヘッデルンハイム（*TM.*, mon. 251）、カステッロ・ディ・トゥエンノ（*TM.*, mon. 114）、コナイカ（本書補遺参照）、シュトックシュタット（Drexel, *op. cit.*, p. 82）の浮彫。

（71）*TM.*, t. I, p. 63, n. 8; p. 118 ss. また、Dieterich, *Bonner Jahrbücher*, CVIII, 1902, p. 36 ss. 参照。ハッラーンのサバ教徒のアラビア語による惑星への祈禱が残っている（De Goeje, *Nouveaux documents pour l'étude de la religion des Harraniens*（Mém. du Congrès des orientalistes de Leide）。そのラテン語訳は Fritz Saxl, *Der Isram*, III, 1902, p. 157 ss. また、惑星に対するギリシア語の祈禱もある（Reitzenstein, *Poimandres*, p. 187; *Catalogus codd. astrol.*, VII, p. 4; Heeg, *Die angebl. Orphischen "Erga kai hemerai"*, 1907, p. 32）。

（72）Commodianus, *Instr.*, I, 7, v. 15 ss. 参照。

（73）前述二三頁および一〇七頁参照。

（74）前述二三—二四頁参照。

（75）後述第六章一七二頁参照。

（76）*CIL.*, VI, 749 ss.

（77）前述七九頁参照。

（78）*CIL.*, XIV, 286; cf. XI, 5737 = Dessau, *Inscr. sel.*, 4215.

（79）デクリオについて、*CIL.*, VI, 717; III, 1154（cf. 1095）, 7728.

（80）*CIL.*, VI, 86.

(81) *CIL.*, VI, 86, 556, 717, 2151.

(82) *CIL.*, VI, 10232.

(83) *CIL.*, VI, 47.

(84) *CIL.*, VI, 5737.

(85) ミトラ神殿の大部分は「個人の力のみによって（in solo privato）」（*CIL.*, XI, 5753）建立された。例えば、オスターブルケンのミトラ神殿は「メルカトリウス・カストレンシスが独力で建立した（Mercatorius Castrensis in suo constituit）」。ヴィースバーデンのものは「ウァロニウス・ルプルスが独力で経費を捻出し（permittente Varonio Lupulo in suo）」建立された（本書補遺参照）。当局からの補助金については、前述七八―七九頁参照。

(86) 碑文に言及されている一連の造営については、*TM.*, t. II, p. 536.

(87) *TM.*, t. I, p. 66.

(88) *CIL.*, III, 8136「あらゆるもので建立した神殿（templum omni re instructum）」; V, 810「あらゆるものを備えられた神殿（speleum cum omni apparatu）」; VI, 738「神のための彼の出費のみによって整備された祠（sacrarium suis sumptibus cum deo a solo exornatum）」など。また、XIV, 61参照。

(89) *CIL.*, VI, 556, 717, 734 = 30822（*TM.*, t. II, p. 101, n^{os}47-48bis）.

(90) *TM.*, t. I, p. 66.

(91) *CIL.*, VI, 754; XIV, 61; cf. *TM.*, t. II, p. 536（一連の神殿復興）

(92) ゲオルク・ヴォルフ氏はこれらすべての呼称は同義語であり、ミトラ教聖所のいろいろな種類を区別する必要はないことを論証した（*Über die architectonische Beschaffenheit der Mithrasheiligtümer, Das Castell Grosskrotzenburg*, Cassel, 1882）。また、同 *Über Mithrasdienst und Mithreen*, Frankfurt, 1909; cf. *TM.*, t. I, p. 56 ss. 参照。

（93） さまざまな部分が枚挙されている。*CIL.*, III, 1096「列柱廊、聖具室、後陣のある地下の祠（cryptam cum porticibus et apparatorio et exedra）」; cf. III, 3960「列柱廊と聖具室（porticus et apparatorium）」および VI, 747.

（94） *CIL.*, XIV, 61:「神殿とその前室（aedem cum suo pronao）」。*TM.*, t. I, p. 59 参照。

（95） Porphyrius, *De antro Nymph.*, 5.

（96） カルヌントゥムのミトラ神殿の復原図は、図4参照。

（97） 私はかつてJ・B・ド・ロッシが表明した考え方に反対した。彼によれば、傾斜した腰掛は信者たちが聖餐の儀式を行なうための横臥式食卓として使われた（*Note sur un temple d'Ostie*, 1889, p. 18; *TM.*, t. I, p. 62）。それに対する私の主要な反論は、これらの食卓はあまりに狭い（幅はスポレートの場合一・二五メートル以下）ので、人がそこに横坐りすることはできないという点にあった。しかし、パウル・ヴォルテルス氏が私に示したところでは、普通の住居の横臥式食卓の場合、幅はその程度であるという（Mazois, *Ruines de Pompéi*, I, pl. 20, II, pl. 9, 3 および pl. 35）。それゆえ、傾斜をつけたり、折畳み式の脚台を置くのが習慣であった。ヴォルテルス氏の手紙はさらに、コナイカの浮彫に見られるように（図21）、聖なる食物を載せた卓が前に置かれたことは明らかであるという。横坐りするためには、高さ一〇—二〇センチメートルの腰掛を設ければ十分であり、それは内部全体の建築的印象を損ないはしなかったであろう。こういう推理は非常に信用できる。しかし、神殿の中では聖餐式以外の多くの儀式（例えば入信式など）も行なわれたことは確かであるので、信者たちはひざまずいて参列したり、次いで典礼の饗宴の際には横坐りしたりしたものと思われる。もし、ヴォルテルス氏の見解が正しいとすれば、さらに密儀においてこの饗宴に認められていた重要性の証拠となろう。すなわち、饗宴がミトラ神殿の設計自体を決定していたのである。

(98) *CIL.*, III, 7729; III, 1906. また、*TM.*, t. I, p. 64 参照。

(99) *TM.*, t. I, p. 65.

(100) 前述七四頁参照。

(101) しかし、グロース・クロッツェンブルク（*TM.*, t. II, p. 247 d）、ザールブルク（本書補遺参照）、シュトックシュタット（Drexel, *Kastell Stockstadt*, p. 24）のミトラ神殿に隣接して発見された墓は、聖域の近くで埋葬された信者たちのものらしい。他の宗派でも同じ習慣が見られる（*TM.*, t. I, p. 328, n. 8）。例えば、セラピス崇拝の場合（Kaibel, *Epigr.*, 414, 875）、プリュギアの場合（Ramsay, *Studies in the Eastern Roman Provinces*, p. 273）、さらにバッコスの信者のためにクマイで行なわれた場合（Haussoullier, *Rev. de philologie*, 1906, p. 141 およびこの箇所に対するエンゲルマンの註記）などである。

(102) 二つの碑文の中で付されているミトラの〈健やかな〈サルタリス〉〉という称号（*CIL.*, XIV, 3568; *Ephem. Epigr.*, IV, 763）は一般に、埋葬協同組合の守護神たちのために、おそらくは排他的に使われた（*CIL.*, VI, 338; XVI, 2653）。

(103) 女性の排除は西方全域で常識化していた。私はその証拠をまとめておいた（*TM.*, t. I, p. 330）。しかし、ポルピュリオスの一文（*De abstin.*, IV, 16）は女性も幾つかの入信段階に受け容れられたことを認めている。その文章はオリエントの信者共同体、少なくともその一部に適用されうる。オリエントの都市では、女性はある程度までは公共の問題に関与していた。最近アフリカのトリポリ（オエア）では、一体のレア（牝獅子）の墓が発見された。彼女はミトラ教の「牝獅子」位の信者であったとも考えられる。Clermont-Ganneau, *Comptes Rendus Acad. inscr.*, 20 mars, 1903.

第六章

（1）前述三一一頁以下参照。
（2）前述三一一頁および九五頁以下参照。
（3）*TM.*, mon. 71; *CIL.*, VI, 81, 82.
（4）この禁忌は、欠落はあるがエウナピウス（*Vit. soph.*; *Maxim*, p. 475, 47 Boissonade）の一文の中で言及されている。しかし、この点は碑文から判明することとは矛盾している。
（5）*CIL.*, VI, 500 ss., 1779 ss., また 846 参照。さらに拙著 *Religions orientales*, 2e éd., p. 304 ss. 参照。
（6）*TM.*, mon. 328bis, t. II, p. 526.
（7）ヘッデルンハイムとフリートベルクのエポナとマトロナエ〔女主人たち〕（*TM.*, t. I, p. 152）。サールブールのミトラ神殿の近くのスケルスとナントスウェルタの神殿（*TM.*, mon. 273ter, t. II, p. 519）。一連の神像が見出されているが、その中でもエポナとスケルスらしきものはシュトックシュタットのミトラ神殿から発見されている（Drexel, *Das Kastell Stockstadt*, 1908, p. 174）。Jullian, *Rev. des études anciennes*, 1908, p. 174も参照。しかし、ケルト人の神メドロスとミトラを誤って同一視しようとしてきた。*Revue celtique*, 1904, p. 47参照。

（8）ミトラの父たちが同時にイシスの預言者であるとされるのは、ようやく五世紀の終わり頃のことである（*CIL.*, VI, 504, 846）。それより前の時代にエジプトの神々とミトラとに関係があったことを証明するために引き合いに出される根拠はあまり確かなものではない（*TM.*, t. I, p. 332, n. 4）。とはいえ、カラカラ帝の浴場のミトラ神殿（本書補遺参照）では、〈不敗の世界支配者（*κοσμοκράτωρ ἀνείκητος*）〉の称号を持つゼウス・ヘリオス・セラピス・ミトラへの奉納碑文付き石柱が発見された。その年代はカラカラ帝がカエリウス丘に巨大なイシス神殿とセラピス神殿を建てさせた時代に当たる。しかし、実際にはイシスの密儀は三世紀初頭には太陽崇拝によって影が薄くなっていた。拙著 *Religions orientales*, 2e éd., p. 127.

（9）前述四一—四二頁および六〇—六一頁参照。

（10）*TM.*, mon. 228bis, t. II, p. 501; Drexel, *Kastell Stockstadt*, p. 26 ss.

（11）この同一視とセム系宗教およびマズダー教との関係については、拙著 *Religions orientales*, 2e éd., p. 218および384 ss.

（12）両宗派に見られる聖なる食事については、同前 p. 358, n. 37. ユピテル・ドリケヌスの神殿からは禊用の泉水殿（ニュンファエウム）が発見された（*CIL.*, VI, 414）。

（13）前述二三頁および三〇—三一頁参照。サバジオスの一胸像は牛を殺す神の図像を持つ（*TM.*, mon.

104)。解釈については、Blinkenberg, *Archäologische Studien*, 1904, p. 98.

(14) *CIL.*, V, 5465（聖木捧持者の奉納碑文）; VI, 500, 504, 509–511, 1675.

(15) オスティアについて、*TM.*, t. II, pp. 418, 523; mon. 295 n. このミトラ神殿は一四二年以前のものである。ザールブルクについては、本書補遺参照。キュベレ神殿はアントニヌス・ピウス帝時代に奉納された。

(16) 前述七七―七八頁参照。

(17) 前述一三九頁参照。

(18) 〈母（Mater）〉は *CIL.*, XIV, 37, 69.〈聖事の母（Mater sacrorum）〉については、*TM.*, t. II, p. 178, n° 580; p. 476, n° 574 b「聖事の母役の者が感謝のために（Ob honorem sacri matratus）」。また〈姉妹たち（Sorores）〉は *CIL.*, VI, 377; cf. *TM.*, t. II, p. 173, n. 553.

(19) 以上は *Revue d'histoire et de littérature religieuse*, t. VI, 1901, p. 97 ss. と *Revue archéologique*, 1905, I, p. 29 s. に書いた、タウロボリウムについての拙稿の結論を要約したものである。また、拙著 *Religions orientales*, 2e éd., p. 100 s. 参照。

(20) *CIL.*, X, 1596:「天のウェヌスのタウロボリウム（Taurobolium Veneris Caelestae）」。

(21) *CIL.*, IX, 1536–1542. ミネルウァ・ベレキュンティアへのタウロボリウムの奉納碑文。アナトリアの太母神につけられたベレキュンティアというこの特異な名前は、戦の女神でペルシア王たちの守護女神であったアナーヒターとの習合の結果である（*TM.*, t. I, p. 149）。Pauly-Wissowa, *Realencyclopedie*, s. v.《*Anaïtis*》参照。同じような動機から、カッパドキアのマーは〈不敗の（*ἀνίκητος*）〉という称号を持ち、それがマーをミトラと結びつけた（*Athen. Mitt.* XVIII, 1893, p. 145; XXIX, 1904, p. 169; Keil und von Premerstein, *Reise in Lydien*, 1908, p. 28［ヒュルカニス平野］）。

(22) *Fragm. iuris Vatic.* §148. また、*Revue philol.*, XVII, 1893, p. 196 参照。

(23) 前述一一〇頁および一一六―一一七頁参照。

(24) 前述一六〇頁参照。

(25) 前述一〇六頁以下参照。

(26) Renan, *Lettre à Berthelot* (Dialogues et fragments philosophique), p. 168.

(27) 例えば、テュアナのアポロニオスに関するピロストラトスの伝記（Réville, *Religions sous les Sévères*, p. 212）やヘリオドロスのエティオピア人たち。後者の著者はエメサのバアルの祭司である。

(28) このような教義は拙著 *Théologie solaire du paganisme romain*, Paris, 1909 (Extr. *Mém. sav. étr. Acad. Inscr.*, t. XII) の中で解明されている。

(29) 前述一〇七頁参照。

(30) Plinius, *H.N.*, II 5, §13; cf. Cicero, *Somn. Scip.*, c. 4; Macrobius, I, 17, 3.

(31) Cicero（前出）.

(32) Censorinus, *De die nat.*, c. 8; Dracontius（本書補遺）. 拙著 *Théologie solaire*, p. 463 sqq. 参照。

(33) ミトラ、すなわち太陽が惑星を動かす。Claudianus, *De consul. Stil.*, XII, 61:「ミトラは惑星をぐるぐる回らせる（vega volventem sidera Mithram）」。また、ミトラは霊魂を創造し、引き寄せる。この点について、Porphyrius, *De antro Nymph.*, 24; Julianus, *Or.*, Ir, 172 D; Dracontius, *Romulea*, X, 538. また、

前述一一六頁以下参照。「カルデア人の」理論は、他のものと同じようにマズダー教の伝統と結合していた。

(34) 前述八六頁以下参照。

(35) エメサの太陽崇拝の重要性は最近になって明らかにされたが、そこには若干の誇張がある。M. von Domaszewski, *Abhandl. zur röm. Religion*, 1909, p. 197 ss.

(36) Hülsen-Jordan, *Topogr. der Stadt Rom*, I, 3er teil, p. 454 sqq. Homo, *L'Empereur Aurelien*, 1904, p. 185 ss.

(37) *TM.*, II, p. 66, 71 s., 109 s. また、Saglio Pottier, *Diction. des antiquités*, 《Sol》（拙稿）参照。

(38) Macrobius, *Sat.*, I, 17 ss. マクロビウスは実際に、コルネリウス・ラベオンを仲介として知りえたポルピュリオスとイアンブリコスから影響を受けている。私の記事 *Sol*（前出）を参照。また、第六章註97参照。

(39) 拙著 *Religions orientales*, 2e éd., p. 305 ss. 参照。

(40) Tertullianus, *Apolog.*, 37; cf. *Contra Iudaeos*, 6.

(41) 前述（三九頁）のように、ミトラはギリシア世界には決して浸透しなかった。ところが、そこではキリスト教が勢力を増大させた。ハルナック氏（*Ausbreitung des Christentums*, 2 t. II, p. 270 ss.; また、Dieterich, *Bonner Jahrb.*, 1902, p. 41 参照）はミトラ教の排斥の中に、その劣勢の主たる原因を見出す。「この文化地帯は抜きん出てミトラ教に対して自らを閉ざし、それゆえミトラ教はギリシア文化とまったく、あるいは遅ればせの接触しか得ることができなかったので、それは同時に文化を欠いたセクト、すなわち孤立した集団としてとどまるよう運命づけられた」。しかし、実はペルシアの密儀は幾つかの点ではギリシア文化より優れたもう一つの文化、すなわちイランの文化をギリシア文化に対抗させようと試みたのである。イラン文化はその倫理的資質によってローマ人の心を惹きえたとしても、それは全体的として見ればあまりにオリエント的であり、西方の人々は嫌悪感なしには受け容れられなかった。マニ教についても同じことが言える（拙著 *Religions orientales*, p. 201 sq., p. 228）。

(42) 本書の地図〔省略〕とハルナック（前掲書）のそれとを比較するならば、このことはすぐさま納得されよう。「ここでは黒いものが、そこでは白い。逆の場合も同じである」。

(43) 前述一二五頁参照。私はそこに、「きわめて親愛な兄弟よ」という表現さえもすでにユピテル・ドリケヌスの信者たちの間で使われていた旨を記した。*CIL.*, VI, 406＝30748:「最も親愛なる兄弟と最も名誉ある同僚（fratres carissimos et conlegas hon [estissimos]）」。ミトラ教の信者集団でもおそらく同様であったろう。

(44) 前述一二五頁以下参照。

(45) 前述一三二頁以下、および後述一七二頁参照。

(46) 前述一一三頁以下参照。

(47) 前述九七頁参照。

(48) 前述一一二頁参照。

(49) 前述一一五頁以下参照。

(50) 前述一〇六―一〇七頁および一一二―一一三頁参照。

(51) 前述一〇七頁参照。

(52) 前述一一〇—一一一頁参照。

(53) St. Leo, *Serm.*, XXVII（*Nativ. Dom.*, VII, 3 = PL., LIX, col. 218）; Eusebius Alexan., *Or.* VI（「天文論（*Περὶ ἀστρονόμων*）」= *PG.*, LXXXVI, col. 53）. キリストのシンボルとしての太陽神については、*TM.*, t. I, p. 355 s. また、Usener, *Sol Invictus*, Rhein. Mus., LX, p. 480 ss.（= *Weihnachtsfest*, 2e éd., 1911, p. 362 s.）

(54) Origenes, *Contra Cels.*, VI, 21（p. 92 Koetschau）; 24（p. 94）. また、*TM.*, t. I, p. 25 ss. 参照。

(55) Justinus Mart., *Apol.*, I, 66; *Dial. cum Tryph.*, 70, 78; Tertullianus, *De corona*, 15; *De baptismo*, 5; *De praescr. haeret.*, 4; Ps. Augustinus, *Quaest. vet. et nov. Test.*, CXIV.

(56) マグナ・マテルの祭司たちはキリスト教徒が過越の仔羊の血による贖罪の観念を自分たちの宗門から借用したといって非難した。拙稿 *Rev. hist. litt. relig.*, VIII, 1903, p. 423 および拙著 *Religions orientales*, 2e éd., p. 106 s.

(57) 例えば、悪霊に対する信仰、洗礼、愛餐などの場合である。私見では、ミトラの〈部隊（milites）〉と〈キリストの軍勢（militia Christi）〉とは、両者共にヘレニズム時代オリエントで発展した考え方を永続させたのである。拙著 *Religions orientales*, p. XIV ss. 参照。

(58) *TM.*, t. I, p. 162, 176, 179.

(59) Justinus Mart., *Dial. cum Tryph.*, 60; cf. Prudentius, *Cathemerinon*, V, 1（p. 26 Dressel）.

(60) ジャン・レヴィル（Réville, *Études publiées en hommage à la faculté de théologie de Montauban*, 1901,

p. 339 s.）は東方三博士《マギ》（マゴス神官）の礼崇についてのマタイ伝承はすべて、ミトラ教によってキリスト教徒の想像力に示唆されたものとするが、この借用については証拠がないことを認めている。同様に、A・ディーテリヒ（Dieterich, *Zeitschrift für Neutest. Wiss.*, 1902, p. 1 ss. = *Kleine Schriften*, p. 272. ss.）は、かなりの巧妙さをもってマゴス王の物語の形成を説明しようと試みた。彼によると、そこにはネロ帝の宮廷へのティリダテスとその祭司たちが行なった旅行が反映しているという。また、羊飼いたちの礼拝はミトラ教からキリスト教の伝統に導入されたという。しかし、ミトラのこの世への到来についてのマズダー教の信仰はきわめて多様だということに気づいてもらいたい。*TM.*, t. I, p. 160 s. 参照。ディーテリヒの仮説は、ビエンコフスキ氏が論証しようとしたように（Bienkowski, *De prototypo quodam Romano adrationis magorum*, Eos, XVII, 1911, p. 45 ss.）、ボルゲーゼ家のコレクションにある彫刻付き台座が供物を捧げるアルメニア人のマゴスたちを表わし、東方三博士の礼拝を描くキリスト教遺物に対しその原型として役立ったとすれば、考古学の中に間接的な証拠を見出したことになる。しかし、Von Sybel, *Römische Mitt.*, XVII, 1912, p. 311 ss. 参照（原始キリスト教美術で模倣されたモデルは一世紀の失われた一作品であっただろうという）。さらに、Clermont-Ganneau, *Recueil d'archéol. orientale*, VII, p. 85 参照。

（61）ミトラ教の儀式とキリスト教の儀式の類似については、Roeses, *Über Mithrasdienst*（Progr. Stralsund）, 1905, p. 26 s.; Harnack, *op. cit.*, p. 272, n. 1 参照。

（62）Usener, *Götternamen*, p. 186, n. 27. しかし、Duchesne, *Origines du culte chrétien*, 2e éd., p. 431 s. も参照。

(63) 前述一三二—一三三頁参照。*TM.*, t. I, p. 342, n. 4; Usener, *Sol invictus*（Rhein. Mus., LX）, p. 466, 489 = *Weihnachtsfest*, 2ᵉ éd., 1911, p. 348 ss.; Cumont, *Comptes rendus Académ. Inscr.*, 1911, p. 292; Vacandard, *Études de critique et d'histoire religieuse*, t. III, 1912, p. 16 ss. 参照。

(64) 前述一一一頁参照。

(65) 本書補遺参照。

(66) ルナンの言葉がしばしば繰り返されてきた（*Marc Aurèle*, p. 579）:「もし何らかの致命的な疾患によってキリスト教の成長が止められていたならば、世界はミトラ教化していたであろう」。

(67) *CIL.*, III, 4796; *TM.*, mon. 223, note（p. 328 s.）および mon. 248 I（p. 359）.

(68) 前述一六六頁参照。

(69) 前述七九—八〇頁参照。

(70) Theophanes, Chronogr., *Athen. Mitt.*, 5794; *TM.*, II, p. 462.

(71) Usener, *Sol invictus*（Rhein. Mus., LX）, p. 479 = *Weihnachtsfest*, 2ᵉ éd., p. 360 s. きわめて注目すべき一碑文によれば、リキニウス帝はモエシアのサルウォシアの陣営で、一一月一八日に太陽《ソル》のための年毎の供犠を創始したことがわかる。その日はアンティオケイア暦によれば一月一日に当たった。A. von Domaszewski, *Abhandl. zur röm. Relig.*, 1909, p. 206 sq. 参照。

(72) *TM.*, t. I, p. 344, n. 9; cf. Preger, *Konstantinos-Helios*（Hermes, XXXVI）, 1901, p. 457; Maurice, *Comptes rendus Acad. Inscr.*, 1910, p. 96 ss.

(73) Firmicus Maternus, *De err. prof. relig.*, c. 4, 20, 28. フィルミクスはキリスト教に改宗した占星術師で

あった。彼は自分の新しい宗派に認めてもらいたいがため、度を越えた他宗派攻撃をしている。

(74) Schulze, *Untergang des Heidentums*, t. I, 1887, p. 75.

(75) Mamertius, *Grat. actio in Iulian.*, c. 23.

(76) Julianus, *Or.*, IV（冒頭）.

(77) 同前、VII, p. 227, C.

(78) 同前、IV, p. 130; VII, 229, C; *Caes.*, 336, C; Eunapius, *Hist. fr.*, 24; Sozomenes, VI, 2, 11; cf. Maurice, *Comptes rendus Acad. Inscr.*, 1910, p. 96.

(79) 同前、IV：「王者ヘリオスよ（*Εἰς βασιλέα Ἥλιον*）」。Mau, *Die Religionsphilosophie Kaiser Julians*, 1908 および拙著 *Théologie solaire*, p. 21（407）sqq. 参照。

(80) Sozomenes, VI, 11; Philostratus, VII, 5; Malalas, p. 133（Bonn）.

(81) Gregorius Naz., *Or.*, IV, 52; cf. *TM.*, t. I, p. 357.

(82) Julianus, *Caes.*, p. 366, C; cf. *Or.*, IV, p. 158, C; *Epist.*, 63（p. 586, 5, Hertlein）.

(83) Gregorius Naz., *Or.*, IV, 52; Sozomenes, V, 2, 1; cf. Allard, *Julien l'Apostat*, II, 1903, p. 219 s.

(84) Libanius, *Or.*, XVIII, 127（本書補遺）; Himerius, *Or.*, VII, p. 60（Didot）; cf. Allard, *op. cit.*, p. 220.

(85) *CIA.*, III, 172, 173.

(86) Socrates, *Hist. eccl.*, III, 2; Sozomenes, V, 7. 正確な年代は *Historia acephala*, p. 68, éd. Maffei によって判明する。おそらくは三九一年、テオフィルスの大司教職の時代に別のミトラ神殿が発見された。Socrates, V, 16; Rufinus, XI, 22 および本書補遺参照。

(87) Julianus, *Epist.*, 10.

(88) *Cod. Theod.*, IX, 16; *Cod. Iustin.*, IX, 18.

(89) Zosimus, IV, 13; Ammianus Marcell., XXIX, 18.

(90) Eunapius, *Vit. soph.*, p. 63, Boissonade; Socrates, III, 1, 2.

(91) 諸神殿の破壊の年代は不詳のことがきわめて多いが、古銭の発掘は、その大部分はゲルマニアとダキアを除くとグラティアヌス帝の治世（三六七—三八三年）に破壊されたことを示しているようである。*TM.*, mon. 97, 5°（p. 257）; 213（p. 322）; 223g（p. 328）; 237（p. 338）参照。

(92) *TM.*, mon. 83d; suppl. 228bis（p. 500）273ter（p. 518）

(93) Hieronymus, *Epist.*, *107 ad Laetam*（*TM.*, t. II, p. 18）「彼はミトラの洞窟とあらゆる見るも恐しい偶像を……ひっくり返し、粉々にし、打ち壊したではないか（Nonne specum Mithrae et omnia portentosa simulacra... subvertit, fregit, excussit?)」。

(94) *TM.*, mon. 4（シドン）, mon. 15, 19（ローマ）.

(95) *TM.*, mon. 16（ローマ）; cf. mon. 246a（オスターブルケン）.

(96) *TM.*, mon. 273ter; t. II, p. 519（サールブール）.

(97) *CIL.*, VI, 500, 504, 510, 511, 749 ss, 1778 s., 2151. 年代のわかる最も新しい碑文は三八七年のものであるが、それはウェッティウス・アゴリウス・プラエテクスタトゥスの碑文である。彼は三八五年に死んだ（*CIL.*, VI, 1728）。マクロビウスは『サトゥルナリア』の中で彼を対話者の一人としている（前述一六六—一六七頁）。

(98) *CIL.*, VI, 774.

(99) *Carmen adv. paganos*, 47 ss. (Riese, *Anthol. lat.*, I, p. 21).

(100) Paulinus de Nola, *Poema ultim.*, 212（四世紀末執筆）、四〇〇年頃、プルデンティウスは再び太陽崇拝を攻撃している（*Contra Symm.*, I, 309）。

(101) サールブールのミトラ神殿は、三九五年に破壊されたとは思われない（cf. mon., 273^{ter}y; *TM.*, t. II, p. 518）。

(102) 多数のミトラ教遺物が発見されているアナウニアは三九七年当時まだキリスト教化していなかった（*Vit. S. Sisinnii*, AA. SS., 29 mai, P. 44 所収）。

(103) カッパドキアのマグサイオイ人たちは四六四年になってもまだマズダー教の儀式を行なっていた（Priscus, fr. 31, t. I, p. 342, *Hist. min.*, Dind.）。*TM.*, t. I, p. 10 参照。

(104) Hegemonius, *Acta Archelai*, 63（p. 91, 20 Beeson）; Epiphanius, *Adv. Haeres.*, LXVI, 3; Cyrillus, *Catech.*, VI, 13.

(105) Herzog-Hauck, *Realenc.*^{3}, p. 197《Mani》（Kessler）. De Stoop, *Diffusion du manichéisme*, 1909, p. 4 ss.

補遺一

（1）この補遺は *TM.*, t. I, p. 213-220 の改訂版である。

（2）ローマ（*TM.*, mon. 11. また後述二〇五頁）、スポレート（*TM.*, mon. 97）、トリポリ（後述二一七頁）

のフレスコ画。オスティア（*TM.*, mon. 83a, 84d, 295）とセンティヌム（*TM.*, mon. 298）のモザイク画。

（3） *TM.*, t. II, p. 180 s. 参照。

（4） 前述四三頁および図8参照。年代のわかる遺物の一覧表は *TM.*, t. II, p. 546 にある。

（5） *TM.*, t. I, p. 182 参照。

（6） Helbig, *Führer durch die Sammlungen in Rom*, I³, 1912, p. 497, n° 882.

（7） *TM.*, mon. 295d, fig. 348; cf. t. II, p. 523, fig. 490.

（8） Amelung, *Führer durch die Antiken in Florenz*, 1897, n° 151.

（9） *TM.*, mon. 27, pl. II.

（10） *TM.*, mon. 79, fig. 67 および mon. 38, fig. 45.

（11） R・フォン・シュナイダー（*TM.*, t. II, p. 488）は、この作品の中に「啞然とさせるほどの技倆の冴え」を認め、アントニヌス帝の円柱（Brunn, *Denkmäler gr. u. röm. Skulptur*, pl. 210 b）、ピーサのカンポ・サントの浮彫（Dütschke, *Bildwerke in Ober-Italien*, I, n° 60）、ローマ市パラッツォ・デイ・コンセルヴァトーリ美術館にあるコンモドゥス帝胸像（Helbig, *Führer*, 3ᵉ éd., n° 930）をそれと比較している。金属加工技術の大理石への同様な適用は保存状態の非常によい二つの胸像に見られる。それらはスミュルナで発見され、現在ではブリュッセルにある（*Catal.des sculptures et inscript.antiques du musée du Cinquantenaire*, 2ᵉ éd., 1913, nᵒˢ 39–40）。

（12） *TM.*, mon. 16, 244 など。

(13) 機械がなかったため当然完全な類似ということはありえない。しかし、ミトラ教浮彫の幾つかは確かに同一人物の手に成るか、少なくとも同一の工房に由来する。*TM.*, t. II, mon. 45, 46, 93, fig. 85, 95, fig. 87, 192, 192bis（贋作か）, 194, 195.

(14) *TM.*, t. II, n°s 138-183.

(15) Friedländer, *Sittengeschichte*, t. III^{6}, p. 280.

(16) *TM.*, t. II, mon. 267 および註 p. 390. また、後述二一三―二一四頁参照。

(17) *TM.*, t. II, mon. 235 および註 p. 338. また、後掲註29。

(18) 本書図13および図17。

(19) Wattenbach, *Passio sanct. quatuor coronat.* 1870（annot. Benndorf & Max Büdinger）; Friedländer, *op.cit.*, p. 282. 新史料は Wattenbach, *Sitzb. Akad., Berlin*, XLVII, 1896, p. 1281 ss. に出ている。そのギリシア語版は未公刊である。*Analecta Bollandiana*, XVI, 1897, p. 337 参照。

(20) *TM.*, mon. 248 c, 251g（「イタリア産」大理石はたぶん「パンノニア産」）, 2531, 260 および註 p. 380.

(21) *TM.*, t. I, p. 217, n. 1.

(22) Friedländer, *op.cit.*, III^{6}, p. 284 ss.

(23) Lucianus, *Iup. trag.*, §8.

(24) *TM.*, mon. 245, 246, 251d, suppl. 273ter.

(25) Friedländer, *op.cit.*, III^{6}, p. 276 ss. とりわけ、ミトラ教の浮彫とイーゲルの遺物の間には明白な類似点がある。

(26) *TM.*, t. II, mon. 246, pl. VI.

(27) これとナポリ美術館の浮彫（inv. 6683）とを比較するとよい。後者では、ヘラクレスの十二功業がヘラクレスとオンパロスの像の周りに配置されている（Millin, *Gal. Myth.*, pl. CXVII, n° 453）。これはライン川沿岸グループの浮彫にある付属場面と完全に同じである（後述一九四頁）。こうした上下に重なり合った場面は小アジアの美術からの借り物である（Wood, *Ephesus*, p. 222; Humann-Cichorius, *Altertümer von Hierapolis*, 1898, p. 63, n°s 10–11 など）。オリエント美術からの他の借用は Drexel, *op. cit.*, p. 80 s. によって指摘されている。

(28) Drexel, *Das Kastell Stockstadt*, 1910, p. 77.

(29) *TM.*, mon. 173, 225j, 226, 280, 284.（本書）図3、図2参照。

(30) *TM.*, mon. 65, 217.

(31) *TM.*, mon. 30.

(32) *TM.*, mon. 38, 119, 158.

(33) この観察結果はドレクセル氏から伝えられた。

(34) 例えば、*TM.*, mon. 235 への註を参照。

(35) シドンについて、後述二〇四頁参照。ロンドンについては、*TM.*, mon. 267. また、後述二一四―二一五頁参照。さらに、*TM.*, mon. 220 参照。

(36) 前述一三七―一三八頁参照。

(37) ドレクセル氏が蒐めた実例を参照（*op. cit.*, p. 77）。また、補遺一註27参照。

(38) 前述五三頁および第二章註49参照。

(39) 前述九四―九五頁参照。

(40) *TM.*, t. I, p. 75. ゲーリヒ氏はこれとエジプトの女神セケトとを比較している。

(41) *TM.*, mon. 240, fig. 214. モーデナの浮彫については図12。また、後述二一六頁（スペイン）。

(42) *TM.*, t. I, p. 197, n. 6; p. 89, n. 1.

(43) 図13、また第四章註70参照。

(44) 図19参照。

(45) 図12参照。

(46) *TM.*, t. I, p. 88, n. 3; 93, n. 3; 95, n. 6; 96, n. 9; 99, n. 3; 103, n. 3; 109, n. 4; 112, n. 1; 113, n. 1; 122, $\mathrm{n^{os}}$ 7, 8; 126, n. 13.

(47) *TM.*, t. I, p. 166.

(48) *TM.*, t. I, p. 178.

(49) *TM.*, t. II, p. 441, mon. 332; suppl. p. 528. 東方三博士の礼拝については、第六章註60。

訳者後書き

一　本書の底本

本書はF. Cumont, *Les mystères de Mithra*, H. Lamertin, Bruxelles, 1913の訳である。初版は一八九九年、第二版は一九〇二年に刊行された。第二版と第三版（一九一三年）ではかなり大幅な増補改訂が行なわれ、その後の諸版の基となった。初版は後述するキュモンの大著 *Textes et monuments figurés relatifs aux mystères de Mithra*, H. Lamertin, Bruxelles, I（1899）, II（1896）の第一巻「結論」の部分を独立させたものである（本書中では *Textes et monuments* は *TM* と略す）。

英訳本はThomas J. McCormackを訳者とし、第二版を底本として刊行された（一九〇三年）。そのドーヴァー叢書版は一九五六年に現われた――*The Mysteries of Mithra*, Dover Publications, New York, 1956. 独訳本はGeorg Gehrichを訳者とする。本書と同じく第三版を底本とし、さらにその上にキュモン自身によって多少の増補改訂が加えられている

——*Die Mysterien des Mithra, ein Beitrag zur Religionsgeschichte der römischen Kaiserzeit*, Teubner, Berlin, 1923. この独訳本の一九八一年版を見ると、頁数や内容に相違点がないので、一九二三年以降は著者による重要な内容の変更は行なわれなかったと思われる。

本書の訳出に当たっては、右の英訳と独訳を参照し、両者に重要な変更や訂正が見出される場合はその点を考慮に入れた。

二　本書の由来

前述のように、本書はもともと *Textes et monuments figurés relatifs aux mystères de Mithra* の第一巻「結論」の部分を独立させたものであり、著者（一八六八—一九四七年）が三〇歳代末までに到達したミトラ研究の総括であると同時に、ミトラ教概説、ミトラ教研究入門ともなっている。

それまでのキュモンのミトラ研究の全貌は *Textes et monuments* の内容を見れば明らかである。第一巻は次のような構成をとる。

第一部　文献批判

第一章　イランの聖典

第二章　シリア語とアルメニア語の史料

第三章　ギリシア語とラテン語の史料
第四章　碑文
第五章　考古資料
第二部　結論
第二巻は史（資）料集である。
第一部　文献史料
Ⅰ　オリエント諸語史料
Ⅱ　ギリシア語とラテン語の史料
付録　神名を含む人名
第二部　碑文資料
Ⅰ　アジア
Ⅱ　ヨーロッパ
Ⅲ　アフリカ
第三部　考古資料
Ⅰ　アジア
Ⅱ　ヨーロッパ
Ⅲ　アフリカ

第三部（別冊）　考古資料
補遺（別冊）
キュモンの碑文、考古遺物の編集はモムゼンの『ラテン語碑文集成』（*CIL*）に倣ってローマ帝国の属州別に行なわれた。その上さらに文献史料の関係部分抜粋を加え、それらの資料全体の批判的研究を展開し結論に至るという、大がかりな著述である。

三　本書とその研究史的意義

本書とその母体である *Textes et monuments* の刊行によって、キュモンはミトラ教をモムゼン以来の近代的ローマ帝国史の中に正確に位置づけることに成功した。もちろん、キュモン以前にもミトラを研究する者がいたことは、本書中の引用文献を見ても明らかであるし、とりわけエルネスト・ルナンの『マルクス・アウレリウス伝』中の評言、すなわちキリスト教とミトラ教のどちらかが歴史的勝者となる運命であった、という認識は、この宗派の歴史的位置づけを要求するものであった。キュモンの著作は、そのような要求に学問的に答えうるものである。

他方キュモンは、本書によって明らかなように、ミトラ信仰のイランからローマ帝国への歴史的展開を連続的進化の過程として捉え、発展の個々の場合を習合（シンクレティズム）として説明した。これはミトラ教の歴史的位置づけとは別問題であり、宗教独自の発展法則を設定している。キュモンはそれによって一般宗教史の理論を提供していると言えよう。彼以後、習合がローマ帝国の宗教史研究の重要な概念となったのである。

さらに、*CIL* に倣ってミトラ教資料を編集し、それを分析して宗門史を再構成するというキュモンの方法は、フェルマースレン（後述）の時代になって、ローマ帝国に広まった他のオリエント宗教にも適用されるに至った。フェルマースレンは、ミトラ教の新資料集（*CIMRM*）を編集したばかりでなく、同じ方法をキュベレとアッティスの宗派にも適用し、資料集 *Corpus Cultus Cybelae Attidisque* I-VII, Brill, Leiden 1977-1989 を刊行したうえ、概説書 *Cybele and Attis, the Myth and the Cult*, Thames and Hudson, London, 1977（拙訳『キュベレとアッティス——その神話と祭儀』新地書房、一九八六年）を書いた。これはキュモンが本書と *Textes et monuments* で確立した方法に忠実に従ったものである。

四　キュモン以後

キュモンの *Textes et monuments* 刊行は、前述のように資料集とスタンダードな概説を兼ね備えたものであった。その後のミトラ教研究はすべてそこから出発したと言ってよい。キュモンの没後におけるミトラ教研究、特にミトラ教概説はＭ・Ｊ・フェルマースレンを中心に展開した。

彼は *Textes et monuments* 以後著しく増加したミトラ教の碑文と考古遺物を加えて、新

しい資料集 *Corpus Inscriptionum et Monumentorum Religionis Mithriacae*, Nijhoff, Den Haag, I (1956), II (1959) を刊行した。他方、本書に相当するフェルマースレンの著作は、*Mithras, de geheimzinnige god*, Elsevier, Amsterdam, 1959 である。この本には独訳、仏訳、英訳のほかに日本語訳もある(拙訳『ミトラス教』山本書店、一九七三年)。これに次ぐ概説としては、Robert-Alain Turcan, *Mithra et le mithriacisme*, Que sais-je? P.U.F., Paris, 1981 がある。独語のものとしては、やや特異であるが R. Merkelbach, *Mithras*, Hain, Königstein, 1984 がある。

なお、神名は仏・伊語系統の研究者はミトラと呼ぶが、英・独語系統の著者はミトラスとすることが多いようである。本書では前者を採った。

*

本書を訳すに当たっては、次の方々のお陰を蒙った。アムステルダム大学古典考古学研究所のJ・J・V・M・デルクセン氏は、私が同研究所図書室で調査・研究をするのを助けて下さった。また、M・E・C・フェルマースレン夫人とマルフレイト・B・デ・ブール博士は本書の図版の一部を *CIMRM* から複写することを承認された。天理図書館の飯田照明館長には、同館収蔵の幾つかの版や訳本のコピーを必要とした時、ご助力いただいた。駐日ルーマニア大使館一等書記官ダン・ニカ氏は東欧の難しい地名を発音して下さった。

末筆ながら、キュモンの古典的名著の翻訳をお勧め下さった平凡社編集部の二宮隆洋氏に心より感謝したい。

一九九三年五月二六日

訳者

解説　甦るユーラシア文化融合の精神史

前田耕作

ひとつの世紀の変わり目に、それまでの人間の思考を根源から揺さぶる書物が世に問われた。ジークムント・フロイトの『夢判断』（一八九九年）とジェイムズ・フレイザーの『金枝篇』（一八九〇年）と本書フランツ・キュモンの『ミトラの密儀』（一八九九年）である。これらの人びとは自分たちのこれから生きる世界が亀裂にとんだ多孔的なものであることをともに深く認識し、既存の学識にあらがい、あらたな知の領域を切り開こうとした人びとであった。無意識と未開社会と異教、ヨーロッパ近代が封じてきた秘域へ立ち入ることなしに文化の根源に立ち至ることができないことを告知し、生涯をかけて論述しつづけた人びとであった。キリスト教が一元的に支配する文化に「穴をあけ、掘り崩し」、「地下的なもの」、すなわち異神的なものであるディオニュソス的なもの、異教的なものであるイシスの崇拝、母なるキュベレの崇拝、そして秘儀的なミスラの崇拝を対置し続けたニーチェもまたその一人であった。ニーチェにとってツアラトゥストラ（ゾロアスター）はこれら異なるものの総和であった。フランツ・キュモンは世紀末のこの故郷消滅の同時代的な響鳴のなかで青春を送ったのである（「キュモン・メモラビリア」『ディアナの森』せりか書房・一九九八年所収）。

フランツ・キュモンは一八六八年一月三日、フランドル地方東部のアロストに生まれた。家はリベラルな伝統を生きる富裕な一族であった。一八七八年にブリュッセルのアテネ（中学校）に入り、ついで一八八七年、ヘント（ガン）大学に学んだ。まだ二十歳そこそこであったにもかかわらず最初の論考『アボノティコスのアレクサンドロス　二世紀異教史の一挿話』を提出し博士号を取得する。アボノティコスのアレクサンドロスとは、黒海沿岸のアボノティコスという町で医神アスクレピオスの化身である蛇を使って怪しげな治療法と神託で大儲けをする男、ルキアヌスの伝える「嘘と策略と偽誓と悪事が入り混じった多彩な精神の持ち主」で「悪辣さで名を馳せる」あの「偽預言者」のことである。「宗教信仰の強烈な敵対者たる」エピクロス派やキリスト教徒も登場してローマ帝政下の混沌とした多神の雰囲気が伝えられている。

キュモンは異教研究のためヨーロッパの諸大学に遊学をおこなうが、最初に門をたたいたのはボン大学のヘルマン・ウーゼナーの教室であった。ウーゼナーは当時古典文献学の強力な学派を形成していたフリードリッヒ・リッチュル門下の俊英で、リッチュルのもとには「双生の神」と呼ばれていたフリードリッヒ・ニーチェとエルヴィン・ローデもいた。キュモンがウーゼナーの教室に赴いたのは、そこでエピクロスが論じられていたからであろう。かの偽預言者の強敵であったエピクロス派に深い関心をよせていたキュモンがウーゼナーの門を叩いたのは自然であった。ウーゼナーが『エピクロス』を公刊したのは一八八七年であるから、まさに同じ時代に同じ問題意識を抱いていた師であった。当時ニーチェはすでに『悲劇の誕生』（一八七二年）を書き、激しい論難の嵐にさらされ薄明のなかをさまよっていたが、ローデは『プシュケ（魂）』（一八九〇―九四）の、ウーゼナーは『神名論』（一八九〇年）の構想を懐胎しはじめていた豊穣の時期でもあった。

一年後、キュモンはボンを去りベルリン大学を訪れる。テオドル・モムゼンのローマ史の講義を聴くためであった。ここにはニーチェの論敵ヴィラモーヴィッツ・メーレンドルフも講壇に立っており、キュモンはドイツ文献学の実証的な方法を深く学んだと思われる。しかしいっぽうでニーチェやローデから同時代的な風をはらんだ新たな問題の方向も学び取ったにちがいない。

一八八八年、キュモンはなお遊学の途次にあったが、『考古学雑誌』の第一一巻に「ラテン語碑文にみえる永遠なる神々」を、ついで第一二巻にミスラの祭儀に関する最初の小論「エデッサのミスラ祭儀」を発表し、その傍注でミスラ崇拝についての総括的研究の必要性に言及する。キュモンの生涯にわたる異教研究の第一歩が踏み出されたのである。翌一八八九年には「ユリアヌスの書簡の信憑性について」を発表し、ベルリンを離れ、ウィーン、アテネ、パリ、ローマをめぐる旅にでた。この遊学の資金は同じ年に書かれた懸賞論文「ミスラ教の流布について」で得たものである。ローマでは海港オスティアの古跡も歩いたのであろう、「オスティアのミスラ神殿覚え書き」(一八九一年)をしたため母校に送っている。パリから戻ったキュモンは一八九二年、二十四歳の若さでヘント(ガン)大学の特任教授となり、一八九六年には正教授に昇格した。職を得たこの年と翌年にかけてキュモンは『考古学雑誌』に「ミスラ崇拝に関する図像史料の簡潔なカタログ」という論文を寄せている。密儀であったればこそ秘匿されたミスラ教の確たる存在の証しを図像の収集によって裏付けようというのである。文献を博捜し実地を訊ねる生涯にわたるフィールドワークが始まったのである。

キュモンは正教授になった一八九六年に記念碑的な書物を刊行する。『ミスラの密儀に関する文献資料と図像史料』第二巻である。三年後の一八九九年に発刊される第一巻は第二巻に収集された史料批判とそこから抽出される結論から展望できるミスラ教像が論じられている。編集法は当時モムゼンの指導のもとで刊行されていた『ラテン碑文集成』に範をとったものとされているが、図像の集成は斬新であった。この浩瀚な書の成立と内容については、近年『思想』(岩波書店・二〇一四年第二号)に発表された井上文則氏の「フランツ・キュモンのミトラス教研究」で詳述されている。

スウェーデンの神話学者スティグ・ヴィカンデルはこの大著を「宗教史の領域の仕事でこれほど確固とした成功をおさめ、個別研究の領域でこれほど決定的な刻印をしるした書は他にあるまい。爾来、ミスラの密儀にかかわる研究で重要な仕事はなにひとつないといってよい。たとえ新たな発見があったにしても、かならずキュモンの示した体系にしたがって分類され、解釈されることとなった」と評し（『ミスラの密儀にかかわる諸研究』）、またイラン宗教史家のデュシェンヌ・ギユマンは「この大冊は半世紀以上にわたってミスラ教研究の亀鑑となった」と記している。キュモンがみずから「ミスラ崇拝の総括的研究」と位置づけたこの大著『ミスラの密儀に関する文献資料と図像史料』。が二〇世紀の宗教研究にいかに大きな影響を与え続けた著作であったかがうかがい知れよう。

この書の末尾に記された「結論」を再録したいわば縮約版ともいうべきものが本書『ミトラの密儀』である。縮約といっても簡略化ではなく凝縮したものといってよい。古代アジアを支配した「マズダー教の一宗派がいかにしてローマの帝政期に帝国の支配的な宗教になるに失敗したのかを詳細にわたって突きとめ解明する」というヨーロッパ文化の基礎を問い返す根源的な問題意識に貫かれた書であった。そこにはおそらくエルンスト・ルナンの「もしキリスト教がなんらかの致命的疾患によってその成長を止めていたとすれば、世界はミスラ教に屈していたにちがいない」（『マルクス・アウレリウスの古典世界の終焉』・一八八五年）という問題意識への返答という内意も込められていたにちがいない。キュモンが本書に寄せた序文の日付は一八九九年一二月一日と記されている。そこにみえる「本書はある決定的な変換の一つのエピソードにのみ目をむけている」という結語は新たに始まろうとする激動の世紀の核心を予言するような響きさえ感じさせる。

本書の邦訳が小川英雄によって果たされ平凡社から出版されたのは一九九三年のことであり、原書の公刊からほぼ一世紀後のことであるが、これとて小川英雄のミスラ研究の重要性を見抜いた炯眼と半世紀ちかい研究の成果（『ミトラス教研究』リトン社・一九九三年）、それにその出版の意義を深く理解した編集者二宮隆洋がいなければ不可能であったにちがいない。小川英雄がキュモンの弟子であり、学んだ師でもあるマールテン・フェルスマースレンの著作『ミトラス教』（山本書店・一九七三年）を出版してからしても二〇年の歳月をへていた。つづいてキュモンがみずから「エルヴィン・ローデの『プシュケ』に対応するような著作、来世についてのローマ人の信仰と思索の全進化過程が扱われている著作」と評した『古代ローマの来生観』（平凡社）が一九九六年に翻訳出版された。小川英雄のミスラ神をめぐる研究と翻訳出版は、わが国における宗教研究にとって計り知れない貢献であり、ヘレニズム研究にとってもまた新たな礎石を据えるものであった。

ヨーロッパでは近年、フランツ・キュモンの再評価が始まっており、これまで入手困難であった著作のほとんどが復刻再版されているだけではなく、キュモンが繰り返し駆使した用語〈シンクレティスム〉という概念をめぐる論議と掘り下げも始まっている。

キュモンの不朽の名作といわれる著作は他にも、『ローマ異教時代のオリエントの諸宗教』（一九〇七年）、『ギリシア人とローマ人の占星術と宗教』（一九一二年）、『ローマ人の葬礼シンボリズムに関する研究』（一九四二年）などがある。遺作は霊魂の不滅をめぐる所論の集成である『不滅の光』（一九四七年）であった。

先に〈ちくま学芸文庫〉に収められた『隊商都市』の著者ミハイル・ロストフツェフとフランツ・キュモンとは二〇世紀を代表する博識の古代史研究家であると同時に、学問とフィールドで紡ぎあい、固く結ばれ、戦争の世紀をともに生きた友であったことも想い起こしつつ本書を手にしていただければと願っている。

また神名はミトラ、ミトラス、ミスラス、ミスラとさまざまに読まれていていまだ定着をみないが、訳者によれば「仏・伊語系統の研究者はミトラと呼び、英・独系統の著者はミトラスとすることが多いが、本書では前者を採って」ミトラとしたという。私見だが、インド＝ヨーロッパの古神ミトラという神名はインドにそのまま伝わり、この同根のミトラがイランではミスラとして受け入れられ、さらに西方に伝えられたと理解すればわかりやすい。ローマ宗教学者のロベール・テュルカンも『ミスラとミスラス教』（クセジュ文庫）のなかで同じ指摘をしているが、本書では先に出版されたときの訳語のままとした。

最後に私事ながら、私が「キュモン・メモラビリア」を『象徴図像研究』（第八巻）に書いたのは一九九四年の三月で、小川英雄訳の本書を手にしてまもなくであったと記憶している。また拙著『宗祖ゾロアスター』（ちくま学芸文庫所収）を上梓したのは『古代ローマの来生観』が出版された半年後のことで不思議な縁を感じていた。ついに小川英雄教授にじかに接する機会を失ってしまったことは残念であったが、本書を読み返し改めてフランツ・ヴァレリー・マリ・キュモンの複数文化が遭遇・交差する壮大な歴史を宗教史の視座から読み解く強靭な知性に圧倒されるとともに、その力感溢れる記述を正確に読み解き、わかりやすい日本語に移し替える苦心の訳業に感動を新たにした。

宗教研究最高の名著『ミトラの密儀』の〈ちくま学芸文庫〉への再録を決せられた英邁な編集者渡辺英明氏とこの出版をこころよく許可下さった小川よしゑ夫人に深くお礼申し上げる。

プラエテクスタトゥス Vettius Agorius Praetextatus 166
ブリゲティオ Brigetio 49,50
プリスタ Prista 47
フリートベルク Friedberg 54
プリュギア Phrygia 25,29,40,78,109,124,160,162,185,197
ブルターニュ Bretagne 58
プルタルコス Ploutarchos 22,42,43,85
プルト Pluto 97,196,218
ブローニュ（ゲソリアクム） Boulogne (Gesoriacum) 55
ペイライエウス Peiraieus 39
ヘカテ Hekate 97
ヘッデルンハイム Heddernheim 54,191
ヘラクレス Herakles 32,96,106,195
ヘリオガバルス Heliogabalus 165
ヘリオス Helios 32,103,166,176,177,195
ベール Bel 24
ペルガモン Pergamon 26,33,184,185,194
ペルセポリス Persepolis 24
ヘルメス Hermes →メルクリウス
ベロナ Bellona 41,78
ベンディス Bendis 40
ポセイドニオス（アパメイアの） Poseidonios 165
ポタイサ Potaissa 48
ホルス Horus 82
ポルピュリオス Porphyrios 74,124,127
ポントス Pontos 25,26,30,37,41,46,61,70,84
ポンペイウス Pompeius 42

マー Ma 36,161
マイン川 Main 54
マインツ Mainz 54
マクシムス（エペソスの） Maximus 177,178
マグナ・マテル（太母神） Magna Mater 40,62,160
マクロビウス Macrobius 166
マニ教 9,131,181
マルクス・アウレリウス Marcus Aurelius 78,165
マルス（アレス） Mars 96,196
ミトラカナ Mithrakana 23,133
ミトリダテス六世・エウパトル Mithridates VI Eupator 37
ミネルウァ Minerva 97,157,162
ミフラガーン Mihragan 24
ミラノ Milano 66
メルクリウス（ヘルメス） Mercurius 96,196
メン Men 30
メンピス Memphis 39
モエシア Moesia 44,47,48,53,67
モンタナ Montana 47

ヤザタ Yazata 20,22,31,40,43,157
ユウェナリス Juvenalis 70
ユダヤ教 8,157
ユノ Juno 95,96,157
ユピテル［→アフラマズダー，ゼウス］ Jupiter 95–97,106,109,112–117
ユリアヌス（背教者） Julianus 176,177
ヨーク（エブラクム） York (Eburacum) 55

ラー Ra 81
ライン川 Rhein 8,54,70,158,175,191
ラシュヌ Rashnu 21
ラティアリア Ratiaria 47
ランバエシス Lambaesis 56
ランプリディウス Lampridius 70,75
リキニウス Licinius 79,176
リッティウム Rittium 49
リュディア Lydia 25,28,30
リヨン Lyon 58,59,63
ルキアノス Loukianos 34,35,74,191
ルキウス・ウェルス Lucius Verus 42
ルセラエ Russellae 62
ローヌ川 Rhône 59,63,64,169
ローマ Roma 41,42,72,189
ロンドン London 55,58,189,193

ワーユ Vayu 22

スカルバンティア　Scarbantia　52
スーサ　Susa　24
スタティウス　Statius　43
スティクス・ノイジードル　Stix-Neusiedl 52
ストラボン　Strabon　25,34
スプンタ・アールマティ Spenta-Armati 95
スラ　Sulla　41
スラオシャ　Sraosha　20,21
ズルヴァーン・アカルナ　Zurvan Akarna　94
ゼウス　Zeus　32,96,103,195
セクスタンティオ　Sextantio　63
セプティミウス・セウェルス Septimius Severus　39,42,58
セラピス　Serapis　40,41,91,159,178
ソル　Sol　128,176
ゾロアスター（教）　Zoroaster　20,21,87,106,122,181

ダキア　Dacia　48,69,174,188
ダマスコス　Damaskos　24,60
タラゴナ　Tarragona　57,63
タルソス　Tarsos　38
ダルマティア　Dalmatia　44,59,62,69,127
ディアナ［→アルテミス］　Diana　97,196
ディオクレティアヌス　Diocletianus　10,51,79,87,175
ディオン・クリュソストモス Dion Chrysostomos　33
ティトゥス　Titus　50,61
ティベリウス　Tiberius　41
ティリダテス（アルメニア王）Tiridates 77
テオドシウス　Theodosius　180
テミス　Themis　96
テュケ　Tyche　84,85
テルトゥリアヌス　Tertullianus　126,168
デロス島　Delos　39,59
ドゥルワースプ　Drvasp　96
ドゥロストルム　Durostorum　47
ドナウ川　Donau　47,49,67
トミ　Tomi　47
トラキア　Thracia　40,47
トラヤヌス　Traianus　42,43,47,48,50,51,61,62
ドリケヌス（ユピテル）　Dolichenus　42,51,159
トロパエウム・トラヤニ　Tropaeum Traiani　47

ナーサティヤ　Nasatija　18
ナポリ　Napoli　61
ニケ　Nike　97,184
ニコポリス　Nikopolis　47
ネプトゥヌス［→ポセイドン］Neptunus 95,96,98,196
ネルサエ　Nersae　43,65
ネロ　Nero　41,77,82,88
ノイエンハイム　Neuenheim　191

バアル　Baal　40,46,60,91,159,165
バヴェ　Bavay　55
ハオマ［→バッコス］Haoma　21,96,127
バクトリア　Baktria　31,84
バシレイオス　Basileios　35
バッコス　Bakchos　96
ハドリアヌス　Hadrianus　44,50,186
バビロニア（バビロン）　Babylonia　24,25
パラス　Pallas　74
パレニュディ　Pareñdi　21
パレルモ　Palermo　63
パンノニア　Pannonia　48–52,59,67,68,159,175,189,193,195
ヒエラポリス　Hierapolis　41
ファタ（モイライ）　Fata（Moirai）　96
フィリップス・アラブス　Philippus Arabs　79
フヴァル　Hvar　103
フワレノー　Hvareno　23
フェニキア　Phoenicia　39,59,61,193
フォルトゥナ［→テュケ］Fortuna　86,96
プトレマイオス　Ptolemaios　25

ウェヌス　Venus　96
ウトゥム　Utum　47
ウルカヌス　Vulcanus　96,98
ウルスラグナ　Vruthraghna　20,27,32,106,195
エウゲニウス　Eugenius　179
エウデモス　Eudemos　94
エウトロピウス　Eutropius　48
エウブロス　Euboulos　74
エクス・アン・プロヴァンス　Aix-en-Provence　63
エクバタナ　Ekbatana　24
エジプト　Egypt　39
エメリタ　Emerita　57
エルサ　Elusa　58
オエスクス　Oescus　47
オスターブルケン　Osterburken　191
オスティア　Ostia　44,59,62,160,162,184–186
オマノス（ウォフマナフ）　Omanos（Vohumano）　27
オレステス　Orestes　32
オロマスデス［→アフラマズダー］Oromasdes　26

カウテスとカウトパテス Cautes;Cautopates　107
カッパドキア　Kappadokia　25,34,35,41,69,84,161
ガド　Gad　84
ガラティア　Galatia　25,71
ガリア　Gallia　54,63
カリグラ　Caligula　82
カルタゴ　Carthago　41,63
カルデア（人）　Chaldaea　77,84,101,164,165
カルヌントゥム　Carnuntum　43,49,51,75,79,159
キュベレ［マグナ・マテル］Kybele　30,36,40,97,160–162
キュロス　Kyros　25
キリキア　Cilicia　38
クサンテン（ウェテラ）Xanten（Vetera）　54
クテシアス　Ktesias　23
グノーシス派　126
クラウディウス帝　Claudius　62
グラティアヌス　Gratianus　179
グロース・クロッツェンブルク　Gross-Krotzenburg　54
クロノス［→サトゥルヌス］Kronos　94,96,123,196
ケルソス　Kelsos　74
ゲルマニア　Germania　43,53,58
ケルン　Köln　54
コマゲネ　Kommagene　26,28,34,37,41,42,45,47,51,52,70,85,159,160
コルブロ　G.Domitius Corbulo　50
コンスタンティウス　Constantius　176
コンスタンティヌス　Constantinus　55,176
コンモドゥス　Commodus　42,75,79,86,186

サトゥルヌス　Saturnus　94,96,196
サバジオス　Sabazios　30
サルデイス　Sardeis　24
サールブール（ポンス・サラウィ）Sarrebourg（Pons Saravi）　55,191
ザールブルク　Saalburg　54,160
サルミゼゲトゥサ　Sarmizegetusa　48,49,188
シチリア　Sicilia　63
シドン　Sidon　39,61,193
シャマシュ　Shamash　25,32,103,107
シャレヴァル［→マルス］Sharevar　96
シュヴァルツェルデン Schwarzerden 55
シュトックシュタット　Stockstadt　54,159
シュトラースブルク（ストラスブール）Strassburg　54
ジュネーヴ　Genève　54,64
シュラクサイ　Syrakousai　63
小アジア　AsiaMinor　8,25,29–30,35–37,39,41,61,63,121,123,157,169,185,189,194
シリア　Syria　29,40,59,60
シルウァヌス　Silvanus　97,111

索引

本文と補遺から主な人名・地名・神名を選択して採った。→は参照項目を示す。

アイオン　Aion　94
アウグスト（ラウリカ）　August　54
アウグストゥス　Augustus　41,80,82
アウレリアヌス　Aurelianus　79,91,166,175
アエギュスス　Aegysus　47
アエクイノクティウム　Aequinoctium　52
アクアエ　Aquae　47
アクイレイア　Aquileia　59,62,67,186,189,193
アクインクム　Aquincum　49
アグリ・デクマテス　Agri Decumates　53,75
アシ・ヴァニュヒ　Ashi Vañuhi　21
アシャ　Asha　97
アスタルテ　Astarte　41
アータル［→ウルカヌス］　Atar　96
アッティス　Attis　30,78,160,174
アテナ　Athena→ミネルウァ
アテナイ　Athenai　39,177
アトラス　Atlas　104
アナーヒター（アナイティス）　Anahita (Anaitis)　23,24,27,30,32,97,160–161
アナンケ　Ananke　96
アフラマズダー（オロマスデス；オルムズド；オフルマズド）　Ahura-Mazda　9,17,20–24,27,30,32,83,95,103,112,117,159,195
アフリカ　Africa　57,69
アフリマン（アーリマン）　Ahriman　22,97,111,113–115,117
アプルム　Apulum　48,49
アプレイウス　Apuleius　130
アプロディテ　Aphrodite→ウェヌス
アムシャスプンタ　Amshaspanta　18,20
アラドス　Arados　39
アルシュタート　Arshtat　21
アルタクセルクセス三世・オコス　Artaxerxes Ⅲ Ochos　23,24,27
アルタグネス　Artagnes　27,96
アルテブルク・ヘフトリヒ　Alteburg-Heftrich　54
アルテミス［→ディアナ］　Artemis　32
アルムム　Almum　47
アルメニア　Armenia　25–30,37,41,70,77,106,161
アルル　Arles　63
アレクサンデル・セウェルス　Alexander Severus　70
アレス［→マルス］　Ares　103
アレテ　Arete　97
アンティウム　Antium　62
アンティオコス一世（コマゲネ王）　Antiochos I　27,34,84
アントニヌス　Antoninus　62
アンドロス　Andros　39
イシス　Isis　41,77,82,126,159
イシュタル　Ishtar　24
イタリア　Italia　8,35,41,42,64
インドラ　Indra　18
ウァナント　Vanant　97
ヴァルナ　Varuna　17,18
ヴィースバーデン（アクアエ・マッティアカエ）　Wiesbaden (Aquae Matticae)　54,213
ウィミナキウム　Viminacium　48,209
ウィルヌム　Virunum　67,175,189
ヴィーン（ウィンドボナ）　Wien (Vindobona)　49,52,66
ウェスパシアヌス　Vespasianus　41,43,49–50,70–71,86

本書は一九九三年十一月、平凡社より刊行された。

世界システム論講義　川北稔

近代の世界史を有機的な展開過程として捉える見方、それが〈世界システム論〉にほかならない。第一人者が豊富なトピックとともにこの理論を解説する。

裁判官と歴史家　カルロ・ギンズブルグ　上村忠男／堤康徳訳

一九七〇年代、左翼闘争の中で起きた謎の殺人事件。冤罪とも騒がれるその裁判記録の分析に著者が挑み、歴史家のとるべき態度と使命を鮮やかに示す。

中国の歴史　岸本美緒

中国とは何か。独特の道筋をたどった中国社会の変遷を、東アジアとの関係に留意して解説。初期王朝から現代に至る通史を簡明かつダイナミックに描く。

大都会の誕生　喜安朗　川北稔

都市型の生活様式は、歴史的にどのように形成されてきたのか。この魅力的な問いに、碩学がふたつの都市の豊富な事例をふまえて重層的に描写する。

共産主義黒書〈ソ連篇〉　ステファヌ・クルトワ／ニコラ・ヴェルト　外川継男訳

史上初の共産主義国家〈ソ連〉は、大量殺人・テロル・強制収容所を統治形態にまで高めた。レーニン以来行われてきた犯罪を赤裸々に暴いた衝撃の書。

共産主義黒書〈アジア篇〉　ステファヌ・クルトワ／ジャン＝ルイ・マルゴラン　高橋武智訳

アジアの共産主義国家は抑圧政策においてソ連以上の悲惨を生んだ。中国、北朝鮮、カンボジアなどでの実態は我々に歴史の重さを突き付けてやまない。

ヨーロッパの帝国主義　アルフレッド・W・クロスビー　佐々木昭夫訳

15世紀末の新大陸発見以降、ヨーロッパ人はなぜ次々と植民地を獲得できたのか。病気や動植物に着目して帝国主義の謎を解き明かす。　（川北稔）

民のモラル　近藤和彦

統治者といえど時代の約束事に従わざるをえなかった18世紀イギリス。新聞記事や裁判記録、ホーガースの風刺画などから騒擾と制裁の歴史をひもとく。

増補 大衆宣伝の神話　佐藤卓己

祝祭、漫画、シンボル、デモなど政治の視覚化は大衆の感情をどのように動員したか。ヒトラーが学んだプロパガンダを読み解く「メディア史」の出発点。

ユダヤ人の起源
シュロモー・サンド
高橋武智監訳
佐々木康之／木村高子訳
〈ユダヤ人〉はいかなる経緯をもって成立したのか。歴史記述の精緻な検証によって実像に迫り、そのアイデンティティを根本から問う画期的試論。

中国史談集
澤田瑞穂
皇帝、彫青、男色、刑罰、宗教結社など中国裏面史を彩った人物や事件を中国文学の碩学が独自の視点で解き明かす。怪力乱「神」をあえて語る！（堀誠）

同時代史
タキトゥス
國原吉之助訳
古代ローマの暴帝ネロ自殺のあと内乱が勃発。絡みあう人間ドラマ、陰謀、凄まじい政争を、臨場感あふれる鮮やかな描写で展開した大古典。（本村凌二）

秋風秋雨人を愁殺す
武田泰淳
辛亥革命前夜、疾風のように駆け抜けた美貌の若き女性革命家秋瑾の生涯。日本刀を鍾愛した烈女秋瑾の思想と人間像を浮き彫りにした評伝の白眉。

歴史（上・下）
トゥキュディデス
小西晴雄訳
野望、虚栄、裏切り——古代ギリシアを殺戮の嵐に陥れたペロポネソス戦争とは何だったのか。その全貌を克明に記した、人類最古の本格的「歴史書」。

日本陸軍と中国
戸部良一
中国スペシャリストとして活躍し、日中提携を夢見た男たち。なぜ彼らが、泥沼の戦争へと日本を導くことになったのか。真相を追う。（五百旗頭真）

カニバリズム論
中野美代子
根源的タブーの人肉嗜食や纏足、宦官……。目を背けたくなるものを冷静に論ずることで逆説的に人間の真実に迫る血の滴る異色の人間史。（山田仁史）

近代ヨーロッパ史
福井憲彦
ヨーロッパの近代は、その後の世界を決定づけた。現代をさまざまな面で規定しているヨーロッパ近代の歴史と意味を、平明かつ総合的に考える。

売春の社会史（上）
バーン&ボニー・ブーロー
香川檀／家本清美／岩倉桂子訳
売春の歴史を性と社会的な男女関係の歴史としてとらえた初の本格的通史。図版多数。「売春の起源」から「宗教改革と梅毒」までを収録。

売春の社会史（下）
バーン&ボニー・ブーロー
香川檀／家本清美／岩倉桂子訳
様々な時代や文化的背景における売春の全体像を十全に描き、社会政策への展開を探る。「王侯と平民」から「変わりゆく二重規範」までを収録。

ルーベンス回想
ヤーコプ・ブルクハルト
新井靖一訳
19世紀ヨーロッパを代表する歴史家ブルクハルトが、「最大の絵画的物語作者」ルーベンスの絵画の本質を、作品テーマに即して解説する。新訳。

はじめてわかる ルネサンス
ジェリー・ブロトン
高山芳樹訳
ルネサンスは芸術だけじゃない！　東洋との出会い、科学と哲学、宗教改革など、さまざまな角度から光をあてて真のルネサンス像に迫る入門書。

匪賊の社会史
エリック・ホブズボーム
船山榮一訳
抑圧的権力から民衆を守るヒーローと讃えられてきた善きアウトローたち。その系譜や生き方を追い、暴力と権力のからくりに迫る幻の名著。

20世紀の歴史（上）
エリック・ホブズボーム
大井由紀訳
第一次世界大戦の勃発が20世紀の始まりとなった。この「短い世紀」の諸相を英国を代表する歴史家が渾身の力で描く。全二巻、文庫オリジナル新訳。

20世紀の歴史（下）
エリック・ホブズボーム
大井由紀訳
一九七〇年代を過ぎ、世界に再び危機が訪れる。不確実性がいやますなか、ソ連崩壊が20世紀の終焉を印した。歴史家の考察は我々に何を伝えるのか。

アラブが見た十字軍
アミン・マアルーフ
牟田口義郎／新川雅子訳
十字軍とはアラブにとって何だったのか？　豊富な史料を渉猟し、激動の12、13世紀をあざやかに、しかも手際よくまとめた反十字軍史。

ディスコルシ
ニッコロ・マキァヴェッリ
永井三明訳
ローマ帝国はなぜあれほどまでに繁栄しえたのか。その鍵は〝ヴィルトゥ〟。パワー・ポリティクスの教祖が、したたかに歴史を解読する。

戦争の技術
ニッコロ・マキァヴェッリ
服部文彦訳
出版されるや否や各国語に翻訳された最強にして安全な軍隊の作り方。この理念により創設された新生フィレンツェ軍は一五〇九年、ピサを奪回する。

マクニール世界史講義

ウィリアム・H・マクニール
北川知子訳

ベストセラー『世界史』の著者が人類の歴史を読み解くための三つの視点を易しく語る白熱の入門講義。本物の歴史感覚を学べます。文庫オリジナル。

古代ローマ旅行ガイド

フィリップ・マティザック
安原和見訳

タイムスリップして古代ローマを訪れるなら? そんな想定で作られた前代未聞のトラベル・ガイド。必見の名所・娯楽ほか情報満載。カラー頁多数。

アレクサンドロスとオリュンピアス

森谷公俊

彼女は怪しい密儀に没頭し、残忍に邪魔者を殺す悪女なのか、息子を陰で支え続けた賢母なのか。大王母の激動の生涯を追う。（澤田典子）

古代地中海世界の歴史

本村凌二
中村るい

メソポタミア、エジプト、ギリシア、ローマ――古代に花開き、密接な交流や抗争をくり広げた文明を一望に見渡し、歴史の躍動を大きくつかむ!

増補 十字軍の思想

山内進

欧米社会にいまなお色濃く影を落とす「十字軍」の思想。人々を聖なる戦争へと駆り立てるものとは? その歴史を辿り、キリスト教世界の深層に迫る。

向う岸からの世界史

良知力

「歴史なき民」こそが歴史の担い手であり、革命の主体であった。著者の思想史から社会史への転換点を示す記念碑的作品。（阿部謹也）

増補 魔都上海

劉建輝

摩天楼、租界、アヘン。近代日本が耽溺し利用し侵略した街。驚異的発展の後なお郷愁をかき立ててやまない上海の歴史の魔力に迫る。（海野弘）

子どもたちに語るヨーロッパ史

ジャック・ル・ゴフ
前田耕作監訳
川崎万里訳

歴史学の泰斗が若い人に贈る、とびきりの入門書。地理的要件や歴史、とくに中世史を、たくさんのエピソードとともに語った魅力あふれる一冊。

隊商都市

ミカエル・ロストフツェフ
青柳正規訳

通商交易で繁栄した古代オリエント都市のペトラ、パルミュラなどの遺跡に立ち、往時に思いを馳せたロマン溢れる歴史紀行の古典的名著。（前田耕作）

法然の衝撃　阿満利麿

法然こそ日本仏教を代表する巨人であり、ラディカルな革命家だった。鎮魂慰霊を超えて救済の原理を指し示した思想の本質に迫る。

親鸞・普遍への道　阿満利麿

絶対他力の思想はなぜ、どのように誕生したのか。日本の精神風土と切り結びつつ普遍的救済への回路を開いた親鸞の思想の本質に迫る。（西谷修）

歎異抄　阿満利麿訳／注／解説

没後七五〇年を経てなお私たちの心を捉える、親鸞の言葉。わかりやすい注と現代語訳、今どう読んだらよいか道標を示す懇切な解説付きの決定版。

親鸞からの手紙　阿満利麿

現存する親鸞の手紙全42通を年月順に編纂し、現代語訳と解説で構成。これにより、親鸞の人間的苦悩と宗教的深化が、鮮明に現代に立ち現れる。

行動する仏教　阿満利麿

戦争、貧富の差、放射能の恐怖……。このどうしようもない世の中ででも、絶望せずに生きてゆける、21世紀にふさわしい新たな仏教の提案。

無量寿経　阿満利麿注解

なぜ阿弥陀仏の名を称えるだけで救われるのか。法然や親鸞がその理解に心血を注いだ経典の本質を、懇切丁寧に説き明かす。文庫オリジナル。

道元禅師の『典座教訓』を読む　秋月龍珉

「食」における禅の心とはなにか。道元が禅寺の食事係である典座の心構えを説いた一書を現代人の日常の視点で読み解き、禅の核心に迫る。（竹村牧男）

原典訳 アヴェスター　伊藤義教訳

ゾロアスター教の聖典『アヴェスター』から最重要部分を精選。原典から訳出した唯一の邦訳である。比較思想に欠かせない必携書。（前田耕作）

カトリックの信仰　岩下壮一

神の知恵への人間の参与とは何か。近代日本カトリシズムの指導者・岩下壮一が公教要理を詳説し、キリスト教の精髄を明かした名著。（稲垣良典）

十牛図　上田閑照／柳田聖山

禅の古典「十牛図」を手引きに、自己と他、自然と人間、自身への関わりを通し、真の自己への道を探る。現代語訳と詳注を併録。（西村惠信）

原典訳 ウパニシャッド　岩本裕編訳

インド思想の根幹であり後の思想の源ともなったウパニシャッド。本書では主要篇を抜粋、梵我一如、輪廻・業・解脱の思想を浮き彫りにする。（立川武蔵）

世界宗教史（全8巻）　ミルチア・エリアーデ

宗教現象の史的展開を膨大な資料を博捜し著された人類の壮大な精神史。エリアーデの遺志にそって共同執筆された諸地域の宗教の巻を含む。

世界宗教史1　ミルチア・エリアーデ／中村恭子訳

人類の原初の宗教的営みに始まり、メソポタミア、古代エジプト、インダス川流域、ヒッタイト、地中海地域、初期イスラエルの諸宗教を収める。

世界宗教史2　ミルチア・エリアーデ／松村一男訳

20世紀最大の宗教学者のライフワーク。本巻はヴェーダの宗教、ゼウスとオリュンポスの神々、ディオニュソス信仰等を収める。（荒木美智雄）

世界宗教史3　ミルチア・エリアーデ／島田裕巳訳

仰韶、竜山文化から孔子、老子までの古代中国の宗教と、バラモン、ヒンドゥー、仏陀とその時代、オルフェウスの神話、ヘレニズム文化などを考察。

世界宗教史4　ミルチア・エリアーデ／柴田史子訳

ナーガールジュナまでの仏教の歴史とジャイナ教から、ヒンドゥー教の総合、ユダヤ教の試練、キリスト教の誕生などを収録。（島田裕巳）

世界宗教史5　ミルチア・エリアーデ／鶴岡賀雄訳

古代ユーラシア大陸の宗教、八―九世紀までのキリスト教、ムハンマドとイスラーム、イスラームと神秘主義、ハシディズムまでのユダヤ教など。

世界宗教史6　ミルチア・エリアーデ／鶴岡賀雄訳

中世後期から宗教改革前夜までのヨーロッパの宗教運動、宗教改革前後における宗教、魔術、ヘルメス主義の伝統、チベットの諸宗教を収録。

世界宗教史7

ミルチア・エリアーデ
奥山倫明／木塚隆志／深澤英隆訳

エリアーデ没後、同僚や弟子たちによって完成された最終巻の前半部。メソアメリカ、インドネシア、オセアニア、オーストラリアなどの宗教。

世界宗教史8

ミルチア・エリアーデ
奥山倫明／木塚隆志／深澤英隆訳

西・中央アフリカ、南・北アメリカの宗教、日本の神道と民俗宗教。啓蒙期以降ヨーロッパの宗教的創造性と世俗化などを収録。全8巻完結。

シャーマニズム（上）

ミルチア・エリアーデ
堀一郎訳

二〇世紀前半までの民族誌的資料に依拠し、宗教史学の立場から構築されたシャーマニズム研究の金字塔。エリアーデの代表的著作のひとつ。

シャーマニズム（下）

ミルチア・エリアーデ
堀一郎訳

宇宙論的・象徴論的概念を提示した解釈は、霊魂の離脱（エクスタシー）という神話的な人間理解として現在も我々の想象力を刺激する。（奥山倫明）

回教概論

大川周明

最高水準の知性を持つと言われたアジア主義者の力作。イスラム教の成立経緯や、経典などの要旨が的確に記された第一級の概論。（中村廣治郎）

原典訳 チベットの死者の書

川崎信定訳

死の瞬間から次の生までの間に魂が辿る四十九日の旅――中有（バルドゥ）のありさまを克明に描き、死者に正しい解脱の方向を示す指南の書。

旧約聖書の誕生

加藤隆

旧約聖書は多様な見解を持つ文書を寄せ集めて作られた書物である。各文書が成立した歴史的事情から旧約を読み解く。現代日本人のための入門書。

神道

トーマス・カスーリス
衣笠正晃訳
守屋友江監訳

日本人の精神構造に大きな影響を与え、国の運命をも変えてしまった「カミ」の複雑な歴史を、米比較宗教学界の権威が鮮やかに描き出す。

空海コレクション1

空海
宮坂宥勝監修

主著『十住心論』の精髄を略述した『秘蔵宝鑰』、及び顕密を比較対照して密教の特色を明らかにした『弁顕密二教論』の二篇を収録。（立川武蔵）

空海コレクション2　空海
宮坂宥勝監修
真言密教の根本思想『即身成仏義』『声字実相義』『吽字義』及び密教独自の解釈による『般若心経秘鍵』と『請来目録』を収録。（立川武蔵）

空海コレクション3
秘密曼荼羅十住心論（上）　福田亮成校訂・訳
日本仏教史上最も雄大な思想書。無明の世界から抜け出すための光明の道を、心の十の発展段階（十住心）として展開する。上巻は第五住心までを収録。

空海コレクション4
秘密曼荼羅十住心論（下）　福田亮成校訂・訳
下巻は、大乗仏教から密教へ。第六住心の唯識、第七中観、第八天台、第九華厳を経て、第十の法身大日如来の真実をさとる真言密教の奥義までを収録。

鎌倉仏教　佐藤弘夫
宗教とは何か。それは信念をいかに生きるかということだ。法然・親鸞・道元・日蓮らの足跡をたどり、鎌倉仏教を「生きた宗教」として鮮やかに捉える。

観無量寿経　佐藤春夫訳・注　石田充之解説
我が子に命狙われる「王舎城の悲劇」で有名な浄土仏教の根本経典。思い通りに生きることのできない我々を救う究極の教えを、名訳で読む。（阿満利麿）

大乗とは何か　三枝充悳
仏教が世界宗教としての地位を得たのは大乗仏教においてである。重要経典・般若経の成立など諸考察を収めた本書は、仏教への格好の入門書となろう。

道教とはなにか　坂出祥伸
「道教がわかれば、中国がわかる」と魯迅は言った。伝統宗教として現在でも民衆に根強く崇拝されている道教の全貌とその究極的真理を詳らかにする。

増補　日蓮入門　末木文美士
多面的な思想家、日蓮。権力に挑む宗教家、内省的な理論家、大らかな夢想家など、人柄に触れつつ遺文を読解き、思想世界を探る。（花野充道）

反・仏教学　末木文美士
人間は本来的に、公共の秩序に収まらないものを抱えた存在だ。〈人間〉の領域＝倫理を超えた他者／死者との関わりを、仏教の視座から問う。

ちくま学芸文庫

ミトラの密儀《みつぎ》

二〇一八年十月十日　第一刷発行

著　者　フランツ・キュモン
訳　者　小川英雄（おがわ・ひでお）
発行者　喜入冬子
発行所　株式会社　筑摩書房
東京都台東区蔵前二―五―三　〒一一一―八七五五
電話番号　〇三―五六八七―二六〇一（代表）
装幀者　安野光雅
印刷所　明和印刷株式会社
製本所　株式会社積信堂

ISBN978-4-480-09892-4 C0114